揺らぐ
世界経済秩序と
日本

反グローバリズムと保護主義の深層

馬田啓一
浦田秀次郎
木村福成
渡邊頼純【編著】

文眞堂

はしがき

　反グローバリズムと保護主義の台頭によって，世界経済秩序が大きく揺らいでいる。長期化の様相を呈する米中貿易戦争，混迷の度を深める英国の EU 離脱（ブレグジット）など，先行きが不透明となった世界経済の潮流をどう読み解くべきか。

　グローバル化の潮目が大きく変わろうとしているのか。欧米で反グローバリズムとポピュリズム（大衆迎合主義）が高まり，保護主義が拡がっているのは憂慮すべき事態である。保護主義への傾斜は，世界経済にとって深刻な問題だ。

　世界経済秩序を大きく揺さぶっている最大のリスクは，米国第一主義をスローガンに掲げ保護主義に向かって暴走するトランプ米政権の通商政策である。「トランプ・リスク」と言っても過言でない。トランプ米大統領が仕掛けた米中貿易戦争が一段と激しさを増している。

　トランプ米政権は中国から譲歩を引き出すため，対中制裁関税の第4弾を今年9月に発動した。だが，構造改革をも要求する米国の関税による一連の対中圧力は共産党一党独裁に対する深刻な脅威だとして，来年の米大統領選挙をにらんで持久戦の腹を決めた中国は強気だ。米中対立の着地点はなかなか見通せない。世界の GDP の4割を占める米中による制裁と報復の関税合戦がこのままエスカレートしていけば，世界経済に悪影響を及ぼすのは必至である。

　世界経済を米中貿易戦争の犠牲にしてはならない。国際通貨基金（IMF）は今年7月下旬，貿易量の伸び悩みから2019年の世界経済の成長予測を3.2%に引き下げた。世界景気の減速懸念は米中貿易戦争が招いた側面が大きい。

　トランプ米政権による米通商拡大法232条と米通商法301条の発動は，WTO 協定違反が濃厚である。しかし，トランプ米政権は WTO に提訴されても動じない。なぜなら，WTO の紛争解決手続きが機能不全に陥っているからだ。WTO 改革の機運が高まっているが，実現にはまだ相当に時間がかかる。

トランプ米政権の暴走に対して，歯止め役の WTO は打つ手を欠いた状態である。

トランプ米政権の登場でサミットの雰囲気も一変した。米国が自由貿易の旗手としての役割を放棄し，保護主義に傾いているためだ。米中の制裁と報復の応酬が続けば自由貿易体制の崩壊につながりかねない。G20 の枠組みが米中貿易戦争の拡大に歯止めをかけることができるか，今年 6 月末の 20 カ国・地域首脳会議（G20 大阪サミット）はその試金石と見られた。しかし，G20 大阪サミットも，その前哨戦となった G20 貿易相会合も，共同声明では「反保護主義」という文言の明記が見送られた。

さらに，世界経済の下振れリスクが一段と高まる中，今年 8 月下旬にフランスで開かれた主要 7 か国首脳会議（G7 サミット）での足並みの乱れは，世界経済の先行き不安を助長する結果となった。世界経済が直面する課題の解決を G7 が主導できないことがはっきりしたからだ。保護主義への対応などで日米欧の溝が深く，G7 の存在意義が問われている。トランプ米政権によって国際協調に亀裂が生じ，「G ゼロ」の世界が現実味を帯び始めたといってよい。

一方，欧州では足元がぐらついており，G7 の協調よりも英国の EU 離脱（ブレグジット）問題の方が喫緊の課題となっている。勢いづく反 EU の動きによって，EU はいま分裂の危機に直面している。大量の移民・難民の流入によって生活が悪化したとの不満が爆発し，ヒト，モノ，カネの国境を越えた移動を自由にさせる EU のグローバル化路線が否定されているのである。

「合意なき離脱」も辞さないジョンソン氏が英首相に就任し，最悪のシナリオを懸念する悲観的な見方が増える中，英国と EU 双方に大きな混乱をもたらすのは避けられそうもない。ブレグジットの結末は予断を許さないが，これが反 EU の動きを抑え「雨降って地固まる」ことになるのか，それとも EU の求心力低下と EU 崩壊の始まりとなるのか。今後の欧州の動きに注目が集まっている。

米中貿易戦争もブレグジットをめぐる欧州の混乱も，日本にとって「対岸の火事」では済まない。世界経済の減速で日本の輸出停滞が鮮明となっている。アベノミクスはまさに正念場だ。「とばっちりの構図」を認識し，日本を取り巻く世界経済の先行きに警戒が必要である。

世界経済の先行き不透明感を背景に，日米欧の株価が急落するなど，金融市場の不安定な動きが続いている。米国が中国への追加関税を次々と発動するたびに国際金融市場が動揺し，為替相場も円高に振れやすくなっている。米連邦準備理事会（FRB）が利下げに転じ，欧州中央銀行（ECB）も追随する公算が大きい中で，弾切れの状態にある日銀の異次元の金融緩和策が厳しく問われている。

　米中貿易戦争の影響を懸念する声が日本の産業界から上がっている。企業の多くが懸念するのは，米中にまたがるサプライチェーン（供給網）の分断だ。部品の製造や組み立ては国境を越えたモノの移動が多く，すでに影響が出ている。

　世界の工場としての役割を担ってきた中国から他国へ生産を移管する企業も多い。生産拠点の主な移管先はベトナムやタイなどの ASEAN だ。「漁夫の利」を得たように見える ASEAN だが，次の米国の標的，「明日は我が身」となることを警戒している。とくにベトナムは原産国の偽装が相次いでいることを受け，取り締まりを強化している。偽装の横行が，ベトナム経由で中国などからの輸入品が第三国に流れる「迂回輸出」の温床となっていることに，米国が神経をとがらせているからだ。

　米中対立の根は深い。トランプ政権は対中貿易不均衡だけでなく，中国のハイテク覇権を懸念し，この分野では「デカップリング」（米国の中国排除）に傾斜している。米中の妥結が成立しても，中国に対する米国の技術管理強化を緩める可能性は低いだろう。デカップリングの延長戦上には，米中新冷戦への危険な構図が見えてくる。

　中国は，中国主導の国際秩序構築に向けて，対米依存のない新たな広域経済圏「一帯一路構想」を推し進めている。トランプ米政権は安全保障にも影響を及ぼすと見て警戒し，中国の覇権拡大への対抗策として，日豪印などと連携し「自由で開かれたインド太平洋構想」を推進する考えだ。グローバル・サプライチェーンの再編により，将来，米中の二大経済圏が構築されるかもしれない。両構想が重なり地政学上重要な位置にあるアジアの国々は，米中の板挟みに苦慮するだろう。米中両国から二者択一の「踏み絵」を迫られる恐れがあるからだ。

iv　　はしがき

　本書は，高まる反グローバル化と保護主義で揺らぐ世界経済秩序の現状と課題について，日本への影響も考慮しながら，3つの視点から考察する。3部16章から構成される本書の主な論点は，以下のとおりである。

　第Ⅰ部では，揺らぐ世界経済秩序について，グローバル・ガバナンスの観点からいくつかの重要な論点を取り上げ，グローバル・ガバナンスの可能性と限界を探った。所得格差の拡大を背景に反グローバリズムが台頭する中，保護主義的な動きを抑えるためにはどのような方策が必要か。また，自由貿易体制の維持に向けて日本の果たすべき役割は何か（第1章）。WTOの信頼性が傷つけられた負のインパクトは計り知れない。多国間主義が追い詰められ大きく揺らぐWTO体制の下で，TPP11，日EU・EPA，RCEPなどメガFTAの締結を目指すことの意義は何か（第2章）。「合意なき離脱」を回避できるか，ブレグジットの結末については予断を許さない。ブレグジットが英国とEUに及ぼす影響についてどう見たらよいのか（第3章）。なぜ欧米で中国に対するAD税など貿易救済措置の濫用が増えているのか。その原因のひとつとされる中国の過剰生産能力問題を解決する道はあるのか（第4章）。反保護主義に向けたG7やG20の取り組みに綻びが生じている。グローバルな問題の解決に向けた国際政策協調が形骸化していくのは果たして必然なのか（第5章）。

　第Ⅱ部は，トランプ・リスクと貿易戦争の行方について考察し，トランプ米政権が仕掛けた貿易戦争の危うい構図を明らかにした。「米国第一」を掲げるトランプ米政権の通商政策が各国に大きな不安と警戒を与えている。トランプ米政権の発足により米国の通商政策はいかなる変化を遂げたのか（第6章）。現代の砲艦外交と揶揄されるトランプ米政権の通商政策はWTOのルールと整合的といえるのか。WTOの改革と再生が急務だ（第7章）。何が米中貿易戦争の争点となっているのか。米中の貿易不均衡から技術覇権をめぐる争いに変化し，もはや長期化は避けられなくなっている（第8章）。貿易戦争の激化によって企業のサプライチェーンの分断が加速している。トランプ・リスクに対して日本企業は事業戦略の見直しをどのように図ろうとしているのか（第9章）。日本はトランプ米政権の暴走をいかにして食い止めるつもりか。果たして通商シナリオ通りの展開となるのか，それともトランプによる「ディールの罠」に嵌ってしまうのか（第10章）。

第Ⅲ部は，期待と不安が交錯する世界経済の新たな潮流について，その行方を左右する重要な論点を取り上げた。東アジアの開発戦略における国際的生産ネットワークの重要性は今後も変わらない。しかし，ASEAN は米中貿易戦争とデジタル技術という新たな外的ショックに適切に対応していけるだろうか（第11章）。米中貿易戦争の長期化は東アジアの生産ネットワークにどのような影響を及ぼすのだろうか（第12章）。反 EU や反移民・難民を掲げるポピュリストの勢力が拡大する中，EU が市民の不満を解消するためにはどのような改革が必要なのか（第13章）。ロシアは市場経済化とともに冷戦後の世界経済秩序に組み込まれ，ドル依存が進んだ。だが，いまロシアは脱ドル化を模索している。その背景には何があるのか（第14章）。人民元の国際化の条件は何か。従来の「通貨の国際化」の延長線にあるのか否か。中国は一定の規制を残存させる「管理された」国際化を目指しているようにみえる（第15章）。中国は「一帯一路建設」を「中国製造2025」と「自由貿易試験区」と連携させ，「中所得国の罠」から抜け出そうとしている。中国の一帯一路構想に日本はどのように向き合えばよいのか（第16章）。

本書は，第一線で活躍する気鋭の研究者たちを執筆陣に加え，反グローバリズムと保護主義に揺らぐ世界経済秩序について様々な視点から考察したものである。個々のテーマについて自己の主張を自由に論じてもらい，編著者が執筆者の意見を調整するようなことは一切していない。読者の方々が先行き不透明な世界経済秩序をめぐる目下焦眉の諸問題について理解を深める上で，本書が些かなりとも寄与することができれば幸いである。

最後に，厳しい出版事情の中，本書の刊行を快諾してくださった文眞堂社長の前野隆氏，編集の労をとっていただいた前野眞司氏，山崎勝徳氏ほか編集部の方々に，心から謝意を申し上げたい。

2019年9月

編著者

目　　次

はしがき …………………………………………………………………………… *i*

第Ⅰ部
揺らぐ世界経済秩序とグローバル・ガバナンス

第1章　保護主義，反グローバリズムと日本の対応 ………………… *3*

第1節　拡大する保護主義：米中貿易戦争勃発 ……………………… *3*

第2節　世界で台頭する保護主義 ……………………………………… *5*

第3節　保護主義拡大の要因 …………………………………………… *7*

第4節　米国の保護主義の問題点 …………………………………… *12*

第5節　自由貿易体制の維持に向けて：日本の果たすべき役割 ……… *15*

第2章　WTO体制の危機とメガFTA ……………………………… *18*

はじめに―激化する米中貿易摩擦― ……………………………… *18*

第1節　追いつめられる多国間主義 ………………………………… *20*

第2節　国際貿易における多国間主義の意義 ……………………… *22*

第3節　メガFTAの成功で多国間枠組みの強化を目指す ……… *24*

第4節　CPTPP（TPP11）の発効―平坦ではなかった道のり― …… *24*

第5節　WTO改革へ向けて ………………………………………… *30*

第3章　揺れるEU：ブレグジットの結末 ……………………… *32*

はじめに ………………………………………………………………… *32*

第1節　ブレグジット交渉の経緯 …………………………………… *33*

第2節　離脱後の英国はどうなるのか？ …………………………… *36*

第3節　EUからみたブレグジット ………………………………… *40*

第4節　ブレグジットがEUに与える影響について ……………… *43*

第4章　中国の過剰生産能力問題と貿易救済措置 ………………… 46

はじめに ……………………………………………………………… 46

第1節　中国の過剰生産能力 ……………………………………… 47

第2節　過剰生産能力解消のための国際的共同行動 …………… 49

第3節　世界に広がる貿易救済措置とその歪み………………… 51

第5章　国際政策協調再考 ……………………………………… 57

はじめに ……………………………………………………………… 57

第1節　国際政策協調をめぐる誤解 ……………………………… 58

第2節　世界経済の社会契約論 …………………………………… 60

第3節　緊縮財政主義のもたらしたもの ………………………… 62

第Ⅱ部
トランプ・リスクと貿易戦争の行方

第6章　トランプ政権における対中通商政策の決定過程
対中協調派と対中強硬派の相克「関与」か「牽制」か ………… 71

はじめに ……………………………………………………………… 71

第1節　冷戦後の中国をめぐる米国通商政策の変遷
（クリントン政権からオバマ政権） ……………………… 73

第2節　トランプ政権における対中通商政策…………………… 75

第3節　トランプ政権における通商政策をめぐる決定過程 …… 81

おわりに ……………………………………………………………… 83

第7章　WTOルールとトランプ政権の通商政策 ………………… 87

第1節　トランプ政権の通商政策
―現代の砲艦外交と多国間主義への挑戦― ………… 87

第2節　一方的措置の応酬と多国間主義の動揺………………… 88

第3節　上級委員会問題とWTO紛争解決手続の弱体化 ……… 97

第4節　結びに代えて─「法の支配」の復権の必要性とWTO改革─…　*100*

第8章　米中経済関係の新たな焦点 …… *109*

はじめに ……………………………………………………………… *109*

第1節　米中経済関係の非対称性 ………………………………… *110*

第2節　米中経済関係の変容 ……………………………………… *114*

第3節　トランプ政権の対中通商政策 …………………………… *116*

おわりに─貿易不均衡の是正から「技術覇権」をめぐる競争へ … *119*

第9章　トランプ・リスクと日本企業の北米戦略 ………… *123*

はじめに ……………………………………………………………… *123*

第1節　「トランプ・リスク」とは何か ………………………… *123*

第2節　企業の視点でみる「トランプ・リスク」とは ………… *128*

第3節　日本企業の北米戦略の動向 ……………………………… *132*

おわりに ……………………………………………………………… *136*

第10章　暴走するトランプ政権と日本の通商戦略：　ディールの罠 …………………………………… *138*

はじめに ……………………………………………………………… *138*

第1節　保護主義の道を暴走するトランプ政権 ………………… *138*

第2節　米国のTPP離脱の衝撃：揺らぐ通商秩序 …………… *142*

第3節　暴走するトランプ政権に対する日本の対応 …………… *144*

第4節　予断を許さない日米貿易協議の行方：
　　　　日本の思惑通りとなるか ………………………………… *149*

第Ⅲ部
世界経済の新たな潮流：期待と不安

第11章　貿易戦争とデジタル技術：ASEANの開発戦略改編 … *159*

はじめに ……………………………………………………………… *159*

x　目　次

第1節　短期的影響：正の貿易転換効果	*160*
第2節　中長期的影響：ルールに基づく貿易体制の脆弱化	*161*
第3節　IT と CT による生産ネットワーク確保	*162*
第4節　CT を用いた新たな産業振興	*165*
第5節　データフローをめぐる政策整備	*166*
おわりに	*170*

第12章　国際的な生産ネットワークと通商政策　*171*

はじめに	*171*
第1節　東アジアの生産ネットワーク	*173*
第2節　FTA の活用	*176*
第3節　保護主義的な動きへの懸念	*180*

第13章　EU はヨーロッパ経済の問題を解決できるか　*184*

はじめに	*184*
第1節　ヨーロッパ経済の回復	*185*
第2節　2010 年代の EU の経済政策	*186*
第3節　市民の不満の経済的背景	*190*
第4節　どのような政策が必要なのか	*194*

第14章　脱ドルを模索するロシア　*197*

はじめに	*197*
第1節　ドル依存のロシア	*197*
第2節　アジアの時代とロシアの東方シフト	*200*
第3節　ロシアと中国	*202*
おわりに	*208*

第15章　人民元の国際化の条件　*211*

| はじめに | *211* |
| 第1節　通貨の国際化の定義 | *211* |

第2節　人民元の現状 …………………………………………………… *214*

第3節　世界経済の新たな潮流から考える「人民元の国際化」 ………… *217*

第16章　一帯一路構想と日本の対応 ……………………………… *221*

はじめに …………………………………………………………………… *221*

第1節　「一帯一路建設」の事例としてのアセアンと重要拠点国である
　　　　カザフスタン …………………………………………………… *222*

第2節　産業政策における一帯一路建設 ……………………………… *224*

第3節　一帯一路参加国と自由貿易試験区（PFTZ）の間の連結性の強
　　　　化による産業集積シフト ……………………………………… *227*

第4節　一帯一路建設，中国製造2025，自由貿易試験区の2018年の進
　　　　捗状況 …………………………………………………………… *230*

おわりに …………………………………………………………………… *237*

索引 ………………………………………………………………………… *240*

第 I 部

揺らぐ世界経済秩序と
グローバル・ガバナンス

第1章

保護主義，反グローバリズムと日本の対応[1]

第1節 拡大する保護主義：米中貿易戦争勃発

　米国のトランプ大統領は2018年1月に通商法201条に基づく緊急輸入制限（セーフガード）を発動し，太陽光パネルと洗濯機の輸入関税を引き上げた。3月には，1962年通商拡大法第232条（国家安全保障）を発動し，鉄鋼とアルミニウムの輸入に対して追加関税（鉄鋼，25％，アルミニウム，10％）を適用した。現在，自動車に対して追加関税の適用を検討している。これらの関税引き上げは，いくつかの特定の国々からの輸入に対しては免除されているが，基本的には世界の全ての国々からの輸入に適用されている。

　一方，中国に対しては，2018年7月に知的財産権の侵害を理由に1974年通商法301条（貿易相手国の不公正な取引慣行）を発動し，中国からの340億ドル相当の輸入品に対して追加関税（25％）を適用した。この措置に対して，中国は米国からの同額相当の輸入品に対して追加関税（25％）で報復した。中国による報復措置を不服として，米国は8月に中国からの160億ドル相当の輸入品に対して追加関税（25％）を適用したのに対し，中国は米国からの同額相当の輸入品に対して追加関税（25％）で報復した。9月になると，米中共に追加関税措置第3弾を発動したが，米国が中国からの2,000億ドル相当の輸入品に対して追加関税（10％）措置を発動したのに対して，中国は米国からの600億ドル相当の輸入品に対して追加関税（5-10％）措置を発動した。3回の追加関税措置によって，米国による追加関税措置の対象となる中国からの輸入品額は約2,500億ドルになるのに対して，中国による同措置の対象となる米国からの輸入品額は約1,100億ドルとなる。これらの輸入品額は米国の中国からの輸入

額の約半分，中国の米国からの輸入額の約8割に相当する。

その後，米中で貿易協議が行われているが，中国側の対応を不服として，トランプ大統領は2019年6月1日に中国からの2,000億ドル相当の輸入品に対する追加関税を25％へと引き上げる予定である。さらに，新たに3,250億ドル相当の輸入品に対する追加関税適用に向けての手続きを開始したことを表明した。この措置が実施されれば，米国は中国からの輸入品全てに対して，追加関税を適用することになる。一方，中国は米国の追加関税に対して，報復する準備を進めている。このように，米中間で追加関税措置がエスカレートしており，関税戦争・貿易戦争が勃発している。

中国との貿易戦争を仕掛けた米国であるが，米国が貿易赤字を抱えている国に対しては二国間協議を通じて保護主義的措置を適用することで貿易赤字の削減・解消を狙っている。このような政策の背景には，貿易赤字は輸入超過を表しており，国内の雇用を奪っている証左であるという考えがある。トランプ大統領は大統領選挙中から，「米国第一主義」を唱え，労働者の雇用を守るために，保護主義的な措置を適用することを主張してきた。

米国にとって利益をもたらす貿易協定は多国間貿易協定ではなく，二国間貿易協定であるとの考えから，大統領就任直後に，オバマ大統領の下で調印していた多国間貿易協定である「環太平洋パートナーシップ（TPP）」から離脱した。また，韓国との間では米韓自由貿易協定，メキシコとカナダとの間では北米自由貿易協定（NAFTA）の再交渉を行い，共に米国に有利な形に改訂した。例えば，改訂された米韓自由貿易協定の自動車分野では，米国が2021年1月1日に撤廃する予定だった韓国産ピックアップ・トラックの関税（25％）の撤廃時期を2041年1月1日に延期した。また，米国の自動車安全基準が満たされていれば韓国の安全基準を満たしていると見做して輸入を許可する米国からの輸入車の数をメーカーごとに年間2万5,000台から5万台に拡大した。北米自由貿易協定（NAFTA）の再交渉においては，自動車の関税を撤廃する条件について域内原産地割合を現状の62.5％から3年間で75％まで引き上げること，メキシコとカナダから米国へ輸入される自動車に関して年間260万台以上については追加関税を課すこと，となっている。欧州連合（EU）および日本との協議が始まったが，自動車関税引き上げなどの脅しをかけて米国に有

利な状況を追求することは明らかである。

　米国による保護主義的措置の乱発によって，米国の主導で構築され，世界経済の高成長を可能にした，自由貿易体制が崩壊の危機に直面している。近年において，米国による保護主義的措置の適用が目立つが，これは米国だけの傾向なのであろうか？　また，保護主義的な動きの背景には，どのような要因が存在するのであろうか？　さらには，保護主義の台頭について，日本を初めとした世界の国々は，どのように対応すべきであろうか？　本章では，これらの問題について考えてみたい。

第2節　世界で台頭する保護主義

　米国における保護主義の台頭が注目されているが，世界の他の地域においても保護主義的な政策が2008年に発生した世界金融危機以降増えている。世界諸国での貿易に影響を与える政策を2010年以来監視している「Global Trade Alert」の調査によると，世界各国で実施された貿易制限的措置の数は2010年から2012年にかけては各年150前後で推移していたが，その後，増加し2016年には299となった（第1-1図）。2017年には減少に転じたが，2018年には再び増加し，321となっている。具体的な措置としては，反ダンピング税，関税引き上げ，貿易金融，政策金融，セーフガード，生産補助金など多岐に亘っている。

　近年における貿易制限措置の増加は，他の機関による調査によっても確認できる。東アジアASEAN経済研究センター（ERIA）によるASEAN諸国および，日本，中国，韓国，インド，豪州，ニュージーランドを対象とした調査によると，2000年以降，平均関税率は低下しているが，非関税措置（NTM）は増加傾向が著しい[2]。具体的には，NTMの数はASEAN全体で，2000年には約1,600であったが，その後，増加を続け，2015年には約6,000まで上昇した。また，日中韓，インド，豪州，ニュージーランドに関しては，NTMは2000年には約1,500であったが，2015年には1万5,000を超えている。NTMで圧倒的に多いのは，「貿易の技術的障害（TBT）」と「衛生と植物防疫のた

第 1-1 図　世界の保護主義的措置と自由化措置

出所：Global Trade Alert, https://www.globaltradealert.org/global_dynamics/day-to_0519/flow_all

めの措置（SPS）」であるが，その他の措置としては，価格コントロールや輸出促進措置などがある。TBT や SPS には製品・商品の安全性を担保するといった正当化できる目的がある一方，輸入を制限するために「隠れた保護主義」の手段として使われる場合もある。NTM による貿易制限的効果をもたらすひとつの要因は，NTM に関する情報提供が不十分であることである。この点を改善するために，NTM について透明性を高めることが重要である。

　必ずしも保護主義とは看做せないが，米国による TPP からの離脱のように，多数国により形成された自由貿易協定から離脱するような動きも，自国第一主義の表れとして，保護主義と通じる政策であると看做されている。このような観点から，2016 年の英国による欧州連合（EU）からの離脱（Brexit）決定は注目された。

　保護主義的な政策・措置が増加している一方，それに対抗するように，貿易自由化などの反保護主義的政策も増加していることは注目に値する。東アジア諸国において，関税率が低下していることは既に言及した。Global Trade Alert の調査によれば，貿易自由化政策は，2010 年の 36 から 2018 年には 114 へと増加している。但し，貿易制限的な措置の数は，貿易自由化措置の数を圧倒している。また，多数国が参加する自由貿易協定締結へ向けての動きも加速

している。これらの動きについては，後節で検討する。

第3節　保護主義拡大の要因

1．反グローバリズム

　近年における保護主義の台頭の背景には，様々な要因がある。それらの要因は各国で異なるが，ひとつの共通の要因としては，反グローバリズムの台頭が挙げられる。モノ，カネ，ヒトなどが大規模に国際間を移動するようになったことで進展している経済面におけるグローバリゼーションによって雇用機会の喪失や賃金・所得の低下などといった形で被害を受けている人々などによる反グローバリズムの動きである。

　先述したように，米国のトランプ大統領は，貿易収支の赤字は，米国の労働者の雇用機会を奪うことを意味することから，米国での雇用機会の維持・拡大のためには，貿易収支赤字の削減が必要であり，その手段として保護主義的措置を実施しなければならない，という主張を掲げて，大統領選に勝利したことから，大統領就任後，保護主義的措置を実施している。トランプの大統領選での勝利の背景には，米国の重工業でかつて中心的な役割を果たしてきたが，近年，競争力を低下させてしまった鉄鋼，アルミニウム，自動車産業などで働く中西部（所謂，ラストベルト）の労働者達の支持があった。また，反グローバリズムという点では，共和党の大統領候補であったトランプだけではなく，民主党の大統領候補として多くの支持を集めたサンダースも同様の考えを主張していたことから，政党に関係なく，多くの米国民が共感する考えであったと思われる。政治家は，これらの反グローバリズムを要求する人々の支持を勝ち取るために，保護主義的な政策を主張してきた[3]。

　第1-2図には，2018年における米国にとって二国間貿易赤字の大きな国々が示されているが，その中でも，対中国で極めて大きな貿易赤字が計上されていることがわかる。実際，2018年の米国の貿易収支赤字の48％は対中国貿易赤字である。米国は，二国間貿易赤字を記録しているメキシコ，カナダ，韓国とは自由貿易協定の再交渉を行い，米国のそれらの国々からの輸入を削減する

第 1-2 図　米国貿易収支（赤字）：2018 年

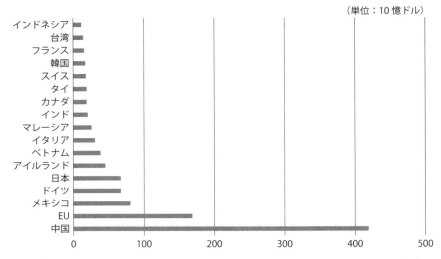

出所：US Census Bureau, U.S. Trade in Goods by Country, https://www.census.gov/foreign-trade/balance/index.html

ような形で合意を得ている。EU と日本とは，交渉が始まったところである。

　米国におけるグローバリゼーションの影響については，Autor 等による，中国からの輸入の米国の労働者に与えた影響に関する詳細な研究が注目されている[4]。同研究によれば，1999 年から 2011 年にかけて，中国からの輸入が米国において 240 万人の雇用を奪っていたことを示している。この推計には，中国からの輸入品と直接に競合する国内生産の低下だけではなく，それらの産業と関連する産業への間接的な効果も含まれている。Autor (2018) では，中国からの急増した輸入が米国の労働市場に大きな負の影響を与えたことを示しているが，中国からの輸入規制を政策として提案しているのではない。貿易による利益を認識した上で，その利益は経済・社会全体からみれば大きいが，個人のレベルでは小さいこと，一方，貿易による被害は一部の産業や地方に集中し，個人レベルでは大きいことなどが指摘されている。これらのポイントを踏まえた上で，Autor は，輸入によってもたらされる雇用問題に対しては，雇用機会を奪われた労働者達に対する支援を提供する貿易調整プログラムの充実が必要であると結論付けている。

反グローバリズムの背景としてグローバリゼーションによる雇用機会の喪失や所得低下などの被害を受けた人々の存在があることを指摘した。この点に関連して，グローバリゼーションの所得格差拡大効果が反グローバリズムを支持する人々を生み出しているという議論がある。つまり，グローバリゼーションはグローバリゼーションによって与えられた機会を活用して利益を得ることができる人々がいる一方，そのような機会をうまくとらえられないだけではなく，被害を受ける人々がいることから，所得や資産の格差が拡大する。そのような状況に不満を持つ人々が，反グローバリズムを唱えるというのである。

　第1-3図に示すように，米国では所得上位1％の国民の所得の全所得に占める割合が，1980年代以降，急速に上昇している。具体的には，同比率は1980年には8％であったのが，2007年には18％まで上昇し，それ以降，2015年までは同水準を維持している。他の先進諸国においても所得格差が拡大しているが，米国ほどではない。1980年から2015年にかけて，米国におけるGDPに占める貿易（輸出＋輸入）の割合は20.1％から27.9％へと大きく上昇しており，米国経済がグローバリゼーションの波に巻き込まれているのが分かる。実

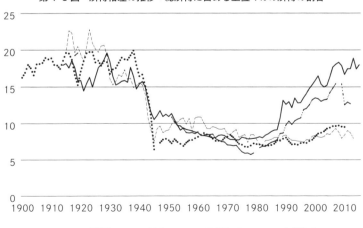

第1-3図　所得格差の推移：総所得に占める上位1％の所得の割合

出所：The Chartbook of Economic Inequality, https://www.chartbookofeconomicinequality.com/

際，このようなグローバリゼーションは米国政府による貿易および投資の自由化政策とそれに呼応した米国企業により牽引されてきたという見方が一般的である。それでは，グローバリゼーションと所得格差の拡大の間には，どのような関係があるのだろうか？

　グローバリゼーションと所得格差の拡大の関係について多くの実証分析が行われてきた[5]。欧米先進諸国を対象とした分析だけではなく，中国やインドなどの発展途上諸国を対象とした分析もある。これらの国別分析では，グローバリゼーションと所得格差の関係については，一意的な関係は認められていない。データの制約などの理由から，多くの国々を対象とした数量分析はあまり行われていないが，その中では，IMF のエコノミストによる分析が有益な情報を提供している[6]。51 カ国を対象として，1981 年から 2003 年までの 23 年間の統計を用いて，所得格差を説明する要因についての分析を行った。被説明変数は Gini 係数，説明変数としては，貿易面でのグローバリゼーション，資本・金融面でのグローバリゼーション，技術進歩，その他（GDP に占める融資の割合，教育，農業人口の割合など）などが分析に用いられた。

　分析結果からは，貿易面でのグローバリゼーションは所得格差を縮小させる効果を持つのに対して，資本・金融面でのグローバリゼーションと技術進歩は所得格差を拡大させる効果が認められた。貿易面と資本・金融面でのグローバリゼーションを合わせてグローバリゼーションと捉えると，グローバリゼーションは先進諸国では所得格差を拡大させるが，発展途上諸国では僅かではあるが所得格差を縮小させる効果を持つことが明らかになった。他方，技術進歩については先進諸国と発展途上諸国の両方において，所得格差を拡大させる効果を持つことが示された。所得格差拡大への影響は，グローバリゼーションよりも技術進歩が大きいことも示された。IMF のエコノミストによる分析からは，グローバリゼーションよりも技術進歩が所得格差を拡大させる効果が大きいことが示されたが，技術進歩はグローバリゼーションによる競争激化によって推進される可能性も高いことを考慮するならば，これらの 2 つの要因を分離することは難しい。

　所得格差の拡大は保護主義を生む可能性があるだけではなく，社会や政治の不安定化を助長することから，回避しなければならない。所得格差を拡大させ

る要因として，グローバリゼーションや技術進歩が挙げられるが，それらだけではない。その他の要因としては，教育制度や税制などが重要な要因として挙げられる。高所得者にとって有利な教育制度や税制（個人所得税，固定資産税，相続税など）は所得格差を継続・拡大させる大きな原因となっている。グローバリゼーションと技術進歩は所得格差を拡大させる傾向がある一方，経済成長の重要な源泉でもある。また，経済成長は所得格差を縮小させる効果を持つ。これらの点を理解するならば，所得格差拡大への対応としては，保護主義を採用することではなく，グローバリゼーションを推進すると共に，グローバリゼーションによってもたらされる経済成長の成果を公正に分配する教育制度や税制を構築し，運用することであることが分かる。

　グローバリゼーションによる雇用機会の喪失や所得の低下などを回避するために保護主義的措置がとられるようになったことを議論したが，通商拡大法第232条を根拠とした追加関税の引き上げの背景には，米国にとって重要な産業を維持・回復させたいというトランプ大統領の期待があることも指摘しておかなければならない。

2．中国脅威論

　米国における保護主義の今ひとつの要因としては，中国による情報技術（IT）などの先端分野における急速な発展に対する警戒心がある[7]。中国は「中華民族の偉大な復興という中国の夢」を実現するために，建国100年の2049年に向けて，経済，軍事，文化など幅広い分野において，米国と並び立つ強国となることを目標に掲げている。経済分野では，製造強国の実現を目指して，「中国製造2025」と称する産業政策を打ち立て，先端分野の発展を中心とした戦略を実施している。さらに，一帯一路構想を実施することで，中国中心の経済圏構築を進めている。米国は，中国の国家資本主義体制が米国主導により構築されてきた自由資本主義体制への挑戦と見做して，挑戦的な中国の政策・戦略の実現を阻止するために，保護主義的措置で中国に方向転換を迫っている。

　米国が特に問題としているのは，中国が上述した目的を「不正な手段」で実現しようとしていることである。具体的には，中国企業による知的財産権の侵

害，外国企業の進出にあたっての技術移転の強要，国有企業に対する補助金の供与などの行為であり，米国は，それらの不正な行為を是正させるために，保護主義的措置を適用しているのである。対中国追加関税の目的としては，トランプ大統領にとっては，二国間貿易赤字の解消が最も重要であると思われるが，米国議会の政治家や政治・安全保障専門家などにとっては，中国脅威論への対策がより重要であるようだ。米国議会では，共和党，民主党共に，対中制裁については強硬な意見が多い。実際，中国に対しては，追加関税だけではなく，対米投資審査の強化，米国企業による中国企業との取引の制限など，様々な措置を実施している。

　中国経済は，これまでのような高成長の継続は難しいと思われるが，今後，少なくても 20 年位は米国経済よりも高成長が予想されており，2040 年を待たずに米国経済を追い越し，世界最大の経済大国になる可能性が高い。このような状況を勘案するならば，米中の競争は激化する可能性が高い。

第 4 節　米国の保護主義の問題点

　米国による保護主義が注目されているが，その問題点を議論してみたい。トランプ大統領が最も注目するのは二国間貿易収支である。貿易収支が赤字であれば，米国が雇用機会の喪失などの被害を受けているという見方である。輸入は悪，輸出は善という重商主義の考え方である。重商主義の主張が正当化できないということは，アダム・スミスやデヴィッド・リカードなどによる議論で証明されていることは改めて繰り返す必要はないであろう。重商主義的考えによれば，輸入を制限することが重要になるが，輸入の制限は貿易相手国の輸出を制限することであることを認識するならば，そのような措置は世界経済の成長を抑制することは容易に理解できる。逆に，世界各国が貿易を拡大させることが，世界経済の成長をもたらすことは第二次大戦後の世界経済が経験してきたことである。

　仮に貿易収支赤字問題を取り上げるとするならば，対世界との貿易収支で考えるべきであって，二国間での貿易収支に着目する正当な経済学的理由はな

い。さらに，仮に二国間貿易収支（より一般的に貿易収支）の赤字問題を是正することが重要な政策目的であるとするならば，実施すべき政策は為替政策や金融・財政などのマクロ経済政策であって，トランプ大統領が注目している貿易政策ではないことは，経済学では常識となっている。

トランプ大統領による鉄鋼とアルミニウムへの追加関税という形の保護主義のひとつの目的は両産業の復活である。しかし，この目的を達成することは極めて難しいことは，これまでの経験が物語っている。米国の鉄鋼産業は，1970年代から90年代にかけて，輸入増加により，日本を中心とする様々な国々との間で，貿易摩擦を発生させてきた。このような状況に対して，米国は輸出自主規制やトリガープライス制度などを実施することで鉄鋼産業を保護し，これらの産業の復活を追求した。しかし，そのような期待は実現せず，今回の追加関税に至っている。米国の鉄鋼産業のこのような経験から，保護貿易による産業の復活が難しいことが分かる。

鉄鋼やアルミニウムなどの素材を追加関税によって保護することの弊害が大きいことも認識しておかなければならない。鉄鋼やアルミニウムに対する追加関税によって価格が吊り上げられたことから，それらの商品を素材として用いる自動車のような商品の価格も吊り上げられる。その結果，消費者が被害を受けるだけではなく，輸出も難しくなることから，売り上げや生産量が低下し，大きな打撃をうける。追加関税は当初の産業復活という目的とは全く逆の産業低迷・衰退をもたらしてしまう。

トランプ大統領の保護主義のひとつの目的は，保護貿易の対象となった貿易相手国との交渉を進めて，米国に有利な状況を作り出すことである。例えば，米国は中国による不公正な取引慣行に対して通商法301条を根拠として中国製品に対する関税を引き上げることで，それらの是正を狙っている。このような政策は，有効な場合もあるが，同じ問題を抱える他の国々と協力して対応する方が，より大きな効果を持つ可能性が高い。具体的には，米国が単独で中国に対峙するのではなく，同じ問題に直面している日本やEUと協力・協調して中国との交渉を進めることが望ましい。

米国による一方的措置の大きな問題は，相手国による報復を促し，貿易戦争が誘発されることである。貿易戦争が当事者だけではなく，他の国々も巻き込

んで，深刻な問題を引き起こすことは，第二次大戦前の世界経済の経験が示している。実際，世界で経済規模が最大である米国と第二位の中国による貿易戦争は，米中経済だけではなく，他の国々の経済に対して負の影響をもたらしている。直接的には，貿易の減少という形で負の影響は表れているが，貿易戦争による不確実性の増大が投資や消費を抑制し，経済に深刻な影響を与え始めている。特に，中国にサプライチェーンの拠点を設立している企業は，中国から米国への輸出が難しくなったことで，サプライチェーンの再構築を余儀なくされており，追加的費用が発生することで，収益性が悪化する。中国をはじめとしてアジア太平洋諸国においては，グローバリゼーションの進展に伴ってサプライチェーンが緊密かつ大規模に構築されたことが，経済成長に大きく寄与してきたのであるが，米中貿易戦争は，そのような経済成長メカニズムを崩壊させてしまう。

　以上，米国による保護貿易措置の実体経済への負の影響について議論してきたが，米国による一方的措置や二国間主義の最大の問題は，第二次大戦後，米国が中心的な役割を果たして構築してきた多角的貿易体制の崩壊ではないかと思われる。第二次大戦の引き金となった世界各国による保護主義的措置の応酬という形で勃発した貿易戦争の再来を回避するために，第二次大戦後，「関税と貿易に関する一般協定（GATT）」および後継機関である「世界貿易機関（WTO）」によって自由で開かれた世界貿易体制が構築され，運営されてきた。戦後の世界貿易体制においては，米国が中心的役割を果たしてきた。GATT・WTO の下で，貿易自由化が大きく進展し，それに呼応して貿易が大きく拡大し，世界経済の高成長を実現させた。このような世界各国にとって重要な「公共財」をトランプ大統領は，米国第一主義を実践することで，破壊しようとしている。第二次大戦後約 70 年間かけて築いてきた世界貿易体制が崩壊の危機に陥っている。制度は一度崩壊してしまうと，再建するのは容易ではない。米国の保護主義的措置を阻止することが喫緊の課題である。

第5節　自由貿易体制の維持に向けて：日本の果たすべき役割

　世界最大の経済大国である米国による一方的な保護主義的措置によって第二位の経済大国である中国との間で貿易戦争が勃発し，世界の自由貿易体制が崩壊の危機に面しているだけではなく，世界経済に深刻な影響を与える状況になりつつある。雇用確保を目的とした保護主義的措置はトランプ大統領の意向を強く反映していることから，大統領が代われば，取り下げられる可能性がある。他方，中国への警戒心は，トランプ大統領だけではなく，米国議会の議員やビジネスリーダーたちにも共通していることから，トランプが大統領職を退いても，対中措置は長期間に及ぶことが予想される。このような状況において，米国をルールに基づく自由貿易体制に回帰させる方策はないのであろうか。少なくても以下の3つの可能性が考えられる。

　第一の可能性は，新たな政策ではなく，保護主義的措置による米国経済への負の影響の深刻度の増幅による政策転換である。保護貿易政策適用の期間が長引けば，輸入品価格の上昇や輸出・生産の減少などによって米国経済に深刻な影響が出てくる。経済の将来が悲観的になれば，株価の下落などを通じて，経済低迷の深刻度は増幅される。このような形で保護主義的措置による米国経済への負の影響が表面化・深刻化すれば，トランプ大統領は保護主義的措置を撤回するかもしれない。但し，トランプ大統領による政策変更には，かなり深刻な経済状況が必要であり，その場合には世界経済にも大きな損失をもたらすことから，この可能性は最悪のケースであろう。また，このケースについては，日本の果たせる役割はない。以下では，米国による保護主義の転換を促すにあたって，日本の果たすべき役割について考えてみたい。

　第一の方策と共通する部分もあるが，日本，EU，中国など世界の主要な国々が，米国抜きで貿易や投資などに関して包括的かつ自由度の高い地域統合を形成することで，米国を不利な状況に追いやることである。そのような地域統合から除外される米国ビジネス界が差別的で不利な立場に置かれることで，被害を実感するようになれば，トランプ大統領に地域統合への参加を要求する

であろう。具体的には，米国が離脱した環太平洋パートナーシップ（TPP）で残った 11 の加盟国により 2018 年 1 月に調印された包括的および先進的環太平洋パートナーシップ（CPTPP）の加盟国の拡大，2019 年 2 月に発効した日・EU 経済連携協定（EPA）の拡大，中国やインドを含む東アジア包括的経済連携（RCEP）の早期合意・発効などが重要である。CPTPP については，6 カ国が批准しているが，残りの 5 カ国の早期批准，さらには新規加盟国の拡大が必要である。CPTPP の締結にあたっては，日本は先導的・主導的な役割を果たしたが，上述したような自由貿易協定の拡大・締結においても，同様に重要な役割を果たすことが期待されている。

　さらに日本が果たすべき重要な役割は，様々な問題点を抱えている，現在の世界貿易体制を担っている世界貿易機関（WTO）の改革を，利害を共有する EU などと共に米国を巻きこんで，推進することである。実は，この動きはすでに始まっていて，日米欧の首脳や貿易大臣などによる会合で，貿易規則やコミットメントの効果的な執行，監視，紛争解決制度における WTO 機能の向上や重要性を増しているデジタル経済などの新しい分野におけるルール構築の必要性などについて合意している。これらの WTO 改革や新分野におけるルール構築が進めば，中国による不公正な慣行を抑制することが可能となり，中国に対する警戒心も緩和され，保護主義的措置が削減されるであろう。また，安倍首相はトランプ大統領と最も親しい首脳の一人として，力に頼る貿易戦争は世界経済や米国経済にとって大きな被害をもたらすことから，一刻も早く政策を転換し，ルールに基づく自由貿易体制に戻るべきであることを説得的に説明することが期待されている。

（浦田秀次郎）

【注】
1）本稿は浦田（2018a, 2018b）を加筆したものである。
2）ERIA 内部資料。
3）本章では，保護主義的措置を活発に適用している米国に焦点を当てて，議論を進めている。欧州においても，反グローバリズムの動きが拡大しているが，その要因としては，貿易や投資の拡大への反発と共に，北アフリカや中東からの大量の移民の流入や超国家的組織になりつつある欧州連合（EU）に対する不満などもある。
4）Autor（2018）を参照。

5）それらをサーベイした論文として，Urata and Narjoko（2017）を参照されたい。
6）Jaumotte 他（2013）。
7）トランプ政権の中国政策については，久保（2019）等を参照。

【参考文献】

浦田秀次郎（2018a）「保護主義の台頭と日本の対応」『世界経済評論』Vol. 62，No. 5，13-22 頁。

浦田秀次郎（2018b）「崩壊の危機に直面する自由貿易体制」『国際問題』No. 677，1-5 頁。

久保文明（2019）「トランプ政権と中国」『国際問題』No. 681，1-5 頁。

Autor, D. H. (2018), "Trade and Labor Markets: Lessons from China's Rise," *IZA World of Labor*, February, https://wol.iza.org/uploads/articles/431/pdfs/trade-and-labor-makets-lessons-from-chinas-rise.pdf?v=1

Jaumotte, F., Lall, S. and Papageorgiou, C. (2013), "Rising Income Inequality: Technology, or Trade and Financial Globalization?," *IMF Economic Review*, Vol. 61, No. 2, pp. 271-309.

Urata, S. and Narjoko, D. A. (2017), "International Trade and Inequality," in Helble, M. and Shepherd, B. (eds.), *Win-Win: How International Trade Can Help Meet the Sustainable Development Goals*, Asian Development Bank Institute, Tokyo, pp. 175-204.

第2章

WTO 体制の危機とメガ FTA

はじめに―激化する米中貿易摩擦―

　2018年3月にトランプ政権が「国家安全保障に対する脅威」を理由に中国や日本に対して課した20％の鉄鋼に対する追加関税，10％のアルミニウムへの追加関税に端を発した貿易摩擦は，6月1日にトランプ大統領がEUやNAFTA（北米自由貿易協定）のパートナー国であるカナダ，メキシコにまで鉄鋼・アルミについての追加関税を賦課すると決定したことで一気にその激しさを増すこととなった。

　他方，中国との関係では知的財産権侵害や対中投資企業への技術移転の強要などを問題にして米国通商法301条を根拠とする制裁関税を検討中であったが，2018年6月15日にはついに500億ドル相当の中国製品に対し，7月6日から二段階に分けて追加関税を課すことを発表した。これに対し中国は反発し，翌16日には農産品を中心に同額の輸入に対し25％報復関税の賦課を公表した。さらにこれに怒ったトランプ大統領は18日に更なる対抗措置の検討を米国通商代表部（USTR）に指示し，さらに2,000億ドル（約22兆円）相当の中国製品に対し10％の追加関税を課す検討に入った。

　対中強硬派として知られるピーター・ナバロ大統領補佐官（貿易担当）は，「中国に対し対米貿易黒字を2年間で2,000億ドル削減し，技術移転要求も止めるよう求めたが，これまで何らの進展もなかった」，として一連の対中制裁関税の賦課を正当化している。5月中旬にムニューシン米財務長官らが訪中して行われた2回目の米中経済閣僚級協議でいったん「休戦状態」に入ったかのように思われた米中貿易摩擦は一転して「報復合戦」となった。

鉄鋼とアルミに関する追加関税については新たな展開があった。2018 年 6 月 20 日に米国商務省は日本を含む 7 カ国 42 件の除外申請を認め，25％の追加関税を徴収されることなく外国から輸入することが認められた。これについてロス米商務長官は声明を発表し，「この最初の一連の除外（This first set of exclusions）は，一方で，輸入による国家の安全に対し脅威となる侵害を認識する一方で，川下産業の必要性を考慮するというバランスの取れた米国のアプローチを反映するものである」と述べている。

ロス商務長官のいう「最初の一連の除外」という表現は期待をもたせる表現ではあるが，これで米国が追加関税の賦課や制裁を緩めてくるとは考えにくい。むしろロス長官の言う「バランスの取れたアプローチ」で他の産品についても輸出国と企業に向けて更なる圧力をかけてくると見た方が正解だろう。すでにその兆候は顕在化しており，鉄鋼・アルミから問題の核心は自動車とその部品に移りつつある。

その後 2019 年 5 月にはトランプ政権は中国の大手通信機器メーカーである華為技術（ファーウェイ）への製品供給を事実上禁じる制裁措置を発動し，あわせて米国企業へのファーウェイからの製品供給も禁じた。トランプ大統領は「（中国との貿易交渉で）何らかの合意ができればその合意の中に含むかもしれない」と述べて，ファーウェイに対する制裁を交渉材料にしたことを明らかにしている。このような経緯から 5 月中旬以降は米中交渉は暗礁に乗り上げ，いったんまとまったかに見えた合意は「空中分解」した形となり，米国による対中第 4 弾の関税引き上げの可能性が高まった（米中貿易紛争の展開については第 2-1 表を参照）。

米中が再び交渉のテーブルに戻ったのは 6 月 28−29 日に大阪で開催された G20 首脳会議の際に行われた首脳会談であった。その直後に行われた記者会見で，トランプ大統領は，①関税引き上げ第 4 弾は当面見送ること，②ファーウェイについても取引継続を容認すること，③米中交渉を再開することを明らかにし，米中紛争はいったん「休戦状態」に入った。

米国と中国という二大経済大国が相互に関税を「武器」として制裁と報復を繰り返すことは世界経済の実態にとっても大きな損失をもたらし，グローバル化の波に乗って各企業が営々と構築してきた生産ネットワークが寸断されると

20　第Ⅰ部　揺らぐ世界経済秩序とグローバル・ガバナンス

第 2-1 表　米中貿易紛争の展開

米国の対中輸入＝約 5,500 億ドル
中国の対米輸入＝約 1,500 億ドル（2018 年）

〔米　国　の　制　裁〕　←――――――→　〔中　国　の　報　復〕

・2018 年 7 月：第 1 弾　産業機械などに 25％の追加関税（340 億ドル相当の輸入を対象）	・米国産大豆などに 25％の追加関税（340 億ドル相当の輸入を対象）
・2018 年 8 月：第 2 弾　半導体などに 25％の追加関税（160 億ドル相当の輸入を対象）	・米国産古紙などに 25％の追加関税（160 億ドル相当の輸入を対象）
・2018 年 9 月：第 3 弾　家電などに 10％の追加関税（2,000 億ドル相当の輸入を対象） ・2019 年 5 月：第 3 弾　25％に引き上げ	・米国産 LNG などに 5〜10％の追加関税（600 億ドル相当の輸入対象）
・2019 年 6 月 29 日：第 4 弾（3,000 億ドル相当の輸入を対象）先送り	・上記に関し，10〜15％の追加関税に引き上げ ・米国が第 4 弾を実施すれば直ちに報復すると表明

出所：新聞報道等をベースに筆者作成。

いう「実害」をもたらす。それに加えて深刻なのが，米国も中国も WTO の
ルールを無視して譲許税率をはるかに超える禁止関税を制裁・報復措置として
相互にかけあっていることである。WTO 体制の信頼性に与えた負のインパク
トは計り知れない[1]。

第 1 節　追いつめられる多国間主義

　そもそも多国間主義（マルチラテラリズム）は，「制度に基づく特定の枠組
みを通じて 3 カ国以上の国家がそれぞれの政策を調整する行動様式」（コヘイ
ン），「一般的行動原則に基づき，3 カ国以上の国家の間の調整を行うための制
度的形態」（ラギー）などと定義されている。
　国際貿易の分野では 1995 年に発足した WTO（世界貿易機関），またその前
身である GATT（関税と貿易に関する一般協定）はまさにこの多国間主義を
具現するものとして存在してきた。IMF・世界銀行と共にブレトンウッズ体制
の一角をなす GATT・WTO は「自由・無差別・多国間主義」を標榜し，国
際貿易の世界に秩序と安定性を提供してきた。

しかし，2001 年 11 月に WTO 体制下で初めての多国間貿易交渉としてスタートした「ドーハ開発アジェンダ（Doha Development Agenda）」，いわゆるドーハ・ラウンドは失敗に終わった。税関手続きの簡素化など主に途上国の貿易を促進するための「貿易円滑化協定」では合意できたものの，多国間交渉の「本丸」である関税削減交渉をはじめ投資，競争政策，政府調達など新たなルール作りの分野では先進国と途上国の間で意見の対立が先鋭化し，164 の加盟国・地域を擁する WTO 体制下で行われた大規模交渉は結局まとまらなかった。

　ドーハ・ラウンドの不調が明らかになってくるにつれ，各国は FTA（自由貿易協定）を中心とする特恵的な地域貿易取決めに通商政策の軸足を移して行った。最新の日本貿易振興機構（ジェトロ）の調査によれば，今年 6 月の時点で全世界には 290 件の FTA が存在している。しかし，FTA や関税同盟など限られた域内加盟国の間だけで貿易の自由化を進めるアプローチは「地域主義」（リージョナリズム）と呼ばれ，GATT・WTO の多国間主義とは根本的に異なる。前者は域内優先で結果的には域外国を関税待遇などで差別するのに対し，後者は加盟国すべてに同等の待遇（最恵国待遇）を保証し，無差別が原則となっている。

　したがって，GATT・WTO では FTA や関税同盟など地域統合はあくまでも最恵国待遇原則の「例外」として位置づけられてきた。無差別主義の「例外」であるがゆえに FTA や関税同盟は「実質的に全ての貿易」をカバーすること，「妥当な期間内に（10 年を目安とする）」完成させることなど一定の条件が付いている（GATT24 条）。

　最近 FTA について「質の高さ」がよく話題になるが，その基準は関税撤廃が「実質的に全ての貿易」を対象としているか，サービス貿易の自由化が広範なサービスセクターに及んでいるかどうか，という点にある。例えば日本の FTA である経済連携協定（EPA）では関税撤廃率は 9 割に届かなかったが，TPP（環太平洋パートナーシップ）では関税全体の 95％について撤廃する用意ができた。もとより NAFTA（北米自由貿易協定）や EU（欧州連合）の FTA など先進国の FTA は高いレベルの関税撤廃を実現しており，ようやく日本もこの水準にまで到達したことになる。このように多国間主義の鉄則であ

22 第Ⅰ部 揺らぐ世界経済秩序とグローバル・ガバナンス

る無差別原則からの「逸脱」としての FTA についても多国間貿易協定としての WTO が一定の「規律」を提供している。

第2節 国際貿易における多国間主義の意義

　第一に二国間の交渉結果をすべての加盟国・地域に前述の最恵国待遇原則にしたがって均霑（きんてん）することがある。一例をあげると中国の WTO 加盟の際，日中二国間交渉では中国の自動車関税について日本は50％までしか引き下げられなかった。しかしその後に中国と妥結したアメリカは中国の自動車関税を25％にまで下げることに成功し，最恵国待遇原則に則って日本や EU からの自動車輸入についてもこの25％が適用されることになった。

　FTA であれば域外国へのこのようなメリットの均霑は起こりえないが，WTO では他国が行った関税交渉の結果を第三国がなんらの代償も支払うことなく無条件で享受することができる。このことは交渉力のない途上国や小国にとっては特に大きな意味をもつ。通常関税交渉ではお互いに相手のリクエストに応じる形で関税率削減のオファーを出すが，前述の自動車関税の場合のように，米中で合意できた関税率は自動的に他の全ての第三国からの自動車に適用されることになる。このような削減された関税率の WTO 全加盟国・地域への無差別自動均霑は貿易拡大の契機となる。このことのゆえに経済体制の異なる中国やベトナムも WTO 加盟にむけて努力し，市場経済への移行国であるロシアなども WTO 加盟を目指したのである。

　第二の意義は新たなルール形成とその履行体制の整備である。筆者はジュネーブにおいて GATT のウルグアイ・ラウンド交渉（1986－1994年）に日本政府と GATT 事務局の両サイドから携わったが，本来モノの貿易に関するルールであった GATT においてサービス貿易や知的所有権について交渉することの困難さを多くの局面で経験した。強硬な反対勢力であったインドやブラジルなどはモノの貿易をカバーしている GATT でサービス貿易や知的所有権を交渉することはできないと主張，多くの途上国も当初はこれに追随していた。

しかし，先進国でGDPに占めるサービス分野の比率はその時点でも既に約7割，知財収入も国際収支構造の中で重要性を増しつつあった。サービス貿易や知財関連のルールが不在の「法的真空状態」を早急に解消し，多国間ルールを制定する必要があった。そこで先進各国のジュネーブ代表部は協力してサービス貿易や知財保護などについてインフォーマルな勉強会やセミナーを開催し，そこに途上国の代表部関係者を招いて議論するなど問題意識の普及と支持する途上国の拡大に尽力した。こうして穏健派の途上国の支持を取り付け，インドやブラジルはあくまでも反対したものの，最終的にはサービス貿易や知財，投資措置についてラウンド交渉の議題に加えることでコンセンサスが醸成され，ついに反対していたインド，ブラジルもこのコンセンサスに参加した。

　このようなプロセスを振り返ると，多国間交渉には新たな問題についての「学習プロセス」という一面があることに気づく。国際貿易は技術の進歩や消費構造の変化などでまさに日進月歩の展開がある。そのような変化する国際貿易の現実にルール形成も追いついて行く必要がある。新たなルール作りのために志を共有する仲間の国を増やし，徐々に「クリティカル・マス」を形成して交渉を成功裏に導く多国間フォーラムとしてのWTOの役割はやはり重要である。

　第三の意義は多国間で制定したルールの履行を確保するための紛争解決メカニズムの制定である。この点ではWTOは実績を残している。既に540件以上の通商紛争を平和裏に解決し，紛争解決パネルや控訴審にあたる上級委員会の審理を経てWTOルールについての法解釈も明確化されてきている。今や各国の通商政策や産業政策はWTOルールとの整合性を考慮することが求められるようになってきている。このことは米国議会による「WTO実施法」の採択を通じてWTOルールの順守を約束した米国についても妥当することで，国際条約について議会が承認したものを大統領が一方的に破棄したり脱退することはできない。

第3節 メガFTAの成功で多国間枠組みの強化を目指す

　日本は2017年7月EUとのEPAで大枠合意に至った。そして日本の国会とEUの欧州議会の批准を経て，2019年2月1日に日EUEPAはついに発効した。これはGDPで世界の約3割を占める経済規模で工業製品については関税撤廃率100％の自由貿易地域の誕生を意味する。ルール形成の分野でも投資，競争，政府調達などドーハ・ラウンドでできなかった分野で合意が可能となった。

　TPPから米国は撤退したが，そこで合意されたルールはTPP11（米国抜きのTPP）へも一部凍結はあるもの概ね引き継がれ，2018年12月30日にCPTPPとして発効した。東アジアの包括的連携をめざすRCEPや日中韓FTAもそれぞれ世界GDPの28％，20％を占めるメガFTAであるが，そこでも交渉の進展は遅いもののやはり広範なルール分野の交渉が行われている。日本はこれら4つのメガFTAすべてに関与しており，その意味で日本が今やメガFTAの中核にあると言っても過言ではない。日本としては，TPP11，日EUEPA，RCEP，日中韓FTAを積極的に活用し，その成果をWTOの場にインプットすることで国際貿易における多国間体制を強化する方向性を打ち出すべきである。

第4節 CPTPP（TPP11）の発効―平坦ではなかった道のり―

　「環太平洋パートナーシップに関する包括的及び先進的な協定」(Comprehensive and Progressive Trans-Pacific Partnership Agreement：CPTPP，以下では加盟国数を反映したTPP11とする[2]）が2018年12月30日に発効した。これにより人口約5億人，国内総生産（GDP）の合計約10兆ドル，貿易総額が約5兆ドルの自由貿易地域ができたことになる。

　本来はアメリカも含めた12カ国での合意が2015年10月に成立，翌2016年

2月には署名まで行われたが，2017年1月23日に就任して間もないアメリカのトランプ大統領は選挙期間中の公約どおり米国をTPPから離脱させる大統領覚書を発出し，アメリカはTPPから去った。発効の条件として，6カ国以上が批准し，その6カ国のGDPの合計が12カ国のGDP合計の85%以上あることが規定されていたため，米国の離脱によってこの条件を満たすことが出来なくなり，TPPの不可能かと思われた。

　しかし，その後日本が米国抜きのTPP11の成立に奔走し，アメリカがいないTPPでは意味が半減すると考えるマレーシア，ベトナムなどの途上国，NAFTA（北米自由貿易協定）の改定交渉の方に高い優先順位を置くカナダやメキシコを日本が説得して，2017年11月にからくも合意に至ったのが今回発効したTPP11であった。トランプ政権の保護主義的貿易政策が次々と現実のものとなる中，TPP11をまとめるために活発な経済外交を展開した日本には高い評価がTPP域外からも聞こえてきている。特に2017年7月以降の交渉の終盤では4回開催された高級事務レベル会合（首席交渉官レベル）のうち実に3回が箱根などを舞台に日本が主催する形で行われ，過去に例を見ない日本のリーダーシップが注目を集めた。

1．TPP11の内容―21世紀型貿易協定のひな形―

　TPP11はそれ自体では協定全体で7条しかないコンパクトな協定になっている。しかし，その第1条で12カ国が合意したTPPの取り込みを行っており，この協定がもとのTPPに生命を吹き込む法的手段になっていることがわかる。

　第2条は「特定の規定の適用の停止」を定めており，アメリカがもとのTPP交渉において強く主張して条文として入った22項目についてアメリカの離脱を受けていったん棚上げし，「凍結」することを規定している。22項目のうちその半数は知的財産権関係で，アメリカが強い関心を寄せた生物製剤のデータ保護期間（8年）や投資に関する投資家対国家の紛争処理（ISDS）などが「適用停止」となっている。これはアメリカがTPPに復帰した際にはそのまま適用できるよういわば「お蔵入り」した形になっている。

　第3条は「効力発生」を規定している。もとのTPPとは異なり，批准した

国の数だけを要件とし、GDP 基準は外している。しかし、2017 年の交渉途中までは一部の国は GDP 基準を入れるよう主張していた。日本との二国間のEPA を締結していたメキシコがその国である。

筆者はメキシコ・シティで旧知のメキシコの首席交渉官と昼食をとる機会があり、何故メキシコが GDP 基準に固執するのか尋ねた。その首席交渉官は、「日本がアメリカとの二国間の自由貿易協定（FTA）を優先して、TPP から抜けてしまうのではないかと懸念しており、それを食い止めるために日本のGDP 比率が大きいことを勘案して GDP 基準を残したいのだ」と説明した。筆者はこれに対し次のように説明した。「トランプ政権が日本との二国間 FTAを志向しているのは事実だが、日本としては日米 FTA には関心はなく、あくまでもアメリカに TPP への復帰を求めて行く。もとの TPP そのものがある意味で事実上の日米 FTA と考えている。だから日本が TPP11 から離脱することは決してない。GDP 基準を削除して、発効に関するリスク要因を少しでも減らすべきだ」と主張した。その直後の高級事務レベル会合でメキシコはGDP 基準を取り下げることに合意している。

第 4 条は「脱退」を、第 5 条は「加入」を規定している。第 6 条は「本協定の見直し」となっており、もとの TPP 協定発効が差し迫っている場合、あるいはその見通しが立たない場合には、いずれかの締約国の要請に応じ TPP11の運用を見直すことが盛り込まれている。アメリカの復帰に備えた条項と考えることが出来る。第 7 条は TPP11 の協定の正文が英語、フランス語、スペイン語であることが明記されている。

２．TPP11 のメリット―アジア太平洋に広がる生産ネットワークの強化―

それでは TPP11 でどのような効果が期待されるのか。日本が得意とする製造業の産品についてはほぼ 100％の関税撤廃が締約国で約束されている。投資についても投資の受け入れ国が投資許可と引き換えに技術移転などを強制することを禁じている。WTO（世界貿易機関）ではまだ規定されていない電子商取引についてもルールが合意され、ソース・コードの移転・アクセス要求の禁止、サーバーの現地化要求の禁止などが明文化されている。国有企業についても、非商業的支援により他の締約国の利益に悪影響を及ぼすことが禁じられ

た。このように TPP11 は貿易と投資に大きく依存する日本経済にとって極めて重要な意味を持つ。まさに「21世紀型のハイレベルなメガ FTA」と言われる所以がここにある。トランプ政権下で保護主義的傾向が強まる中，TPP11 が昨年末発効し，またこれを追いかけるように日 EUEPA が本年2月1日に発効したことは自由で開放的な国際貿易体制擁護の観点からもたいへん有意義と言えよう。

3．TPP で導入される新たなルール
① 税関手続き及び貿易円滑化

　TPP では国境を超える生産ネットワークの効率性を高めるため「接続性」（connectivity）の改善が課題となっていた。そこで加盟各国で実施されている税関手続きについての予見可能性，一貫性及び透明性が確保された通関ルールの適用を確保すると共に，締約国間の協力の促進，国際基準への調和化，通関等の手続きの迅速化，行政上及び司法上の審査の確保等について規定している。

　これらの規定により，具体的には以下のようなメリットが新たに発生すると考えられている。

- （ⅰ）迅速な通関：可能な限り貨物の到着から48時間以内にその貨物の引き取りを許可することとする。
- （ⅱ）急送貨物：通常の状況において，必要な税関書類の提出後6時間以内に当該貨物の引き取りを許可する。
- （ⅲ）事前教示制度：輸入者，輸出者又は生産者が書面で関税分類や原産性等について事前に書面で審査を要請できることにより，通関業務等を迅速化する。
- （ⅳ）自動化：輸出入手続きを単一の窓口を通じて電子的に完了することが出来るようにする。

② 投資

　国境を超えた生産ネットワークの構築には海外直接投資（FDI）の自由なフローが確保されることが重要である。そのため TPP の投資章では，投資財産

の設立段階及び設立後の内国民待遇及び最恵国待遇，投資財産に対する公正衡平待遇並びに十分な保護及び保障を規定している。さらに現地調達の義務化や技術移転の強制など投資家に対する特定措置の履行要求を原則禁止するなど，現行の WTO の TRIM（貿易関連投資措置）協定を上回る内容で合意している。

　また，カナダやオーストラリア等の連邦制国家では州政府が投資に関する多くの規制を実施している場合があるが，TPP の投資章では地方政府による協定違反の投資規制に対して国家間で対応策を協議するメカニズムが新たに導入され，投資家にとってより良い投資環境が形成されたと考えられる。

③　国境を超えるサービス貿易

　国境を超えるサービス取引（サービス提供の「第一モード」），海外における消費によるサービスの提供（同「第二モード」），自然人の移動によるサービスの提供（同「第四モード」）に関し，内国民待遇，最恵国待遇，市場アクセス等について規定している。

　WTO の「サービス貿易一般協定」（GATS）とは異なり，TPP では原則的には全てのサービス分野を対象とした上で，内国民待遇，最恵国待遇，市場アクセス等の義務が適用されない措置や分野を附属書に列挙する方式（ネガティブ・リスト方式）を採用している。この方式だと規制の現状が一目で分かるため透明性・法的安定性・予見可能性が高く，ポジティブ・リスト方式のWTO/GATS と比べてより「ユーザー・フレンドリー」とされている。

④　ビジネス関係者の一時的な入国

　TPP 協定では，締約国間のビジネス関係者の一時的な入国の許可，そのための要件，申請手続きの迅速化及び透明性の向上等について規定している。

　なお，出入国管理に関する文書の申請手続きにおける透明性の確保，一時的な入国の要件の変更や申請の処理にかかる標準的な期間の公表等の情報提供にかかる約束，査証の処理や国境の安全に係る協力活動の検討に関する約束などが，WTO/GATS にはない新しい要素として TPP においては規定されている。

⑤　電子商取引（e-commerce）

　電子商取引市場は急速に拡大しているが，これまで WTO においては規定されておらず，TPP において初めて包括的かつ高いレベルの内容をもった規定が整備された。

　具体的には，以下のような内容となっている。

(ⅰ)　締約国間における電子的な送信に対して関税を賦課してはならない。

(ⅱ)　他の締約国において生産されたデジタル・プロダクトに対し，同種のデジタル・プロダクトに与える待遇よりも不利な待遇を与えてはならない。

(ⅲ)　企業等のビジネスの遂行のためである場合には，電子的手段による国境を越える情報（個人情報を含む）の移転を認める。

(ⅳ)　企業等が自国の領域内でビジネスを遂行するための条件として，コンピュータ関連設備を自国の領域内に設置すること等を義務として要求してはならない。

(ⅴ)　他の締約国の者が所有する大量販売用ソフトウェアのソース・コードの移転，又は当該ソース・コードへのアクセスを原則として要求してはならない。

　以上に加えて，電子商取引利用者及びオンライン消費者の保護に関する規律も規定されており，消費者が電子商取引を安心して利用できる環境も確保されていると言えよう。

⑥　政府調達

　各国政府内の特定の調達機関が基準額以上の物品及びサービスを調達する際の規律を規定している。具体的には，公開入札を原則として実施すること，入札における内国民待遇および無差別原則，調達過程の公正及び公平性，適用範囲のさらなる拡大に関する交渉等について規定している。

　TPP11 参加国のうち，マレーシア，ベトナム，ブルネイは WTO の政府調達協定（GPA）に参加しておらず，また日本との二国間の EPA においても GPA と同水準の規定は置かれていないことから，TPP において初めて国際的

約束を行ったことになり，日本にとってはこれら 3 カ国の政府調達市場へのアクセスが改善されたことを意味する。

⑦ 国有企業及び指定独占企業

TPP の締約国は，国有企業及び指定独占企業が，物品又はサービスの売買を行う際，

(i) 商業的考慮に従い行動すること，
(ii) 他の締約国の企業に対して無差別の待遇を与えることを確保すること，
(iii) 国有企業への非商業的援助（贈与・商業的に存在するものよりも有利な条件での貸し付け等）を通じて他の締約国の利益に悪影響を及ぼしてはならないこと，
(iv) 国有企業及び指定独占企業に関する情報を他の締約国に対して提供すること

等を規定している。

以上のような既存 WTO ルールを超える新たな通商ルールは基本的に日 EUEPA においても規定されており，これらメガ FTA で合意された新たなルールを徐々に WTO 体制に取り込んでいくことが望ましい。

第 5 節　WTO 改革へ向けて

電子商取引のルールが現行 WTO に規定されていないことに示されるように WTO が世界貿易の実態に追い付いていない現状は憂慮される。しかし，WTO 改革についての機運は高まりつつあるのも事実だ。特に我が国のリーダーシップのもと準備された G20 の議論ではその首脳宣言で「自由，公正，無差別，予見可能でかつ安定的な貿易と投資の環境を実現するよう努力する」ことが謳われ，紛争解決手続きを含む WTO 機能の改善の必要性が明確に認識された[3]。

右「首脳宣言」にもあるように，2020 年前半にカザフスタンで開催される

予定の第12回WTO閣僚会議に向けてWTO改革のための具体的な行動がとられることが期待されている。

（渡邊頼純）

【注】

1）木村福成「米中貿易戦争の行方⑤ 戦後貿易秩序の弱体化懸念」，『日本経済新聞』「経済教室」2019年5月24日。

2）参加11カ国は，日本，オーストラリア，ブルネイ，カナダ，チリ，マレーシア，メキシコ，ニュージーランド，ペルー，シンガポール，ベトナム。

3）G20 Osaka Leaders' Declaration, paragraph 8, "Trade and Investment," June 30 2019.

【参考文献】

深作喜一郎（2019）『超不確実性時代のWTO—ナショナリズムの台頭とWTOの危機—』勁草書房。

Rodrik, Dani（2018），*Straight Talk on Trade: Ideas for a Sane World Economy*, Princeton University Press.（岩本正明訳『貿易戦争の政治経済学』白水社，2019年。）

Urata, Shujiro（2019），"Japan-US Trade Frictions: The Past, the Present, and Implications for the China-US Trade War," *Asian Economic Policy Review*.

第3章

揺れる EU：ブレグジットの結末

はじめに

　英国民が国民投票で欧州連合（EU）の離脱（ブレグジット）を決めてから3年以上が経過した。しかし，当初の離脱期限とされた2019年3月29日にブレグジットは間に合わず，英国とEUは，4月10日のEU首脳会合後に，離脱期限を2019年10月31日まで延期することで合意した。英国議会は大きな混乱に陥り，テリーザ・メイ首相は辞任，2019年7月24日には強硬派のボリス・ジョンソン前外相が首相に就任することとなった。本章は，ブレグジットが英国とEUに与える影響を，経済や金融面を中心に考察することを目的としている。本章は以下の4節に分かれる。

　第1節では，これまでのブレグジット交渉を振り返る。ブレグジット交渉がここまでもつれてしまった大きな原因は，アイルランド島の国境問題の解決策が見いだせないまま，大きな交渉上の焦点となってしまったことにある。その背景には，メイ首相自身が下した解散総選挙という判断の失敗だけでなく，国内の意見統一を後回しにした対EU交渉の進め方にも問題があった。

　第2節では，ブレグジット後の英国について，経済と金融の両面から考察を加える。経済面ではGDPの押し下げが見込まれるが，第三国とのFTAの広さや深さが悪化度合いを緩和する可能性がある。金融面では，ロンドンの国際金融センターとしての地位が揺らぐかどうかが，離脱後の英国の行方を考える上では重要だろう。

　第3節では，視点を変えて，EU側からみたブレグジットについて考える。政治統合の理想というよりは経済統合のメリットを欲してEUに参加した英国

は，「やっかいなパートナー」と EU から見做されてきた。しかし，EU 加盟国が増えてくるにつれ，英国が非ユーロ圏の大国として独仏などユーロ圏主要国に対する「カウンターバランス」として果たしていた役割も忘れるべきではない。

　第4節では，ブレグジットが EU に与える影響について，経済，金融の両面から考察を加える。経済面では，英国が抜けることにより EU 経済や EU 財政には悪影響が出るだろう。また，自由貿易を標榜する英国が EU から抜け出ることで，EU 域内で保護主義の動きが台頭しないかが懸念される。金融面では，ロンドンが EU から抜けることで，欧州域内の金融センターは非中央集権化が進む可能性がある。その結果生じ得る非効率を，資本市場同盟などにより埋め合わせることが出来るかどうかが注目される。

第1節　ブレグジット交渉の経緯

1．ブレグジット交渉のこれまでの経緯

　ブレグジット交渉は，2017 年 3 月 29 日に英政府が EU に対して離脱を通告して始まった。フランスの大統領選挙や英国の下院選挙が予定されていたこともあり，英国と EU の実際の交渉は 6 月 19 日から始まった。2017 年は，「在英 EU 市民・在 EU 英国民の相互地位保全」，「アイルランド島の国境問題」，「離脱清算金」という優先度の高い三項目が交渉の「第一段階」として，集中的に協議されることとなった。

　2017 年に交渉が始まった当初は，離脱清算金の支払いが大きな問題となったが，同年 12 月には，アイルランド島の国境問題が大きな争点として浮上した。北アイルランドの地域政党で，メイ政権を閣外協力で支える民主統一党（DUP）は，北アイルランドと残りの英国の間の一体性を揺るがすような英・EU 間の合意に強く反発し，協議は難航した。結局，2017 年末の段階では，英・EU はアイルランド島の国境問題について事実上先送りとし，それ以外の離脱協定の主要項目に合意した共同報告書を採択して，交渉の「第二段階」に進むこととなった。

34　第I部　揺らぐ世界経済秩序とグローバル・ガバナンス

　2018年は，残されたアイルランド島の国境問題の解決が交渉の中心となった。EU側は，アイルランド島を「共通規制区域」としてブレグジット後も北アイルランドが実質的にEU関税同盟に残留するという案を選択肢のひとつとして示した。しかし，これに対してメイ首相は「英国の単一市場を脅かす提案」として強く反発した。英側では，アイルランド島を含む通関をどのように管理するのかという点について，IT技術を用いた通関手続きの導入をEUに対して提案したが，決め手に欠いた。

　2018年半ばには，英政府内で閣僚間の対立が強まった。7月初旬に首相の公式別荘であるチェッカーズで行われた閣僚会合で，メイ政権は英・EU間の将来関係に関する英政府方針に閣僚間で合意した。このチェッカーズ合意では，英国とEUが「財に関する自由貿易地域」を設立し，その中で「農産物を含めた全ての財の共通ルールブック」に基づいて通商取引を行うこととされた。しかし，共通ルールブックはEU法との調和を前提としていたため，政府決定は「穏健な離脱路線に舵を切るもの」と捉えられ，デイビッド・デイビスEU離脱相やボリス・ジョンソン外相など主要な強硬離脱派閣僚が相次いで辞任する事態となった。

　結局，英・EUは2018年11月に離脱協定案に合意した。合意された離脱協定案では，アイルランド島の国境問題が解決されるまで英国全体がEU関税同盟にとどまるという「バック・ストップ（保証措置)」が盛り込まれた。しかし，バック・ストップは英国が一方的に停止することが出来ない仕組みとなっていたことから，保守党の一部の強硬離脱派議員やDUPは「EU関税同盟から永久に抜けられない可能性がある」として，政府案に強く反対した。このため，2019年1月15日に行われた英下院の採決で，政府案は230票の大差で否決された。3月12日，3月29日にも政府案の採決が行われたが，結局英下院での支持は得られなかった。

　3月29日の離脱期限については，メイ首相が英下院で離脱協定の承認に失敗したことから間に合わず，まず2019年4月12日まで，次いで10月31日まで離脱期限が延期された。メイ首相は，保守党の強硬離脱派やDUPの支持を得て離脱協定を可決することを断念し，野党労働党の協力を得る方針に転じた。しかし，労働党との協議も上手くいかず，メイ首相は党内圧力の高まりに

より辞任を余儀なくされた。

　保守党党首選を経てメイ首相の後任に選ばれたジョンソン新首相は，アイルランド問題に関してEUとの再交渉を目指すとしたものの，合意の有無にかかわらず10月31日までにはEUから離脱することを事実上の公約とした。このため，英国がEUとの合意無きまま離脱する可能性が大きく高まることとなった。

２．ブレグジット交渉は何故ここまでこじれてしまったのか？

　ブレグジット交渉がここまでもつれてしまった大きな原因は，アイルランド島の国境問題の解決策が見いだせないまま，大きな交渉上の焦点となってしまったことにある。その背景には，メイ首相自身が下した解散総選挙という判断の失敗だけでなく，国内の意見統一を後回しにした対EU交渉の進め方にも問題があった。

　交渉経緯からも明らかなとおり，ブレグジットが難航してきた大きな要因は，アイルランド島の国境問題であった。アイルランド島の国境問題とは，英国がEUを離脱した後に，アイルランド島に通関手続きなどを行う「ハード・ボーダー（物理国境）」が設置されることを如何に阻止するかという問題である。アイルランド和平維持の観点から必要とされたが，英国がEU関税同盟を離脱するならばハード・ボーダーを設置せねばならず，解決策は未だ見つかっていない。

　英国とEUが離脱後の移行期間を過ぎてもまだアイルランド島の国境問題について解決できていなかった場合に備えて，アイルランド島の国境問題に関する「バック・ストップ（保証措置）」が考案され，バック・ストップが発動された場合には英国全体がEUの関税同盟に残留することが，2018年11月に合意された英・EUの離脱協定案には盛り込まれた。しかし，このバック・ストップから抜け出す仕組みが英・EU双方の合議によるとされていたことから，保守党の強硬離脱派はこのバック・ストップに強く反対した。彼らは，この離脱協定合意案では，EUの承認が無ければ永久にEU関税同盟から抜けられず，その間英国が第三国との通商協定を発効出来ない点を懸念した。

　アイルランド島の国境問題が争点となってしまったのは，DUPの協力なく

して，少数与党政権であるメイ政権が過半議席を得られないという状況となってしまったことにも問題がある。2017年6月に行われた総選挙で，保守党は第一党を維持したものの過半数を割り込み，DUPの閣外協力を求めざるを得なくなった。このため，メイ首相は強硬な離脱と残りの英国との一体性維持を主張する同党の意見を無視できなくなった。

　また，ブレグジット交渉が，英下院で最終的に採決が必要であることは，EU離脱法が成立した2018年半ばには既に明らかになっていた。このため，メイ首相は保守党の強硬離脱派やDUPと事前にすり合わせを行いながら，交渉を進めていかねばならなかった。しかし，メイ首相の交渉方針は，側近のアドバイザーを中心とするもので，時として交渉を主管するはずのEU離脱省すら置き去りにして進められた。このため，最終的に党内の強硬離脱派を中心とした大きな反対を受けた。その意味では，メイ首相自身の交渉の進め方にも問題があったと考えられる。

第2節　離脱後の英国はどうなるのか？[1]

1．第三国とのFTAでブレグジット後の活路を見いだせるか？

　ブレグジット後の英国はどうなるのか，以下では経済と金融の両面から考察を加える。経済面ではGDPの押し下げが見込まれるが，第三国とのFTAの広さや深さが悪化度合いを緩和する可能性がある。金融面では，ロンドンの国際金融センターとしての地位が揺らぐかどうかが，離脱後の英国の行方を考える上では重要だろう。

　まず経済面では，ブレグジットは中期的に見て英GDPを押し下げるとの見方がコンセンサスとなっている（Institute for Government 2018）。ただし，その影響度は英国とEUの将来関係の形によって影響は異なり，-18.0％～+4.0％まで様々な推計結果が示されている（第3-1図）。離脱後の英国とEUが何の通商関係も結ばず，WTOのルールの下で貿易を行った場合の悪影響が最も大きい。

　第3-1図で示された各推計のうち，最も楽観的な推計は，Economist for

第 3-1 図　ブレグジットの英経済への中期的な影響

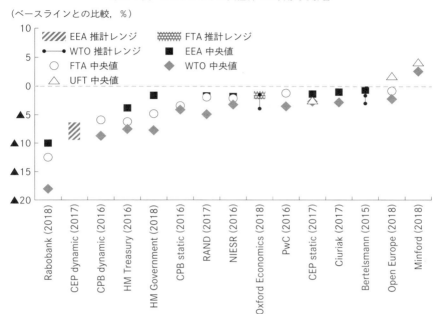

注：EEA は，European Economic Area（欧州経済領域）に英国が加盟するケース。UFT は，Unilateral Free Trade（一方的な自由貿易）の頭文字で，英国が一方的に関税撤廃を行う形。
出所：Institute for Government (2018), "Undestanding the economic impact of Brexit" より，みずほ総合研究所作成。

Free Trade（EFT）によるものだ。カーディフ大学のパトリック・ミンフォード教授を中心とする離脱推進派エコノミストによる推計は，その名が示す通り，ブレグジットによる第三国との自由貿易推進がもたらす経済メリットを重視する。EFT の推計は，英政府の推計と比べて2つの点で楽観的だ。

第一に，EFT の推計では，第三国との自由貿易協定（FTA）締結に伴う GDP へのプラス効果は GDP 比 +4.0％とされ，政府推計（同 +0.2％）より強気である。第二に，EU の関税同盟から離脱することに伴う非関税障壁の発生などマイナスの影響はゼロとされ，政府推計（同 -4.9％）よりも楽観的である。EFT による推計が規制乖離により生じる非関税障壁の影響をゼロと推計しているのは，現在英国は EU の一員であるため規制の乖離が発生してお

らず，その状況は離脱後も変わらないとの前提にたっているためだ（Minford 2018）。しかし，これはやや楽観的だろう。

　離脱派エコノミストの主張から見て取れるのは，第三国との自由貿易を重視する離脱派の姿勢である。英政府としても自由貿易を推進するという方向性は変わらない。メイ政権における英政府の対外政策ビジョンは「グローバル・ブリテン」と呼ばれ，外務・英連邦省によれば，グローバル・ブリテンというコンセプトは，ブレグジットに適応していこうとする英国の姿勢を端的に示したものであるとされる。つまり，EU を離脱した英国は，EU 加盟国である事のメリットを失う事になるものの，グローバル・プレイヤーとしての柔軟性や俊敏性を得て，世界とより広範な外交，経済関係を結んでいくことを目指しているとされる。

　メイ首相は，就任後間もない 2016 年 10 月の保守党党大会における演説で，初めて「グローバル・ブリテン」のコンセプトを説明し，その後も 2017 年 1 月にロンドン市内のランカスター・ハウスで行われた演説など，ブレグジット後の英国の行方に関する重要な演説で度々この言葉を用いてきた。2017 年 9 月に東京で行われた日英ビジネスフォーラムの中でも，メイ首相は「『グローバル・ブリテン』を目指すということは，英国は欧州の国であるが EU の一員ではないということである。我々は能動的かつ独立的に，日本を含む鍵となるアジア市場と連携を深めていくことができるようになる。」と述べて，第三国との FTA に意欲を示した。

　ジョンソン首相の下であっても，自由貿易推進の方向性は変わらないと考えられる。2019 年 8 月にジョンソン首相は英スカイニュースとのインタビューに答え，「我々が必要な最大の合意は，EU との自由貿易協定だ」と述べ離脱後の EU との FTA 締結に意欲を示すと同時に，米国との交渉についても「交渉は厳しいものとなろうが締結は可能」との認識を示した。しかし，英国が合意無きまま EU を離脱した場合，離脱清算金の問題などを解決しない限り，EU との FTA 交渉開始は難しいだろう。

2．ブレグジットの国際金融センター・ロンドンへの影響は限定的

　ブレグジットが成功と見做されるかどうかは，ロンドンの国際金融センター

としての地位がどうなるかにもよるだろう。英Z/Yenグループが2019年3月に発表した世界金融センター指数（GFCI25）において，ロンドンはニューヨークに次ぐ第2位を獲得した（Z/Yen 2019）。しかし，2018年9月の前回調査（GFCI24）と比べ，ロンドンは首位ニューヨークと差をつけられたうえ，第3位香港との差は縮まった（第3-2図）。同時にチューリッヒ（前々回16位→前回9位→今回8位）やフランクフルト（同20位→10位→10位）といった欧州他国の金融センターのランクが上がっている。GFCI25では，ロンドンやエジンバラ（スコットランド）にはブレグジットのマイナスの影響が，フランクフルトやパリにはプラスの影響が期待されるとのサーベイ調査が紹介されている。

　金融資産や労働者のロンドンからの一定の移転は免れ得ないように思われるが，これらの移転の動きは今のところ限定的である。今後を見通すうえでは，ロンドンを欧州の拠点として活動する米銀の動向などが重要になろう。

　英国がEUの一員である限り，在英金融機関は，「パスポート」と呼ばれるEUの単一免許制度の下，1カ国で営業免許を取得すれば残りのEU27カ国に対して自由にクロスボーダーで金融サービスを提供することが出来る。しかし，英国がEUを離脱した後は，英国でパスポートを取得していた金融機関は

第3-2図　国際金融センターランキング

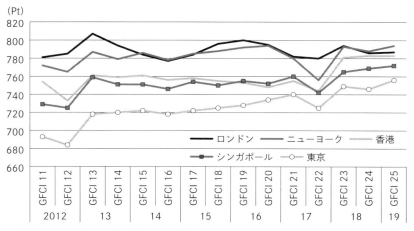

出所：Z/Yenより，みずほ総合研究所作成。

この免許を喪失する。今後も同様の金融サービスを提供するには，英国でパスポートを取得した金融機関は他の EU 諸国のどこかで関連パスポートを取得し直す必要がある。英国内では，業務移転に伴う人材やユーロ建て資産の流出が懸念されている。

　今のところ人材の流出については限定的である。幾つかの推計を比較すると10%前後の雇用流出と推計されているケースが多い。また，金融資産について言えば，ベルギーのシンクタンクであるブリューゲルの試算によれば，2014年時点での在英銀行保有資産約 10.2 兆ユーロのうち，EU 顧客向け資産のシェアは約 17% となっており，流出する可能性が取りざたされている（Sapir et al. 2017）。もっとも，イングランド銀行が発表している在英金融機関のバランスシート統計から確認すると，2016 年 6 月の国民投票以降，2019 年半ばにかけて在英金融機関のユーロ建て資産残高はおおむね横ばいで推移しており，急速な減少等は見られていない。

第3節　EU からみたブレグジット

1．ブレグジットは「やっかいなパートナー」の退場か
　次に視点を変えて，EU 側からみたブレグジットについて考える。政治統合の理想というよりは経済統合のメリットを欲して EU に参加した英国は，「やっかいなパートナー（an awkward partner）」と EU から見做されてきた（George 1990）。しかし，EU 加盟国が増えてくるにつれ，英国が非ユーロ圏の大国として独仏などユーロ圏主要国に対する「カウンター・バランス」として果たしていた役割も忘れるべきではない。

　EU の側から見て，ブレグジットはどのような意味を持つのか。1973 年に EU（正確には，欧州経済共同体（EEC）であるが，以下では特に区別する必要が無い限り EU に統一する）に遅れて加盟した英国は，その後も EU 予算の一部払い戻しや，ポンド維持など様々な特権を EU から獲得してきたことから，長年，EU からは「やっかいなパートナー」と見做されてきた。

　英国が EU の方針に反対するのは，突き詰めれば，欧州統合プロジェクトに

参加する動機の違いに行き着く。1950年のシューマン宣言を嚆矢とする欧州統合プロジェクトは，基本的にはフランスやドイツが主導する政治統合プロジェクトであり，その為の手段として経済統合が用いられた。他方で，英国が1961年にEUへの参加申請を決めた理由は経済的な側面が強く，英国は欧州の政治統合とはEUの設立当初から距離を置いていた。60年代，英国は高インフレなどいわゆる「英国病」に苦しんでおり，EUへ参加することで得られる経済メリットが，参加申請の大きな動機となった。

英国とEU15カ国の1人当たりGDPを比較すると，英国がEU加盟を実現させた1973年には，英国の一人当たりGDPはEUのそれを下回っていた。このことは，英国がEUに加盟を申請する大きな動機となった。逆に，2013年以降の英国の1人当たりGDPはEUを上回っており，欧州債務危機の最中，EU離脱に向けた議論が盛んになった（第3-3図）。

英国がEUから抜けていくことに対し，EU側の全ての加盟国が残留を願っているかは疑問である。例えば，フランスのエマニュエル・マクロン大統領は，英国の離脱期限の長期延期に強く反対した。同大統領は，英国がEUに中途半端に居座り，強硬離脱派の新首相によってフランスの目指すEU統合深化にことごとく反対されるぐらいならば，「合意無き離脱」の方がよいと考えている。また，ジャン＝クロード・ユンカー欧州委員長にしても，EUを中心と

第3-3図　英・EUの1人当たりGDP比較の推移

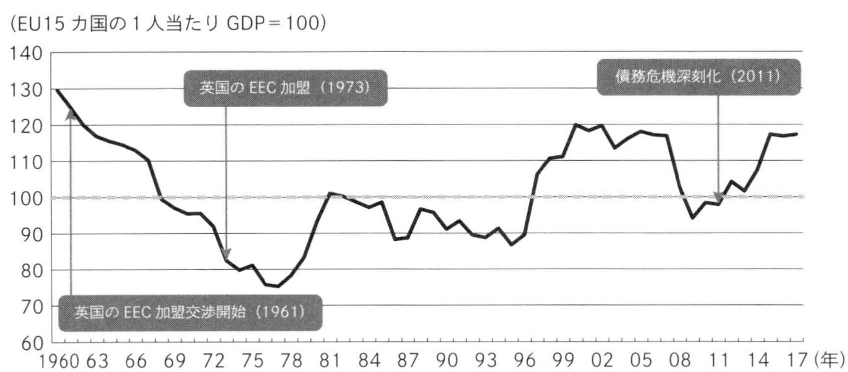

（EU15カ国の1人当たりGDP＝100）

注：EUは，EU15カ国。2015年以降は，欧州委員会による予測値。
出所：欧州委員会より，みずほ総合研究所作成。

した政治統合を進めるいわゆる連邦主義の思想が強く，英国が目指す国家間の緩やかな協力を中心とした EU 像とは，目指す方向性が本質的に異なっている。公式には，英国が EU から出ていくことを常に遺憾としつつも，本音でどこまで英国を引き留めようと考えているかは，分からない。

2．英国が果たしてきた「カウンター・バランス」としての役割

英国は「やっかいなパートナー」として疎んじられてきた側面がある一方，EU 加盟国が徐々に増加していくに従い，非ユーロ圏の大国として，フランスなどユーロ圏コア国が進める統合深化に異議を唱える「カウンター・バランス」としての役割を果たしてきた側面もある。こうした英国の役割は，デンマークやスウェーデンなど，特に北欧諸国や，ポーランドなど非ユーロ圏諸国において重視されていたとされる（Traugott 2018）。

例えば，英国は欧州債務危機の再発防止に向けた銀行同盟の設立には慎重な姿勢を示してきた。このひとつの理由は，ユーロ圏を中心とする銀行同盟の設立は，今後の金融規制に関するルール設定がユーロ圏主導で決められてしまい非ユーロ圏の主張が特定多数決方式の下で黙殺されてしまうのではないかとの危機感があったとみられる。

ドイツなどコア国も，自由貿易への支持や，財政規律を重視する姿勢などの点で，局面に応じて英国と連携をしてきた。英国が抜けてしまう事はこうした EU 内のパワーバランスを変える可能性があり，特に北欧諸国を中心とした中小国では危機感が強い。2018 年に入り，オランダ，北欧諸国，バルト諸国の財務省は連携し，将来の経済通貨同盟や資本市場同盟の有り方に対し，独仏枢軸に対抗する独自の主張を打ち出している。彼らは，中世の北欧都市同盟に倣って「新ハンザ同盟（New Hanseatic League）」と呼ばれ，2019 年半ばにはフランスが主張したユーロ圏予算の創設などに結束して強く反対した。

また，中東欧では「ビシェグラード・グループ（Visegrad Group）」と呼ばれるチェコ，ポーランド，ハンガリー，スロバキアの 4 カ国が政治的な結束を強めており，難民分担問題等で EU 主要国と対立している。非ユーロ圏諸国の「利益代表」でもあった英国の退出は，EU 域内で中小国のブロック化を強める可能性があるかもしれない。

第3章 揺れる EU：ブレグジットの結末 　*43*

第 4 節　ブレグジットが EU に与える影響について

1．経済：EU 経済にはマイナスの影響，保護主義台頭のリスクはあるか？

　最後に，ブレグジットが EU に与える影響について，経済，金融の両面から考察を加える。経済面では，英国が抜けることにより EU 経済や EU 財政には悪影響が出るだろう。また，自由貿易を標榜する英国が EU から抜け出ることで，EU 域内で保護主義の動きが台頭しないかが懸念される。金融面では，ロンドンが EU から抜けることで，欧州域内の金融センターは非中央集権化が進む可能性がある。

　まず経済面でみると，ブレグジットは EU 経済にマイナスの影響をもたらすと考えられる。IMF（2018）の推計によれば，ブレグジットは，起こらなかった場合と比較して，中期的に EU の GDP を 1％程度押し下げるとの結果が示されている。総じてみればマクロ経済面から EU が受ける悪影響は限界的だが，国別に細かく見れば違いもある。例えば，対英輸出依存度ではアイルランドが最も高く，2017 年の財輸出に占める英国向けの比率は約 13％となっている。食料品など40％を超える財もあり，ブレグジット後に何らかの通関手続きが生じた場合は同国経済には大きな悪影響が出よう。

　EU 財政への影響も大きい。英国の EU 中期予算への貢献額を拠出から受益を差し引いた純貢献額で見ると，ドイツに次ぐ第二位の大きさとなっている。現在，EU では 2021 年から 2027 年までの EU 中期予算である多年次財政枠組み（MFF）の設定に向けた議論を始めているが，英国が抜けた穴をどのように埋めて EU 中期予算をどのように配分するのか，予算決定は一筋縄では行かないだろう。

　別の視点として，自由貿易を標榜する英国が EU から抜け出ることで，EU 域内で保護主義の動きが加速しないかどうかが懸念される。近年 EU 内で勢力を強めている極右政党は，保護主義的な主張をする政党が多い。例えば，国民連合のマリーヌ・ルペン党首は，2017 年のフランス大統領選挙におけるマニフェストの中で，フランスの基準に適合しない製品の輸入販売の禁止や，「メ

第3-4図 極右政党支持者の主な懸念事項

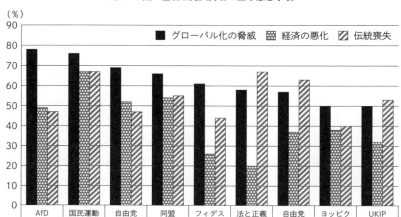

注：2017年7月の調査。
出所：De Vries et al., "Globalization and European Integration: Threat or Opportunity? Perception, knowledge and policy references of European citizens" より，みずほ総合研究所作成。

イド・イン・フランス」の支援を掲げていた。

De Vries et al. (2018) が欧州ポピュリスト政党の支持者に行った世論調査によれば，極右政党の支持者はグローバル化に反対する傾向が強いとの結果が示されている（第3-4図）。反グローバル化を掲げる勢力の存在感が強まり，EU各国内の議会で議席を占めることとなれば，将来的にはEUレベルで域内の保護主義を助長するような政策が通りやすくなる，或いは自由貿易を推進する政策が通りにくくなる可能性があり得よう。

2．金融：資本市場同盟を進められるか？

ブレグジットがEU全体の金融システムにどこまで影響を及ぼすかは，ブレグジット後に資本市場同盟（Capital Markets Union：CMU）や銀行同盟（Banking Union）などを通じてEU 27カ国の金融システムや金融市場の統合がどこまで進むのかによるとの指摘が多い（Sapir et al. 2017）。ブレグジットにより金融システムの非中央集権化が進むと予想されるが，地理的な分散がも

たらし得る非効率を制度変更でどこまでカバーできるのかにより，最終的にブレグジットがEU金融システムへ与える影響は異なろう。

EUは，ブレグジットを契機として，ユンカー欧州委員長の下で進めてきたCMUの完成を急いでいる。2015年2月に発表されたグリーンペーパーを皮切りに，同年9月には2019年までに基盤を作るためのアクションプランが発表された。欧州委員会はその後も相次いで関連法案を提出し，2018年4月時点ではアクションプランで示された6つの重点分野のうち，5つの分野に渡る13の法案が提出された（Sapir et al. 2018）。

EUにおける直接金融と間接金融の比率をみると，依然として間接金融の比率が約7割と高く，これは米国とは真逆であるうえ，社債の起債などの直接金融についてはロンドンで行われることも多い。EU域内の金融システムの対英依存度の高さを考えた場合，英国が離脱した後は，クロスボーダー投資の自由化などを通じた資本市場の育成と，適切な監督に向けた制度や組織の強化などが必要となろう。

（吉田健一郎）

【注】

1）本節での論考は（公財）日本国際問題研究所「『自由で開かれた国際秩序』の強靱性—米国，中国，欧州をめぐる情勢とそのインパクト—」サブ・プロジェクトⅢ「混迷する欧州と国際秩序」での筆者の研究成果を基に執筆している。

【参考文献】

De Vries, C. E. and Hoffmann, I. (2018), Globalization and European Integration: Threat or Opportunity? Perception, knowledge and policy references of European citizens, Bertelsmann Stiftung, eupinions what do you think #2018/1.

Geroge, S. (1990), *An Awkward Partner: Britain in the European Community*, Oxford University Press.

Institute for Government (2018), Understanding the economic impact of Brexit.

Minford, P. (2018), "Overview of Treasury Brexit Forecasts Published on 28 November 2018," *Submission to the Treasury Committee*, Cardiff Business School.

Sapir, A., Schoenmaker, D. and Veron, N. (2017), *Making the Best of Brexit for the EU27 Financial System, Policy Brief Issue 1*, Bruegel.

Sapir, A., Veron, N. and Wolff, G. B. (2018), *Making a reality of Europe's Capital Markets Union, Policy Contribution Issue 07*, Bruegel.

Traugott, L. (2018), *How Brexit will affect Germany's role in the EU*, LSE blog.

Z/Yen and China Development Institute (2019), *The Global Financial Centres Index 25*, Financial Centre Futures.

第 4 章
中国の過剰生産能力問題と貿易救済措置

はじめに

　1979 年の改革開放以来，中国の実質経済成長率は，年平均 9.8％という高成長を続けてきたが，2010 年以降は年々緩やかになり，2014 年下半期からは 8％を下回るようになった[1]。この新しい局面に入り顕在化したのが，鉄鋼，非鉄金属，石炭，セメント，板ガラス，造船など幅広い産業における過剰生産能力である。

　この問題は 2000 年代から懸念されており，日本の内閣に相当する国務院により過剰な設備投資を抑制するためのさまざまな施策がなされてきた。しかし，それらは奏功しなかった上に，2008 年のリーマン・ショックを受けて打ち出された 4 兆元の景気刺激策によりさらに悪化した。そして，国内需要で吸収できなくなった過剰供給分が海外に輸出されることで，この問題は中国国内のみならず世界経済にとり深刻な問題として浮上してきた。

　特に問題とされたのは，中国が世界の粗鋼生産量の約 50％を占める鉄鋼産業である。鉄鋼の過剰生産能力の問題は，2012 年以降 OECD 鉄鋼委員会において問題視され，2016 年 12 月に鉄鋼の過剰生産能力に対するグローバル・フォーラム（Global Forum on Steel Excess Capacity：以下，鉄鋼グローバル・フォーラム）が G20 諸国に OECD 加盟国のうち過剰生産能力問題に関心を持つ国を加えた 33 カ国と経済地域により設立された。メンバー国全体で世界の約 90％の鉄鋼生産及び生産能力を持っており，中国もこの枠組みの中で過剰生産能力の解消を図っている。

　一方，世界各国で貿易救済措置を用いる動きも盛んであり，中国はもとより

多くの国が課税対象になり，課税が課税を呼ぶ共鳴も起きるなど鉄鋼市場は保護貿易的な様相を呈している[2]。

　以下では，中国の過剰生産能力問題とは何か，鉄鋼グローバル・フォーラムの目的と進行状況，鉄鋼を巡る貿易救済措置の動向について分析して行く。

第1節　中国の過剰生産能力

1. 市場経済における過剰生産能力

　過剰生産能力は，好況，景気後退，不況，景気回復という景気循環の中で，景気後退期と不況期に発生する。好況期には，強い需要に対して工場をフル稼働する状態でも供給が追いつかず，企業は生産設備を増強して生産性を改善しようとするが，市場に対して楽観的過ぎる予測をした場合には過剰投資をしてしまう。需給の不一致により一部の機械が遊休を余儀なくされ，需要減退から来る価格下落と利潤の低下により，弱い企業は市場から退出し，生産性の低い機械，施設，技術は廃棄され，労働力と資源は生産的な企業や産業へと移動し，資源の配分は改善される。そして，景気回復期へと移行して行く。このように，本来，過剰生産能力は，市場経済における景気循環の中で，一時的に発生するものなのである。

　一方，不完全競争においては，過剰生産能力は慢性化する場合がある。Spence（1977）は，新規に市場に参入しても利潤が得られないほどに既存企業の生産能力が大きいのであれば新規参入企業が参入しない決定をすることを考慮して，既存企業が戦略的に生産能力にコミットすることを理論的に示した。さらに，新規参入の心配がない市場において既存企業は独占レントを享受できる数量しか生産しないため，過剰生産能力が恒常化してしまうのである。このように，企業は，市場ゲームにおいて過剰生産能力を戦略として用いる可能性がある。

　いったん不完全競争市場で過剰生産が起こると，それを解消するのは困難である。産業の過剰生産設備を減らすことは，製品価格を上昇させ収益を改善させるため，全ての企業に利益をもたらす。しかし，他の企業が設備を廃棄し生

産を減らす中でも自企業のみが減らさないことで収益がさらに改善する場合には，企業にただ乗りのインセンティブが発生する。全ての企業が他社のみが減らすことを期待して過剰生産能力削減を行わなければ，いつまでも問題は解決しない。この市場の失敗から脱するためには，過剰生産能力の削減に対して企業にインセンティブを与える補助金を供与するなど，政府の適切な介入が必要となる。

　日本においては，高度成長期から成長が鈍化した1970年代に発生した一部業種の設備稼働率の低下による構造不況の産業に対して，政府は設備廃棄の割当てとそれに対する補助金付与の政策を行った[3]。日本政策投資銀行の企業財務データベースを用いて，この政策が企業に与えた影響を分析した岡崎（2012）によれば，統計的に有意とは言えないが，対象産業の収益性と生産性は改善したことが示されている。

2．中国の過剰生産能力問題の特徴と中国政府の対策

　市場経済における景気循環による過剰生産能力は一時的なものであり，市場の法則によりやがて解消される。Xu and Lin（2018）によると，中国においても市場競争に支配されている産業では，過剰生産はしばしば起こるが，市場の法則によりすばやく軽減される。また，電気通信や石油化学のように独占や政府により価格が決められている産業でも過剰生産能力は深刻ではない。問題なのは，政府介入が大きくかつ様々な所有の形態の企業があり，大きなシェアを持つ国有企業や大企業による集中度の高い鉄鋼，セメント，板ガラスなどの産業なのである。

　既に述べたように，寡占産業では恒常的な過剰生産能力が発生する可能性がある。加えて，中国の場合は，寡占市場の中に政府が大幅に介入する企業が存在することで，問題が深刻化している。Xu and Lin（2018）によると，民間企業と国有企業が混在する寡占市場の場合，民間企業は効率性を上げることで国有企業と競争しようとし，超過利潤を得ている間は市場から退出しない。他方，中国は社会主義国家であり公有制は私有制の上位に位置付けられていることから，政府は民間企業に対抗するため，国有企業に様々な資金援助を与えて投資を増大させることにより，非効率な設備拡大がなされてしまう。このた

め，効率的な大・中民間企業と非効率に膨れあがった国有企業が市場で競争することになるのである。つまり，中国固有の過剰生産能力問題の特徴は，市場の失敗と政府の失敗の掛け合わせと言うことができる。

このうち最も問題視されているのは，鉄鋼産業である。経済産業省（2018）によれば，2011年以降，国内需要の減退に伴う中国の鉄鋼産業の生産設備稼働率は75％を下回り，純輸出が増大し，2012年以降は鉄鋼企業の約半数が営業利益赤字で推移するようになった。中国鉄鋼上場33社の「年度報告書」に基づいた経済産業省（2018）の分析によれば，2000年から2017年の間，これらの企業において，短期・長期借入金，政府補助金とも民営企業は一貫して極めて少なく，地方政府所轄の国有企業向けが際だって多い[4]。政府の失敗は，主に地方政府による国有企業の援助により発生している。

問題の深刻化に危機感を持った中国政府は，2015年より過剰生産能力，とくに鉄鋼・石炭産業を対象に解消に本腰を入れ始めた。まず，毎年削減目標を設定して過剰設備を解消し，それに伴う従業員の再配置や再就職のために中央政府からの補助金を拠出して対処している。また，厳格な執行管理のために，監視団を地方に派遣している。これにより，2016年と2017年は削減目標を達成し，鉄鋼グローバル・フォーラムにも報告している。

第2節　過剰生産能力解消のための国際的共同行動[5]

1．鉄鋼グローバル・フォーラムとは

多国間で鉄鋼問題に関し情報交換を行うOECDの鉄鋼委員会では，2012年から世界的な鉄鋼の過剰生産能力の問題への対応に関して議論を行い，2015年にはこれに関する報告書が上梓された。そして，2016年9月のG20杭州サミットにおいて，鉄鋼グローバル・フォーラムの結成が呼びかけられ，12月に設立され，合意された原則のもとに過剰生産能力の廃棄と情報共有と分析，評価，政策勧告が行われている。

鉄鋼グローバル・フォーラムは，鉄鋼の過剰生産能力が単純な景気循環的問題ではないとの認識のもと，この問題の解決を短期的かつ構造的にグローバル

な枠組みで行うことを企図している。そのために提示された原則は，競争を歪める政府による補助金を含めた様々な援助の禁止，損失を出し続ける企業や環境・品質・安全基準を満たさない企業を速やかに市場から退出させる条件の確立，企業間の公平な競争条件の確保，市場の需給条件が反映された投資と貿易フロー，鉄鋼生産に関する情報の透明性の保証である。

　過剰生産能力の縮小がグローバルな共同行動により解決されなければならない理由は，中国のみが行動しただけでは効果的ではないからである。国有・国営の鉄鋼産業は，中国だけでなくインド，マレーシア等他国にも存在しており，また，民営企業であっても何らかの政府の援助を受けている国も存在する。このため，政府による援助の禁止を原則とし，各国の政府が適切な目標を設定し，情報の透明性を確保し，定期的に会合を持ち議論・評価・レビューすることで速やかかつ構造的な問題解決を図ったのである。

　ただし，全ての政府補助金が禁止というわけではなく，競争を歪めたり過剰生産能力に繋がらない限り，技術革新を促すようなものであれば問題はないとされている。また，産業構造改革を促すために，解雇された労働者の離職者の支援や高齢労働者や他の不利なグループへの配慮は重要としている。ただし，雇用調整措置は労働者に対する援助として提供するべきであり，会社への補助として行うべきではないと釘を刺している。

２．鉄鋼グローバル・フォーラムの 2018 年閣僚レポートによる進展状況

　2018 年 9 月に発表された鉄鋼グローバル・フォーラムの閣僚レポートでは，市場の分析と過剰生産能力に関する報告・分析がなされている。

　2017 年時点では，グローバルな粗鋼生産能力は約 5 億 9,500 万トン鉄鋼需要を上回っていることに加え，新しい生産能力の投資計画が世界の幾つかの地域で起こっているため，需給不均衡拡大への圧力になる恐れがあるとされている。

　2014 年から 2017 年を比較すると，鉄鋼グローバル・フォーラムの 33 カ国分を足し合わせた粗鋼生産能力は，2017 年に 19 億 7,800 万メトリックトンで，2014 年以降 4.2％減少しているが，生産能力を減らした国・地域がある一方で増やした国も存在する。減らした国・地域は，中国，EU，日本，アメリ

カ，南アフリカ，増大させた国は，インド，ブラジル，メキシコ，インドネシア，トルコであった。全体として増加分が減少分を下回っていたものの，鉄鋼グローバル・フォーラムの枠組みでは，原則からの逸脱に対して罰則規定がないことが障害になっているようである。

　問題は他にもある。2014～17年における32カ国分のプラントレベル等の個別データ分析では，国有企業が大きな市場シェアを占めていたり，新しい生産能力投資に政府が関与しているなど政府が鉄鋼産業に大きな影響を与え続けている国が見受けられた。また，世界鉄鋼協会の2018年のデータによると，過剰生産能力を縮小しても，2017年の中国，EU，アメリカ，南アフリカ，世界の粗鋼生産量は増えているのである。

　今後の長期的需要トレンド予測では，より軽量で強固な鉄鋼製品を必要とするなど素材のより効率的な使用へと移行していることから，世界の鉄鋼集約度（GDP1単位を生み出すために使われる鉄鋼の量）は今後下がり続けることが予想され，更なる生産能力の縮小が必要と分析されている。

第3節　世界に広がる貿易救済措置とその歪み

1．鉄鋼・鉄鋼製品に対する貿易救済措置の動向

　鉄鋼グローバル・フォーラムが生産能力縮小を志向している一方で，それに対して前向きでない国や企業が存在する。このような場合，国際価格があまり改善しないため，生産能力を縮小する企業が損失分を価格引き上げで補おうとすると輸入急増が起こり，企業が損失を補えない可能性がある。このため，生産能力を縮小しようとする企業は貿易救済措置に訴えることになる。貿易救済措置は，鉄鋼グローバル・フォーラムの原則に対する違反行為への事実上の罰則としても機能していると言える。実際，過剰生産能力を増やしたインド，ブラジル，トルコは貿易救済措置の対象国にされがちである。しかし，生産能力を減らした日本，EUであっても輸出国・地域であるがゆえに対象とされることが多い。

　貿易救済措置は，WTOにより認められた保護貿易措置である。輸入急増

に対して損害を受けたとされる産業が輸入国政府に申請することから始まり，申請要件が満たされれば，輸入国政府の調査当局が調査を開始し，輸入急増と国内産業の損害の因果関係が認められればセーフガード（Safeguard：SG）関税，外国のダンピングによる損害の場合はアンチ・ダンピング（Anti-dumping：AD）関税，外国政府の補助金付き輸入による損害の場合は，補助金相殺関税（Countervailing duty：CVD）を輸入国が課すことが出来る。

しかし，貿易救済措置は，貿易にとって有害な側面が存在している。第4-1図を参照されたい。これは，OECD鉄鋼委員会の話し合いが再開した2012年から2017年におけるアメリカ，EU，インドの鉄鋼・鉄鋼製品全体と中国の鉄鋼・鉄鋼製品のみに対するADとCVDの合計調査開始件数を示したものである。この三国・地域は，WTO発足以降2017年までの間で最も貿易救済措置の調査を開始していることから選んだ。貿易救済措置の調査は，損害を受けたとする輸入国産業の申請がなされて2カ月ほどで開始されるが，その際，過去3年に遡って輸入急増や価格下落，それによる輸入国産業の損害などに関して調査を開始するに十分な証拠がなければ行われない。従って，調査開始件数が増えることは，直近の3年の間に輸入国産業が直面した困難な状況を示唆して

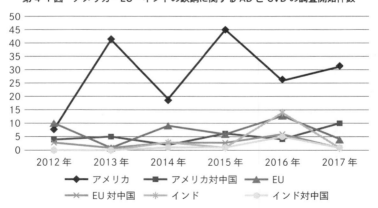

第4-1図　アメリカ・EU・インドの鉄鋼に関するADとCVDの調査開始件数

注：各産品の各国・地域に対して1件として数える。ただし，インドは対EU全体に対してだが，米国はEUの各国に対してそれぞれ調査開始を行っている。
出所：ADとCVDに関するWTOに各国が提出したsemi-annual reportより著者作成。

いることになる。

　年ごとの変動はあるものの，インドや EU に大きな変化が見られないのに対し，アメリカははっきりと増加傾向を示している。

　鉄鋼全体としての米国の件数がインド・EU より多いが，その理由のひとつは，ある産品に関して複数の国を同時に調査する場合，インドは EU 諸国をひとまとめにして 1 件としているのに比べてアメリカは各国を別々に扱う点がある。加えて，アメリカはひとつの産品の調査に複数国を訴えるケースが多い上に，それらの対象国の数が EU やインドより多い。

　貿易救済措置が貿易にとり有害である理由の第一は，巻き込まれる国が多いことである。インドは当該品の全ての輸入に対して関税を課す SG を用いる傾向があり，鉄鋼では，2013 年，2014 年にそれぞれ 1 件ずつ，2015 年に 2 件発動している。アメリカと EU は SG をほとんど発動しないが，複数の国を AD や CVD の対象としている。貿易救済措置により多くの鉄鋼輸出国が課税の影響を被ることになってしまうのである。

　貿易に有害な理由の第二は，貿易救済措置の共鳴が起きることである。趨勢として，アメリカが 2013 年と 2016 年にピークを迎える翌年にインドと EU がピークを迎えるという動きをしている。これは，アメリカが調査・課税すると，対象とされた国が輸出先を別の国に変更するため，今度はその国が貿易救済措置に訴えざるを得ない状況が起きるからである。例えば，アメリカは，中国・日本を含む 5 カ国製の電磁鋼板に関して 2013 年に AD 調査を開始し 2014 年に暫定税及び確定税を課したが，EU は 2014 年に中国・日本・アメリカを含む 5 カ国製方向性電磁鋼板製品の AD 調査を開始し，2015 年に確定税を課している。

　このように，貿易救済措置が用いられることにより，それにより措置した国の輸入が他国へと貿易転換され，さらなる貿易救済措置が誘発されるという共鳴が起こるのである。また，アメリカとドイツは世界最大と第二の鉄鋼輸入国であるため，アメリカ・EU が関税を引き上げることは，鉄鋼輸出国の交易条件を悪化させる。このような事態は，鉄鋼輸出企業が，過剰生産能力の縮小を急ぐインセンティブになること以上に，世界の鉄鋼市場の歪みを増すという意味で望ましいことではないのである。

2．アメリカの中国に対する厳しい姿勢

第 4-1 図では，対中国で，EU とインドが 2014 年以降調査開始件数を増や
す傾向が見られない一方で，アメリカは増大基調にあることが見てとれる。ま
た，中国が被提訴国である場合，AD と CVD の両方の調査・課税が行われる
ケースが散見されたり，課税率が他国より極端に高い傾向がある。例えば，米
国が 2016 年に 12 カ国を対象に AD 調査を開始した炭素及び合金鋼の切断さ
れたプレートは，同時に中国を含めた 3 カ国を対象に CVD 調査も開始し，ど
ちらも 2017 年に 12 カ国に AD，2 カ国に CVD の確定税を課している。中国
以外の国で AD 最高税率はフランスの 148.02％だが，中国は AD と CVD を合
わせると 319.27％と 2 倍以上高い。アメリカが 2015 年に中国を含む 5 カ国に
AD 及び中国を含む 4 カ国に CVD の調査を開始した耐食鋼製品ケースでは，
AD 確定税はなかったが，CVD 課税がなされ，最高税率は中国以外で最も高
い国イタリアで 38.51％に対し，中国は 241.07％であった。EU では，耐食鋼
の調査開始は中国のみに対して 2016 年になされ，2018 年に最高税率 27.2％の
確定税が課された。このように，アメリカでは EU やインドでは見られない
200％を超える課税が中国に対して頻繁になされている。アメリカは中国企業
が政府援助と非市場経済（Non Market Economy）により優遇されていると問
題視しているのである。

アメリカ・EU・日本は，AD 調査において中国を NME 扱いしている。
NME とは，WTO 協定において規定されたもので，為替相場や生産活動を政
府が統制している国のことを指し，AD 調査の際，国内での価格が市場取引に
よらないものであるため資料として用いず，経済発展段階において比較できる
と考えられる市場経済国の価格情報を用いるというものである。中国は，2001
年の WTO 加盟から 2016 年までの間 NME とされて来たが，それ以降も 3 国
では引き続き NME 認定をすることとして今日に至っており，これに対し中国
は WTO の紛争処理手続きに訴えている。

Blonigen（2006）によれば，ダンピング・マージンの算定を行う米国商務省
による大きな裁量により，NME 扱いをした国に対するアメリカの AD 税率は
高くなる傾向がある。一方，NME を用いたとしても，日本や EU による中国
の鉄鋼製品に対する税率は，アメリカに比べかなり低く算定されている。EU

の税率に関しては先に言及したが，日本が2017年に中国と韓国に対して行った鉄鋼関連のAD措置では，中国はNME扱いにもかかわらず，課税率は韓国に対する税率より低い57.3％であったほどである。

米国法では，政府が費用や価格構造に対して市場原理に基づいて運営しない限り，その国を市場経済とみなさない。従って，事実上の外貨市場管理，賃金の集団的交渉権が認められていないことや戸籍移動制限が賃金市場や労働の需給に与える歪み，生産手段の国家所有，政府による資源配分の支配及び価格統制がかなりのレベルで解消されない限り，アメリカの中国に対する貿易救済措置の高率関税が続く可能性がある[6]。

鉄鋼グローバル・フォーラムの目標は，裁量的政府の介入をできる限り減らし，ルールに基づく経済運営を行うことで，市場を基盤とした鉄鋼市場にすることであり，それはアメリカが中国を市場経済として見なす条件のうちのひとつでもある。しかし，中国は過剰生産能力問題を強力な政府による賢明な政策運営により解決しようとしている。その意味では，過剰生産能力問題の根本的な解決とアメリカの中国に対する厳しい姿勢撤回への道のりは遠いようにうかがわれるのである。

（柴山千里）

【注】

1）中国国家統計局のデータによる。関（2014），1-2頁；Xu and Liu（2018），p. 2参照。

2）異なる国が同じ輸出者からの同じ製品に次々とAD措置を課すことをTabakis and Zanardi（2016）は「共鳴」（echoing）と呼んでいる。

3）1978年に公布し，1979年から82年の間に発効した特定不況産業安定臨時措置法。平電炉，アルミニウム精錬，合成繊維等の構造不況に直面している産業に関して，過剰設備の処理，設備新設の制限・禁止に対し共同行為を取ることを命じ，それに必要な調整コストを政府が負担した。

4）経済産業省（2018），71-177頁参照。

5）本節は，特に明記がない限りGlobal Forum on Steel Excess Capacity Ministerial Meeting（2018）による。

6）白（2018）参照。

【参考文献】

岡崎哲二（2012）「第1章　経済活性化政策」岡崎哲二編著『通商産業政策史1980-2000　第3巻　産業政策』経済産業調査会。

関志雄（2014）「中国経済の「新常態」」経済産業研究所。（https://www.rieti.go.jp/users/china-tr/jp/ssqs/141003ssqs.html，2018年2月13日アクセス）

経済産業省（2018）『通商白書2018』（http://www.meti.go.jp/report/tsuhaku2018/index.html，2019年3月5日アクセス）。

白巴根（2018）「中国加入議定書第15条と代替国方法の失効問題：中国のWTO15年経過後，対中アンチダンピング調査において中国の国内価格とコストの使用を拒否することは議定書第15条に違反するのか？」『貿易と関税』第66巻（1），82-97頁。

Blonigen, B. A. (2006), "Evolving Discretionary Practices of U.S. Antidumping Activity," *Canadian Journal of Economics*, Vol. 39 (3), pp. 874-900.

Global Forum on Steel Excess Capacity Ministerial Meeting (2018), "Global Forum on Steel Excess Capacity Ministerial Report". (https://www.meti.go.jp/english/press/2018/pdf/0921_003a.pdf，2019年3月13日アクセス)

Spence, A. M. (1977), "Entry, Capacity, Investment and Oligopolistic Pricing," *The Bell Journal of Economics*, Vol. 8 (2), pp. 534-544.

Tabakis, C. and Zanardi, M. (2016), "Antidumping Echoing," *Economic Inquiry*, Vol. 55 (2), pp. 655-681.

United States International Trade Administration (2018), "Steel Imports Report: United States". (https://www.trade.gov/steel/countries/pdfs/imports-us.pdf，2019年3月17日アクセス)

Xu, D. and Liy, Y. (2018), *Understanding China's Overcapacity*, Springer.

第5章

国際政策協調再考

はじめに

　国際政策協調とは，単に各国が同時期に同様の政策をとることではない。政策を協調することは，確かに場合によってはより良い結果をもたらす。しかし他方で，国際的な協調が行われることそれ自体が，ある特定の状況の結果でもある。逆に各国がコンセンサスに基づく政策を推し進めても，それは結果として国際的な非協調状態を引き起こし得る。

　真の国際協調は，より良い状況をもたらすための手段である以前に，それ自体がひとつの「経済現象」であり，それをもたらすための状況が確保されるのでなければならない。そのような観点から，国際政策協調を再考することが本章の目的である。

　以下，まず第1節では，リーマン・ショック以降のG7，G20の動向を概観する。2008年後半から2009年前半にかけては，景気刺激策に関して共同歩調をとることが同意された一方で，2009年後半以降，一転して財政再建へのコンセンサスが生じた。これらを国際政策協調の例として考えることは，皮相的な見方であることが主張されている。

　続く第2節では，政治思想史における社会契約論を取り上げ，国際政策協調を各国による国家主権の一部自制・委譲として特徴づける試みについて述べる。

　最後の第3節では，1970年代末から世界的な政策志向を支配してきたワシントン・コンセンサスに基づく緊縮財政主義が，結果として国際的非協調の状態をもたらすことを指摘している。

第1節　国際政策協調をめぐる誤解

　2008年10月10日，ワシントンで開催されたG7では，前月15日のいわゆる「リーマン・ショック」を受けて，目前にある世界レベルの金融危機を回避するための行動計画が発表された。同年10月12日には，ユーロ圏の緊急首脳会議においても，資本注入を柱とする共同行動計画が採択された。

　さらに，同年11月8，9日に行われたサンパウロでのG20では，経済安定化のために財政政策を活用することの重要性が強調され，続く11月14，15日のワシントンでのG20金融サミットにおいても，国際社会が危機に一致して対応することが謳われた。ちなみにこの時，IMFも世界的な景気後退に対抗するため，各国が一致して，GDP比2％規模の景気対策を実施するよう呼びかけた。

　この後，実際，中国，EU，アメリカをはじめとして，大規模な景気刺激策がとられたことは記憶に新しい。特に印象的なのは，2009年2月のローマG7において，各国政府による財政政策の活用や，中央銀行による政策金利の引き下げおよび非伝統的金融政策の活用によるマクロ経済政策の重要性が強調され，とりわけ，財政政策の実施にあたっては，各国の政策を連携して実施することにより効果が増大することが強調されたことである。主要国におけるこれら一連の政策行動は，今日でも国際政策協調の見本であるかのように言及されることが多い。

　しかし同じ2009年の9月，ピッツバーグで開催されたG20サミットあたりから，一転，風向きが変化し始め，そこではすでに異例の財政・金融政策からの脱却の方策が議論されるようになった。そして金融政策については多くの国で引き続き緩和的な金融政策を継続する一方，財政政策については，財政規律回復の必要性が強調されるようになった。

　同年末に，いわゆる「ドバイ・ショック」や「ギリシャ危機」によって，国債金利が上昇するようになると，翌2010年6月のトロントG20サミットでは，財政再建を進めるペースが議論され，とりわけEUとIMFは財政再建の

重要性を主張した。結果として，先進国においては成長に配慮した財政健全化計画を公表することで合意がなされた。具体的には，先進国は 2013 年までに少なくとも財政赤字を半減させ，2016 年までに政府債務の対 GDP 比を安定化または低下させる財政計画にコミットする，というものであった[1]。

　後でみるように，ここでの「コンセンサス」は今日に至っている。もし，2008 年後半から 2009 年前半にかけての一連のコンセンサスが「国際政策協調」と呼ばれるのであれば，2009 年後半以降の各国の政策行動もまた「国際政策協調」だということにならねばならない。

　しかし今日の国際経済社会を特徴づけるものは，国際協調とはほど遠いものである。では，それはひとえにアメリカに誕生した一人のエキセントリックな大統領のせいなのだろうか。決してそうではない。これはひとえに「国際政策協調」というものに対する皮相的な見方に関わっているのである。

　目前の経済的不調に対して景気刺激策を重視するのは，リベラル左派の特権ではない。その点に関しては，アメリカの歴代共和党大統領も立派に「ケインジアン」になった。当初ケインズ政策を疑問視していたアイゼンハウアー然り，ケインズ主義の潮流に逆行する意思を表明していたニクソンも，最終的には自分が「経済問題に関してはケインズ主義者」であることを認める有様であった。

　そのように考えれば，2008〜2009 年の「コンセンサス」は，それとまったく同列のものであるにすぎないことがわかる。これに対して，2009 年以降の財政規律を優先する経済思想は，その持続性から判断できるように，はるかにその根が深い。それはいわゆる「ワシントン・コンセンサス」の一環であり，市場メカニズムへの信望と小さな政府を標榜する経済思想にもとづいている。国のリーダーが一時的に「ケインジアン」になる場合を除けば，それは 1970 年代末から一貫して主要国を支配してきたものである。

　では，そこにコンセンサスがあることは国際政策協調の証なのだろうか？筆者の結論は，否である。以下で論ずるように，それは結果として，国際的な非協調状態を生み出すことになる。国際政策協調は，特定の経済目的を達成するための手段であると考えられることが多いが，別な観点から考えれば，国際協調もまた結果としての「経済現象」に他ならないのである。

第2節　世界経済の社会契約論

　国際政策協調の本質を理解するには，政治思想史の古典である「社会契約」の概念がふさわしいと考えられる。その代表的な論点は，ホッブス（Thomas Hobbes, 1588-1679）によって与えられた。ホッブスは，領土と主権によって特徴づけられる近代国家を正当化する思想として「社会契約」という概念を打ち出したことで知られている。それによれば，人々はその自然状態において平等であるがゆえに，各自がその自然権を行使する結果は「万人の万人に対する闘争」の状態になるという。それゆえ，各自はその自然権を放棄し，それを国家権威に委ねることで社会秩序がもたらされる，と考えた。ちなみに当時のその国家権威とは「絶対王政」であった。

　それに対してスピノザ（Baruch De Spinoza, 1632-1677）は，自然権は放棄することはできないし，またそのように考えることは現実的でもない，と考えた。そして，人々は自然権を「放棄」しているのではなく，むしろそれを「自制」しているのだと考えた。ただし，ホッブスの場合と同様，スピノザにおいても，個人は自然状態に放置されれば専ら利己的に振る舞うことが想定されている点は同じである。

　後にヒューム（David Hume, 1711-1776）やスミス（Adam Smith, 1723-1790）といったイギリスの思想家は，そのような考え方の観念論的性格を批判するとともに，現実において人々は単に利己的であるだけでなく，社会的存在として他人に対する共感や同感をもつという側面を強調した2）。

　なるほど個々の人間については，筆者も経験論の立場に共鳴する部分が多い。しかし，国家についてはどうだろうか？　いみじくも社会契約論は，個人個人が社会秩序を形成する理論としてよりも，現代の諸国家が国際秩序を形成するメカニズムとして理解する時に，その現実性を際立たせるように思えるのである。

　個人個人は単に利己的であるのみではないにしても，国家は，それ自体がひとつの人格ではないがゆえにこそ，「ナショナリズム」という理念的利己性を

顕著に発揮する。加えて，近年の世界経済においては，発展途上国も含め国家は「平等」であり，あらゆる文脈で同等の権利を期待する。まさにそれはホッブスが想定した自然状態に近似するものである。その諸国家がホッブスの自然状態さながらに自らの主権を行使すれば，それが「万国の万国に対する闘争」を引き起こすことは，すでに歴史がそれを示しているとおりである。

　そしてそれが近代国家である以上，その主権が放棄されることは無い。それは主権の主体が絶対王政から人民へと移行しても変わるところはない。それゆえ，諸国家はスピノザが言うように，自国の主権を一部「自制」することを通じて，世界にひとつの秩序を保とうとしてきた，と考えられるのではないか。では，その「自制」した主権を委ねる先は何であろうか。その答こそが，ひとつには国際機関であり，もうひとつが世界のリーダーたる覇権国だったのではないか。

　それが覇権国である場合には，覇権国は自ら主権を自制するメンバーであると同時に，その主権の一部を委ねられる対象でもある。「覇権」という権力とはそういうものであろう。言うまでもなく，それはかつてのイギリスであり，戦後のアメリカであった。そしてヨーロッパ諸国はその自制した主権の一部をEUという国際機関に委譲したのである。G7やG20における話し合いも，それが玉虫色の建前論に満ちているとしても，多少なりともその役割を果たすことができる。あからさまには侵害しづらい「建前」もまた，主権の自制を伴い得るのである。

　いずれにしても各国は，その主権の一部を自制，委譲することを通じて，そして覇権国や国際機関がその委譲された主権を調整する役割を果たすことを通じて，「万国の万国に対する闘争」を避け，今後も避けていくことができるのだ，と考えられるのである。

　しかし国際機関はいずれも，その権限の脆弱性から「リヴァイアサン」にはなれなかった。今日，一部のヨーロッパの国々では，その主権をEUに委譲することが，そしてEUそれ自体が「リヴァイアサン」になることが拒否されている。またEUのリーダー的存在であるドイツは，ヨーロッパの重債務国に対して大規模な財政緊縮を課している一方で，それに対応する自国での需要拡大を実現しようとせず，むしろ輸出による成長を確保している[3]。そしてアメ

リカのトランプ大統領も，自らリーダーとしての調整役を放棄すると同時に，自らの主権の自制をも放棄して，自国優先主義を「建前」なしに主張しているかのように見える。

Temin and Vines（2013）の言う「リーダーなき世界」とは，各国が自制した主権を委ねる対象を，そしてその調整役を失った世界である。そこで待っているのは，各国が自制した主権を取り戻すことに躍起になり，それを縦横に行使しようとする「万国の万国に対する闘争」状態である。1930年代の世界大恐慌において，リーダーであったイギリスと新たにリーダーになることが期待されていたアメリカが，いかに自国中心主義に陥ることで，その役割を放棄したか。そしてそのことがいかに不安定な世界を生み出したか，歴史は雄弁に物語っている。

国際政策協調とは，単に結果として各国によって採用された政策が一致することではない。その本質は，各国による国家主権の一部自制を必要条件とする。そしてその自制された国家主権が，何らかの方法を通じて適切に調整されることを十分条件とする。しかし，それをもっとも妨げる要因となるのが，度を越したナショナリズム，自国優先主義，排外主義である。次節では，いわゆる「ワシントン・コンセンサス」に基づく緊縮財政主義が，そのような意味での国際政策協調を妨げる結果となるメカニズムについて考察する。

第3節　緊縮財政主義のもたらしたもの

第5-1図は，IMFデータに基づく，187カ国を対象とした2008年から2020年にかけての緊縮財政のトレンドを示している。期間中に緊縮財政政策をとったと考えられる国の数をグラフにしたものであり，2016年以降は推計に基づいている。ここで緊縮財政とは，GDPに占める財政支出の割合の低下を意味している。

緊縮財政のトレンドは，二度にわたって，すなわち，2010～2011年に，そして2016年以降に生じていることが見て取れる。本章の冒頭で述べた通り，リーマン・ショックを受けての景気刺激へのコンセンサスがわずか1年で転換

第 5 章 国際政策協調再考　*63*

第 5-1 図　緊縮財政主義のトレンド

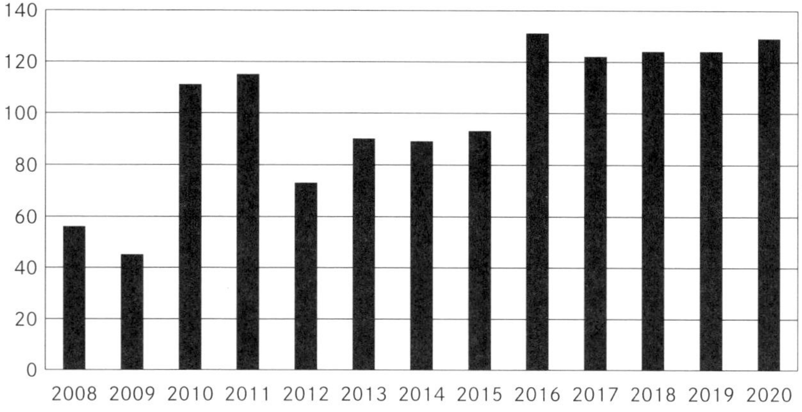

```
140
120
100
 80
 60
 40
 20
  0
   2008 2009 2010 2011 2012 2013 2014 2015 2016 2017 2018 2019 2020
```

出所：Ortiz, et al.（2015）より作成。

し，2010 年から一転して緊縮のトレンドが生じたことがわかる。ちなみに，2011 年には前年に比べて，113 カ国が財政収支を縮小しており，平均の縮小幅は GDP の 2.3％に及ぶ。ちなみに，Ortiz et al.（2015）によれば，2020 年までに世界人口の 80％（61 億人）が緊縮財政の影響を受けると推定されている[4]。

　本節では，このような緊縮財政主義が国際政策協調に対してもたらすネガティブな帰結について論ずる。結論はいたってシンプルである。緊縮財政主義は，結果として，国際的非協調へとつながること，これである。

　鍵となる論点は 2 つある。ひとつは，緊縮財政主義が外需への依存，あるいはほぼ同じことであるが金融政策への偏重をもたらすこと。そして第二に，それがもっぱら中・低所得層の経済厚生を低下させることを通じて，ポピュリズムの温床となること，である。

　まずは第一の論点から始めよう。景気回復の足取りがまだ十分に確かではない時，財政規律を重視する観点からは，総需要として頼みの綱になるのは外需である。そして同時に，マクロ経済政策の手段はおのずと金融緩和政策に偏重することになる。教科書的なマクロ・モデルが示すところによれば，資本移動が自由な経済における金融緩和は，もっぱら自国通貨の減価を通じた輸出の増

64　第I部　揺らぐ世界経済秩序とグローバル・ガバナンス

加によってもたらされる。

　しかし容易に理解できるように，他の国が同じ政策行動をとった場合には，自国通貨の減価は十分には生じ得ない。このことは，単なる金融緩和への依存から，極端な緩和への偏重，そしてさらには外需の獲得をめぐる貿易摩擦へと結びつかざるを得ない。

　第5-1表は，このことをゲーム論的状況として描いている。両国が通常の金融緩和を行った場合（左上）には，それぞれの自国通貨減価の効果が相殺される。この時の利得をそれぞれ7としている。これに対し，自国だけが極端な緩和を行えば（左下），自国通貨は減価し，逆に外国通貨は相対的に増価する。その結果，自国の利得は9，外国の利得は3となっている。このことは，外国だけが超緩和を行った場合（右上）にも対称的に当てはまり，この場合の利得は逆になる。そして最後に両国が超緩和を行った場合（右下）には，やはりそれぞれの通貨減価の効果は得られない。ここでは超緩和のもたらし得る他のネガティブな効果を考慮して，それぞれの利得を5としている。この時，ナッシュ均衡として実現する非協力解は（超緩和，超緩和）である。

第 5-1 表　金融政策

		外国	
		緩和	超緩和
自国	緩和	(7, 7)	(3, 9)
	超緩和	(9, 3)	**(5, 5)**

出所：筆者作成。

　このように，各国が景気対策の手段として金融政策に依存することは，極端な金融緩和偏重をもたらす。そして，それは必ずしも最適な経済状態をもたらすとは限らない。

　これに対して第5-2表は，同様の状況を財政政策について適用したものである。ここでは両国が緊縮財政を行った場合（左上）の利得を5としている。自国のみが拡張財政を行った場合（左下）には，自国が輸入の増大に加え，財政赤字拡大のネガティブな効果をこうむるのに対し，外国はそれに乗じて輸出を

増大させることができる。したがって，この時の利得は自国が3，外国が9となる。同じことは外国のみが拡張財政を行った場合（右上）にも対称的に当てはまる。最後に，両国が拡張財政を行った場合には，両国の輸入が拡大され，両国は同時に相手国への外需を伸ばすことができる。財政赤字を拡大せずに済んだ場合ほどではないが，それ相応のメリットが生じるという意味で，ここでの利得は両国とも7となっている。この時，ナッシュ均衡として非協力的に実現する状態は（緊縮，緊縮）である[5]。

第5-2表　財政政策

外国

自国		緊縮	拡張
	緊縮	**(5, 5)**	(9, 3)
	拡張	(3, 9)	(7, 7)

出所：筆者作成。

　以上からわかることは，かりにワシントン・コンセンサスのようなものがないとしても，世界全体として目下の景気状況に対処するためのマクロ経済政策は，緊縮気味に運営される財政と，極端な金融緩和に偏重する傾向をもつということである[6]。

　しかしすべての国の通貨を減価させることはできないし，すべての国が対外黒字を増加させることも不可能である。通貨安を通じて外需の獲得競争が行われれば，それは金融の極度な緩和へと至るのみならず，関税等をめぐる「不公正な貿易」をいいがかりとして，必然的にさまざまな摩擦を引き起こす要因となろう。さらに実際，2010年秋，先進国では未だ解消しないデフレ懸念を払しょくするために大幅な金融緩和が行われたが，国内金利の低下した先進国の資金は，相対的に景気が良好であった新興国へと流入した。そしてそれは，輸出への悪影響を恐れた新興国による為替管理や資本取引規制をもたらした。当時のメディアがこれを「通貨戦争」と呼んだことはまだ記憶に新しい[7]。

　さて，次に，第二の論点に移ろう。国内で緊縮財政のネガティブな影響をより多く受けるのは，政府の財政支出に依存している層である。さまざまな社会

保障であれ，教育のための支出であれ，それは決して富裕層ではあるまい。疑いもなく，それは中・低所得層であり，もっとも甚だしい程度において貧困層である。理由は簡単で，富裕層は政府の公共サーヴィスに代替するものを購入することができるのに対し，低所得層にはそれができないからである。

さらに，緊縮財政が利子や利潤を所得源泉とする所得階層よりも，賃金所得者に対してより大きなダメージを与えることのひとつの証左として，近年，労働分配率の傾向的低下が指摘されている。田中・他（2018）によれば，OECD諸国における労働分配率の中位値は1990年代初めの66.1％から2000年代末には61.7％に低下した[8]。労働分配率の低下が見られないような国においても，緊縮財政が庶民の生活に与える影響は，今後ますます顕在化していく懸念がある[9]。

そしてこれら緊縮財政のネガティブな影響を受ける層を魅惑して止まないものこそが「ポピュリズム」である。彼ら・彼女らは自国優先主義，排外主義を掲げる政治的リーダーに力を与える。現代の「ラッダイト」が自らの境遇を脅かすものとして敵視し，打ち壊そうとするのは，機械ではない。それは外国製品であり，とりわけ外国から移民としてやってくる低賃金労働者である。アイケングリーンは，その著書の中で，歴史的にポピュリズムがしばしば経済的不調・困窮と密接に結びついてきたことを繰り返し指摘している[10]。

ポピュリズムとは，極端な教条的信条が，結果として優勢を得てしまう現象である。それは賭けのようなものであり，一歩間違えば敗者となるにもかかわらず，それでも構わない（負けてもともとの）人や政策が選択されてしまう現象なのだ。理性的な，計算高い政治家は，調整をする。しかし教条的な政治家はそれをしない代わりに，とにかく自分を主張する。そしてそのようにしてもたらされる自国優先主義・排外主義が，国際的非協調の無視し得ない脅威であることは明白である。

以上2つの論点を図にまとめたものが第5-2図である。これについて新たに説明を加える必要はないであろう。

1931年10月，イギリスからアメリカへと波及した金融パニックによって，金流出と，預金者による現金の引き出しに直面したアメリカ連邦準備銀行は，不況の真っ只中にもかかわらず，ドル防衛のために金利を急激に引き上げた。

第 5-2 図　====

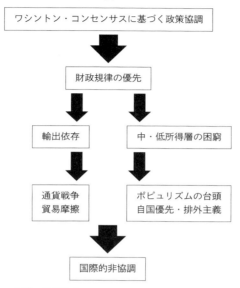

出所：筆者作成。

しかしそれは，金本位制のイデオロギーの下で，中央銀行がとるべき対応をとったに過ぎない[11]。

　同じく緊縮財政主義という現在の状況も，ワシントン・コンセンサスというイデオロギーの下でとるべき政策がとられているのだ。しかし，そのコンセンサスは国際的な非協調状態へと社会を誘っている。

　国際的な政策の協調・非協調もまた，ひとつの「経済現象」なのである。

（西　　孝）

【注】
1）ここでの G7，G20 に関する記述については，中林（2012）を参照した。
2）社会契約論に関する叙述に関しては，國分（2015）を参照した。
3）Temin and Vines（2013），邦訳，327 頁。
4）Ortiz et al.（2015），p. 3. さらに彼らによれば，緊縮財政は，発展途上国に顕著な傾向となっている。
5）より詳細な分析については，西（2007）を参照されたい。
6）その意味では，2008 年 11 月のサンパウロ G20 で，経済安定化のために，財政政策を活用するこ

68 第Ⅰ部 揺らぐ世界経済秩序とグローバル・ガバナンス

との重要性が強調されたことは，各国が非協調的戦略を採ることを自制させたという意味で，国際協調の例として数えられるかもしれない。しかし，同じ理由によって，金融緩和についてはそうではないことになる。

7）中林（2012），93-94 頁。

8）田中・他（2018），4 頁。さらに労働分配率の変化幅で見た場合には，OECD の 32 カ国で 1995 年から 2016 年の間に，全体としては分配率が若干上昇しているものの，アメリカ，ドイツ，日本，オーストラリア，韓国など一部の経済規模が大きい国で分配率が低下しているという。同，13 頁。

9）Ortiz et al.（2015）は，2015-2020 年の緊縮によって，世界全体では 5.57% の GDP と 11.73% の雇用が失われる，と見積もっている。そのうち，高所得国では，4.98% の GDP，4.75% の雇用が失われ，同じく低所得国では，6.17% の GDP，2.45% の雇用が失われるという。*Ibid.*, p. 25.

10）Eichengreen（2018）。さらにアイケングリーンによれば，ポピュリスト政治家の成否は集計量の成長率だけでなく，分配にも関わっている。それは過去の経済パフォーマンスよりも，将来への期待と政府の対応の有無に関わっている。*Ibid.*, p. 12.

11）Temin and Vines（2013），邦訳，74 頁。

【参考文献】

Eichengreen, B.（2018），*The Populist Temptation: Economic Grievance and Political Reaction in the Modern Era*, Oxford University Press.

Ortiz, I., Cummins, M., Capaldo, J. and Karunanethy, K.（2015），"The Decade of Adjustment: A Review of Austerity Trends 2010-2020 in 187 Countries," *ESS Working Paper* No. 53.

Temin, P. and Vines, D.（2013），*The Leaderless Economy: Why the World Economic System Fell Apart and How to Fix It*, Princeton University Press.（貫井佳子訳『リーダーなき経済―世界を危機から救うための方策』日本経済新聞出版社，2014 年。）

國分功一郎（2015）『近代政治哲学―自然・主権・行政―』筑摩書房。

田中吾朗・菊地康之・上野有子（2018）「近年の労働分配率低下の要因の分析」経済財政分析ディスカッション・ペーパー DP/18-3。

中林伸一（2012）『G20 の経済学―国際協調と日本の成長戦略』中央公論新社。

西孝（2007）「政策協調の意義と G7 の限界」，田中素香・馬田啓一編著『国際経済関係論―対外経済政策の方向性を探る―』文眞堂，第 6 章所収。

第Ⅱ部

トランプ・リスクと
貿易戦争の行方

第 6 章

トランプ政権における対中通商政策の決定過程
対中協調派と対中強硬派の相克「関与」か「牽制」か

はじめに

2017 年 1 月 20 日，米国の第 45 代大統領に就任したドナルド・トランプ大統領は，就任演説で「米国第一」を繰り返し，経済政策と外交政策の抜本的転換を訴えた（White House 2017a）。就任直後，トランプ大統領は，環太平洋経済連携協定（TPP）から撤退することを表明するとともに，今後の貿易交渉は 2 国間交渉に軸足を移すよう米国通商代表部（USTR）に指示した（White House 2017b）。しかし，トランプ政権 1 年目は政策過程の多くを税制改革など通商政策以外の項目に時間を費やし，結果的に通商政策における成果といえるものは TPP からの離脱くらいであった。実際，強硬な対応を公約に掲げていた対中通商政策はトーンダウンし，むしろ日本への強硬な発言が目立つようになった。このため，トランプ政権の通商戦略は一貫していないとの見方が支配的であった。他方，2018 年以降，米国の通商政策は大きく変化を遂げた。1962 年通商拡大法第 232 条に基づく国家安全保障への脅威を理由とした鉄鋼・アルミ製品への追加関税賦課，北米自由貿易協定（NAFTA）の見直し交渉を経て合意した NAFTA 新協定（USMCA）の署名，中国による知的財産権侵害等を理由にした米国の 1974 年通商法第 301 条に基づく対中制裁措置など，保護主義的な通商政策を矢継ぎ早に実行した。特に，2018 年 3 月，米国の通商法 301 条に基づく対中制裁措置の発動が発表されたことをきっかけに，米中貿易摩擦はエスカレートし，その後の両国による関税引き上げ合戦に象徴されるように，貿易戦争の域に達している。

これまでの米国の政権は，米中関係をめぐり問題を抱えながらも経済的関係ではあくまで「関与」を重んじる通商政策を選択してきた。しかし，トランプ政権率いる米国は，貿易赤字の縮小のみならず，米中の技術をめぐる覇権争いを懸念し，産業政策である「中国製造2025」の撤廃などまで踏み込んでおり，対中政策を「関与」から「封じ込め」さえ彷彿させる「牽制」に転換したと考えられる。結果的に，政権3年目を迎え，不明瞭であったトランプ政権の通商政策は，「中国の不公正貿易慣行を，各国・地域と米国が連携を通じて牽制すること」に収斂されてきた[1]。後述する2017年国家安全保障戦略の中でも経済分野において米国は，先進民主主義国家および他の同志諸国と連携しながら経済的侵略に対抗すると述べられている（White House 2017c）。このことから，トランプ政権の通商政策は先進諸国に対しても強い態度で接しているが，これらの国々と中国を分別しているものと考えられる。

このような米国の通商政策の変容はいかなる政策過程を経て形成されているのであろうか。米国の政策過程において，大統領が掲げる政策やイデオロギーが重要な要因であるが，同時に，米国で大統領が政権を維持し運営するにあたり常に焦点となるのは官僚制のあり方とその行動である。大統領が官僚制または個々の官僚に対して求めるものは，専門知識や経験，自らの掲げる政策やイデオロギーへの支持，各種調整能力など多岐にわたる（山岸・西川 2016）。官僚に求められる機能は専門性と応答性であり，後者については，官僚制が大統領や政権の意思を的確に捉え，行動する能力であり，主に政治任用職や直属機関の拡充などによって高められる（菅原 2015）。本章では，トランプ政権発足以降，米国の通商政策がいかなる変化を遂げたのか，その要因として政策過程に関わるアクターに着目し，トランプ大統領を取り巻くアクターが対中協調派から対中強硬派に変わったことが対中通商政策の形成に大きな影響を及ぼしていると論じる。

第1節　冷戦後の中国をめぐる米国通商政策の変遷
　　　（クリントン政権からオバマ政権）

　米国にとって中国は最も重要な貿易相手国のひとつであるが，米中経済関係が米国で大きな問題となるのは冷戦崩壊後である。冷戦下での米国の対中政策は安全保障問題を重視して展開され，通商政策はそれに従うものであった。しかし冷戦後，米国はブッシュ・シニア政権からオバマ政権まで一貫性をもって，台頭する中国に対して関与と牽制の両面政策を遂行してきた（島村2018）。こうした関与と牽制の組み合わせた戦略では，通商政策ないし国際経済外交において次のような政策目標があった。すなわち，米国は，中国に既存のリベラルな国際経済秩序に挑戦させるのではなく，それを強化することに利益があることを中国に理解させることで，国際経済秩序に中国を組み込もうとしてきた。中国を牽制するのではなく，中国に関与することで，中国を国際経済秩序に関与させようと考えたのである。まず本節では，冷戦後の歴代政権の対中通商政策を概観し，次節でトランプ政権における通商政策の変化をみる。

1．クリントン政権の対中通商政策
　1992年の大統領選挙キャンペーン中，民主党のビル・クリントンは，ブッシュ・シニア政権の対中関与政策を一貫して批判し，また当選後も中国の人権問題などに対して批判的な姿勢を示していたが，朝鮮半島危機を契機に，クリントン政権における対中政策は関与政策に転換し，米中関係を「戦略的パートナー」と位置づけ蜜月な米中関係を演じた（大橋1998）。通商政策をめぐっては，中国に対しWTOのルールに合致するよう自国の制度や法体系を整備させてから加盟を認めるのか，それとも先に加盟を承認してメンバーに取り込んでから国内制度改変とWTOルール遵守を履行させるべく圧力を加えるべきかの選択をめぐる議論であった。前者の制度整備先行を主張する支持勢力が牽制政策を重んじる一方で，加盟先行論は関与政策を支持する立場であった。クリントン政権は結果的に関与政策を選択したことになる。対中牽制政策から対中

関与政策に転化したクリントン政権の狙いは，経済優先の立場から米国の資本や技術を利用しようとする中国を，WTOに組み入れることで，自らの価値観に取り込もうとしたのである（三船 2001）。WTO協定が，加盟国の交渉によりルールを定めてそのルールと共存することを確保することを前提としているため，中国がWTOに加盟すると，貿易上の利益を得るだけでなく，米国が主導する国際経済秩序に取り込まれるとのことから関与政策を採ったと考えられる。

2. ブッシュ・ジュニア政権における対中通商政策

クリントン政権が中国を「戦略的パートナー」と呼んだのに対して，ジョージ・W・ブッシュ・ジュニアは大統領選挙中に「戦略的競争相手」と定義し直した（Rice 2000）。しかし，「9.11事件」を契機に米政権の最優先課題は対テロ作戦に移され，米中関係も次第に改善された。ブッシュ政権の2期目は中国経済が急拡大された時期と重なり，「中国脅威論」が盛んに議論された時期でもあったが，対テロ作戦，北朝鮮問題などの中国の協力を必要とするブッシュ政権は中国を「利害関係者」と定義し，「責任ある利害関係者」になるよう中国への関与政策を取ってきた（Zoellick 2005）。ブッシュ政権は，中国が「競争相手国」だからといって中国市場のビジネス機会およびこれに対する国内経済界の期待を無視するわけにはいかなかった（木内 2002）。結果的に，ブッシュ政権の対中政策はしばしば，コンゲージメント（Congagement）政策を取ったといわれる。Containment（封じ込め）とEngagement（関与）を組み合わせた造語である（Khalilzad 2009）。安全保障分野では中国を牽制して封じ込めつつ，経済的には中国の発展に積極的に関与していくという外交方針である。結果的に，ブッシュ・ジュニア政権は中国への脅威を感じつつも，経済・通商政策としては基本的に関与政策を維持したといえる。

3. オバマ政権における対中通商政策

米国は，2005年9月にロバート・ゼーリック国務副長官が「責任あるステークホルダー」という概念を示し，米国と中国が対等のパートナーとして国際的責任を果たすべきだとする，いわゆるG2論に基づく対中政策がオバマ政権発

足当初に専門家によって論じられた（Bergsten 2009）。しかし2010年頃になると，中国がしばしば強硬な方針を示すようになり，米国もより強い態度で牽制する場面が増え対中政策を転換した。結果的に，オバマ政権は，2011年11月頃から，アジアへの「ピボット（旋回）」ないし「アジア太平洋地域に重心を置いてバランスをとる」と言及するようになり，アジア太平洋地域への米国の関与する姿勢を鮮明に打ち出した（White House 2011）。アジア太平洋地域における外交上の関与を実現する手段としてTPPが役割を担った（ソリース2013）。中国のWTO加盟以降，中国の知的財産権侵害や強制技術移転など中国の国家資本主義に起因する慣行に対してWTOなど既存の世界の枠組みでは解決できず限界にあることが浮き彫りになってきた。こうした中で，オバマ政権では貿易救済措置の拡大やWTOの活用，そしてTPPを通じて抜本的そして中長期的にこれら課題の解決を図ろうとしてきた。米国は，高水準の貿易自由化かつ広範な分野で進められているTPPを「21世紀型」と表現し，TPPを通じて，アジア太平洋地域における新たな貿易ルールづくりを展開しようとした。中国のような国家主導的な経済運営が各国の支持を集めることを憂慮した米国は，TPPによる中国包囲網を形成し，最終的に投資や知的財産権，政府調達などで問題の多い中国にルール順守を迫る狙いがあった（馬田 2012）。結果として，米国主導で高度な貿易投資の枠組みを構築し，中国が将来的にこの枠組みに入ることを希望した際に不公正貿易慣行を中国が自発的に改革することを促す関与と牽制政策を推し進めたといえる。米国は，TPPにおける貿易ルールづくりを主導することで域内における通商秩序構築に関与するとともに，戦略的ポジションを確保することで，中国の政治的行動を牽制することを標榜していた（三浦 2017）。結果的に，オバマ政権の通商政策をめぐる対中政策は，短期的には牽制政策であるが，中長期的にはTPPを通じて国際経済秩序に関与させることを目標としていた。

第2節　トランプ政権における対中通商政策

　前述のように，冷戦後の米国歴代政権は，中国に既存のリベラルな国際経済

秩序に挑戦させるのではなく，それを強化することに利益があることを中国に理解させることで，国際経済秩序に中国を組み込もうとしてきた。中国を「牽制」するのではなく，中国に「関与」することで，中国を国際経済秩序に「関与」させようと考えたのである。他方で，トランプ政権では，この方向性が大きく転換した。すなわちトランプ政権は，通商政策をめぐる対中政策において「関与」を断ち，「牽制」を志向していると考えられる。

　トランプ政権が誕生し，対中強硬姿勢はしばらく平静を保っていたが[2]，2017年12月18日に外交と安全保障政策の戦略的な指針となる「国家安全保障戦略（NSS）」が発表され，トランプ政権の対中外交政策が如実になった（White House 2017c）。同文書のなかで，中国を，米国と第二次世界大戦後の国際秩序に挑む「現状変革勢力」あるいは「米国の戦略的な競争国」と位置付け，軍事力と経済力を背景に強硬姿勢を示していると論じている。同文書の中で特に，「歴代政権が，中国を第二次世界大戦後の国際秩序に組み入れれば中国を自由主義化できると信じて政策を進めてきた」と指摘したうえで，「期待とは逆に，中国は他国の主権を犠牲に勢力を膨張させた」と論じ，「中国を国際社会に取り込む」努力を続けてきたこれまでの外交姿勢を大きく転換させる必要性を説いた。同様の時期に，オバマ政権において国務省でアジア外交を担ったカート・キャンベルとイーライ・ラトナーも，「中国がやがて国際社会にとって望ましい存在になるという前提を捨て去ることが必要だ」「あらゆる立場からの政策論争が間違っていた。中国が段階的に開放へと向かっていくことを必然とみなした自由貿易論者や金融家，国際コミュニティへのさらなる統合によって北京の野望も穏健化すると主張した統合論者，そして米国のゆるぎない優位によって中国のパワーも想定的に弱体化すると信じたタカ派など，あらゆる立場からのすべての主張が間違っていた」と論じている（Campbell and Ratner 2018）。オバマ政権期の元高官が自ら行ってきた政策を自省するかのような論調は異例であり，民主党と共和党の党派を超えて中国に対する戦略が誤っていたという認識が米国内で蔓延したと考えられる。またNSSでは，経済的文脈における米国の利益について貿易上の公正で互恵的な関係と定義し，それは平等な条件下での市場アクセスと経済成長のための機会均等と論じる。ここで重要となるのが，価値を共有し公正で互恵的な関係を築いた同志諸

国との経済的競争は健全であり，貿易不均衡が生じている分野で特に競争に力を入れ，知的財産権，電子商取引，農業，労働，環境といった分野で高水準に達する二国間の貿易・投資協定を希求すると説明する一方で，不公正な優位を得るためにルールを侵害する国に対しては，強制行動を追求すると主張していることである。ルールを侵害する国は中国を念頭に置いているものと考えられる。

　また，米国通商代表部（USTR）は，2018年1月19日に2017年年次報告書を公表した。そのなかでUSTRは中国のWTOルール遵守状況を考察し，中国で開かれた市場志向型の貿易体制の導入が進んでいないことを言及し，「米国が中国のWTO加盟を支持したことは明らかに誤りだった」とするとともに，「WTOルールが市場を歪める中国の行為を抑制するには十分でないことは明らかだ」と指摘している（USTR 2018a）。USTRは議会に提出する年次報告書で長年，中国の不公正な貿易慣習を非難してきたが，トランプ政権下で初めてとなる報告書で中国に対してこれまで以上に強硬な姿勢を示したといえる。また2018年2月28日にUSTRは「2018年通商政策課題」を公表し，第一に国家安全保障を支える通商政策，第二に米国経済の強化，第三に全ての米国人にとって役立つ通商協定の交渉，第四に米国通商法のアグレッシブな執行，第五に多国間通商システムの改革の5点を柱とする課題を示した（USTR 2018b）[3]。これらを具現化するかのように，2018年に入り，米国は次々と中国に対して強硬姿勢を打ち出した。

　まず，2018年3月8日，中国を狙ったと考えられる，米国による1962年通商拡大法第232条に基づく国家安全保障への脅威を理由とした鉄鋼・アルミ製品への追加関税を課すことを公表した（White House 2018a）。そして3月22日に，米国は中国による知的財産権侵害等を理由にした米国の1974年通商法第301条に基づく対中制裁として中国から輸入する品目の500億ドル分に25%の追加関税を課すことを決定した。対中制裁発動に併せて，USTRは制裁の目的などを記した調査報告書を公表し，中国は，4点の方策を駆使し，米国の知的財産権を侵害していると報告した（USTR 2018c）。第一は，米国を含む外資は中国進出時，合弁を強要され，合弁中国企業への先端技術移転を強制される。第二は，中国は，米企業の中国企業への技術供与契約に干渉し，米企

業に最新技術の提供，製造物責任など，不利な条件を強要している。第三に，中国は，中国企業に，対米投資を通じ，中国製造2025に規定する戦略重点産業の先端技術を獲得するよう指導し，多額の資金援助をしている。第四に，サイバーを通じて技術・情報を盗取するが，それは，知的財産，企業秘密，さらに，軍事近代化情報に及ぶとした。また同報告書のなかで，「中国製造2025」の目的は，中国が2025年に製造強国になることを実現し，2050年に世界のトップを目指すために，国産技術を育成し，国内生産の比率を高め，世界の先端技術でもそのシェアーを高め，リーダーとなる意向だと論じた。中国のこのような産業政策は，米国の知的財産権の激しい侵害であり，米国として認められないと主張した。

　こうした問題を解決するため4月以降，米国側がムニューシン財務長官，中国側が劉鶴副首相を代表として米中両国で4回にわたる貿易協議が行われた。当初の意図としては，すぐに制裁関税を発動するということではなく，中国が譲歩すれば，発動を手控えるつもりであったと考えられる。しかし，これら米中協議はすべて不調に終わった。特に5月20日に協議を担当していたムニューシン米財務長官が「貿易戦争を当面保留する」と明言し中国製品に高関税を課す制裁を棚上げする姿勢を示したが，その後，トランプ大統領がそれと矛盾するかのように強硬姿勢を示したことから，米中協議は完全に破綻した（*Bloomberg*, June 20, 2018）[4]。

　貿易協議中も，ホワイトハウスは6月19日に「米国と世界の技術・知的財産を脅かす中国の経済侵略」と題した報告書を発表した（White House 2018b）。そこで中国の貿易慣行を批判し，中国政府が組織的な「経済侵略」作戦を展開していると指摘した。報告書の発表は，トランプ大統領が中国製品に対する追加関税をさらに拡大する方針を発表した翌日であり，一連の制裁措置を正当化するためのものであると言われていた。本報告書は，ピーター・ナヴァロ大統領補佐官が中心となってまとめたもので，ナヴァロペーパーとも呼ばれる（*Wall Street Journal*, June 19, 2018）。

　貿易協議では問題は解決されず，結果的に，中国にターゲットを絞った追加関税が発動した。その第1弾として340億ドル分（自動車，産業用ロボット，医療機器などが対象）に対する追加関税が2018年7月6日から課され，8月

23 日には第 2 弾として 160 億ドル分（半導体関連や電子部品，プラスチック製品，産業機械などが対象）に対して追加関税が課された。さらに，第 3 弾として，9 月 24 日から 2,000 億ドル分（家電製品，革製品，野菜，果物などが対象）に対して 10％の追加関税が課された。

　これと並行し，米国は 4 月に知的所有権侵害で中国を WTO に提訴すると共に，国家安全保障の見地から，先端技術の中国移転を阻止すべく「外国人投資リスク投資審査近代化法（FIRRMA）」と「2018 輸出規制改革法」を 8 月に成立させ，中国企業の対米投資，米企業の中国投資への制約を高めた。FIRRMA の成立は，外資・特に中国企業の対米投資に関し，国防総省と情報機関の発言権が強化されたことを意味する。2019 年度国防授権法は上下両院が共和・民主両党の圧倒的支持という超党派の賛成を得て可決し，トランプ大統領が署名し成立した。国防授権法で中国の通信大手の華為技術（ファーフェイ）と中興通訊（ZTE），杭州海康威視数字技術，浙江大華技術，海能達通信の計 5 社との取引禁止が明確化され，中国企業による米企業への投資を抑制するために対米外国投資委員会（CFIUS）の権限が強化された。CFIUS の強化と輸出規制改革法による米企業投資への制約強化により，中国の米国投資も，米国の中国投資も，国家安全保障の見地からの規制が強化されることとなった。

　このように米国は，対中貿易赤字の削減だけではなく，中国の産業政策「中国製造 2025」の撤回など厳しい要求をしてきた。これに対応する形で中国も米国製品購入増，米国が問題視する知的財産制度の充実等ある程度の譲歩を米国に示してきたが，両国の交渉は膠着状態にあった。これを最も示すのが，2018 年 10 月 4 日，ハドソン研究所中国戦略センターで行われたペンス副大統領による演説である（White House 2018c）。同センターはマイケル・ピルズベリーが所長を務めており，ピルズベリーは「パンダ・ハガー（親中派）」として知られていたが，「中国共産党の 100 年マラソン」を記し，「将来，米国を経済的・軍事的に凌駕し，米国に代わって覇権国となり，あわよくば全世界を植民地化する」と論じ「ドラゴン・スレーヤー（反中派）」へ転向したと言われている人物である（Pillsbury 2016）。ペンス副大統領は演説で「中国は挑発的な方法で私たちの国内政策と政治に介入している」として，中国の貿易・投

資不公正行為，知的財産権盗用，国家資本主義の不公正行為，ハッキングとスパイ行為，一帯一路による外交などを非難した。この演説を受けてウォルター・ラッセル・ミードは「1971 年のキッシンジャー訪中以来の米中関係の大転換である。第二次冷戦がはじまった」と論じている（*Wall Street Journal*, October 8, 2018）。またフレッド・ザカリアも同演説について「中国を敵とする米国の戦略上の重大な転換」と述べたうえで，「われわれは今や中国との新冷戦に突入した」と言及している（*Washington Post*, October 11, 2018）。田中明彦も「現在の米中対立は，単なる貿易戦争ではなく，似ている現象を探すとすれば，米ソ冷戦に匹敵する」と論じている。（田中 2018 年）。

　2018 年 11 月 1 日，トランプ大統領は習近平主席と電話会談を行い，G20 の機会に会談する意向を確認した。11 月 16 日には，トランプ大統領は，中国から 142 項目にわたる行動計画を受け取ったと表明し一定の評価をしつつも，未解決の課題が 4，5 項目あり「まだ受け入れられない」と中国に再回答を求めた（日本経済新聞，2018 年 11 月 17 日）。しかし，2018 年 11 月 18 日にパプアニューギニアで開催されたアジア太平洋経済協力会議（APEC）首脳会議ではトランプ大統領の代役を務めたペンス副大統領が「中国が態度を改めるまで米国は行動を変えない」と論じ，徹底した対中強硬論を展開した（日本経済新聞，2018 年 11 月 17 日）。互いに相手の政策を非難する文言を盛り込もうとした米中の対立により，APEC 首脳会議が始まった 1993 年以来初めて首脳宣言が出せない事態に陥った。2018 年 12 月 1 日，ブエノスアイレスで開かれた G20 の機会での米中首脳会談では，トランプ大統領と習主席は，制裁関税の引き上げを 2019 年 3 月 1 日まで 90 日延期し，知財問題等協議の枠組み創設などのディールによって貿易戦争の一時停戦に合意し，貿易協議を再開した。これまで貿易協議の代表を務めていたムニューシン財務長官など対中協調派は水面下で妥協策を探っていたが，米中貿易協議の交渉代表者を対中強硬派のライトハイザー USTR 代表が務めることになった。協議では，米国のエネルギーや農産物など 12 分野での輸入拡大のみならず，強制技術移転とサイバー攻撃を通じた技術窃盗，知的財産権，サービス，為替，農業，非関税障壁などが話し合われている。米国が最も懸念する「中国製造 2025」の扱いについてては未知数であり，貿易戦争が長引くとの懸念が生じている。

第3節　トランプ政権における通商政策をめぐる決定過程

　トランプ政権の通商戦略は一貫していないとの見方が支配的であったが，このような特徴が生まれたのは，トランプ大統領という個性と不透明な政策決定過程によるものであったと考えられる。他方で，上述のように政権3年目を迎えたトランプ政権の通商政策は，「中国の不公正貿易慣行を，各国・地域と米国が連携を通じて牽制すること」に収斂されてきた。本節では，このような米国の通商政策の変容はいかなる政策過程を経て形成されているのか，その要因として政策過程に関わる政策アクターの変化に着目しながら考察する。

　トランプ大統領は大統領選挙戦のなかで反自由貿易の政策を強力に訴え，白人中・低所得者層の支持を獲得し，北部，中西部のラスト・ベルト地帯を勝利し大統領選を制した。トランプ大統領は就任演説において，「米国第一」を強調し，保護主義を強く主張する。こうした主張の原点は，アドバイザーであるウィルバー・ロスとピーター・ナヴァロが策定した「トランプ・トレード・ドクトリン」にもとづく。「トランプ・トレード・ドクトリン」とは，「どんなディールも経済成長率を高め，貿易赤字を削減し，米国製造業の基盤強化につながらなければならない」という考え方である（Ross and Navarro 2016）。

　トランプ政権が標榜する通商政策を実現するため，トランプ大統領は，通商政策を掌る旧来からの部署に加え，国家通商会議（NTC）を新設した。NTC議長に，トランプ・トレード・ドクトリンを策定した，対中強硬派のナヴァロが就任した。NTC は，国家安全保障会議（NSC）や国家経済会議（NEC）と同等の位置づけとなり，大統領直轄で通商政策を策定することが目指された。旧来からある通商政策に関わる閣僚人事では，USTR 代表にロバート・ライトハイザーが就任した。ライトハイザーは，レーガン政権時に USTR 次席代表を務め，1980 年代，日本に対して鉄鋼製品などの輸出自主規制をもたらすなど通商交渉における強硬姿勢で知られ，対中強硬派でもある。貿易救済措置や輸出管理規制などを管轄する商務長官には，投資家のウィルバー・ロスが選ばれた。ロスは，米国の貿易赤字削減を公約に掲げているという点でトランプ

と同一の見解を持ち，中国との不均衡是正に乗り出す考えを表明した。このように，トランプ政権の通商政策を担う幹部に対中強硬派が据えられ，対中強硬一辺倒な政策運営がなされるとみられていた。

　しかし，政権発足当初，通商政策をめぐり対中強硬派とマーケットを重視する対中協調派の対立がみられ，対中協調派が有利な展開をしたことから，対中強硬派の存在感は薄まった。この対立の行方は，ホワイトハウスの内部機構にも影響が及び，2017 年 4 月 29 日，トランプ大統領が NTC を，通商や産業政策を助言役に留めた通商製造政策局に改組することを決定した。NTCが NSC などと連携して経済外交戦略を練るという当初構想から，大きく権限が縮小した。この原因の背景に，ナヴァロ NTC 委員長が，北米自由貿易協定（NAFTA）からの離脱を宣言する大統領令を練り，スティーブン・バノン首席戦略官・上級顧問とともにトランプ大統領に進言したが，離脱に反対する同じくゴールドマン・サックス元幹部のスティーブン・ムニューシン財務長官とゴールドマン・サックス元社長のゲーリー・コーン NEC 委員長にさえぎられた結果，離脱ありきではなく再交渉という結果になったといわれている（日本経済新聞，2017 年 5 月 3 日）。NAFTA 離脱は米国の自動車メーカの調達網に影響するほか，農産物輸出にも打撃を与えることを考慮した結果であり，現実路線を重視するコーン NEC 委員長，ロス商務長官などの対中協調派に主導権が移ったと考えられる。結果的にナヴァロ通商製造政策局長はコーン NEC 委員長の傘下に置かれた。

　しかし 2018 年 2 月から 3 月にかけて，ロバート・ポーター大統領秘書官，レックス・ティラーソン国務長官，ハーバート・マクスター国家安全保障問題担当大統領補佐官が相次いで辞任するとともに，ホワイトハウスの錯綜した大統領への情報ルートの整備に努めたジョン・ケリー大統領補佐官も求心力を失った結果，対中強硬派が勢いづいた（*Wall Street Journal*, February 10, 2018）。さらに，2018 年 3 月 1 日，トランプ大統領が議会や政権内部の強い反対論を押し切り鉄鋼とアルミニウムの輸入制限を実施する意向を表明したことで，コーン NEC 委員長はそれに抗議する形で辞任をした[5]。それと入れ替わる形で，ナヴァロ通商製造政策局長は大統領に直接助言できる大統領補佐官に復帰した。また，後任の NEC 委員長として保守派の経済評論家であるラリー・

クドローが就任した。クドローは，中国の知的財産権侵害などを問題視し，対中制裁も辞さない考えを表明した（日本経済新聞，2018年3月16日）。これ以降，対中強硬派が対中通商政策において影響力を保持するようになった。対中協調派のムニューシン財務長官が市場への影響懸念から5月に米中貿易摩擦の早期解決を試みたものの，既述のように失敗に終わった。

　結果的に，ライトハイザー USTR 代表，ロス商務長官，ナヴァロ大統領補佐官，クドロー NEC 委員長などの通商政策に関わる対中強硬派により，米国の通商政策は「中国の不公正貿易慣行を，各国・地域と米国が連携を通じて牽制すること」に収斂していったと考えられる。対中強硬派の代表格であるライトハイザー USTR 代表は保護主義の代弁者と位置付ける論調が多いが，クイン・スロボディアンはその主張は正しくないという。スロボディアンは「ロバート・ライトハイザーの世界で生きる我々」と題する論説のなかで，ライトハイザーが主張する通商政策を「ライトハイザー主義」と名付け，ライトハイザーの目的は，自由貿易を実現することにあると論じる（Slobodian 2018）。ライトハイザーによる保護主義的な攻撃的一方的措置は，中国による不公正貿易慣行および市場歪曲的な政策を改めさせる手段と考えることができる。

おわりに

　本章では，トランプ政権発足以降，米国の通商政策がいかなる変化を遂げたのか，その要因として政策過程に関わるアクターに着目し，トランプ大統領を取り巻くアクターが対中協調派から対中強硬派に変わったことが対中通商政策の形成に大きな影響を及ぼしたと論じてきた。冷戦後以降の米中通商関係は，問題を抱えながらも経済的関係ではあくまで「関与」を重んじる通商政策を選択してきた。トランプ政権発足当初は，対中協調派が通商政策のイニシアティブをとりマーケットとの歩調を合わせる形で対中通商政策は穏やかに推移していたが，対中強硬派に取って代わってからは，米国の通商政策は「中国の不公正貿易慣行を，各国・地域と米国が連携を通じて牽制すること」に収斂していったと考えられる。上述のように2017年国家安全保障戦略の中でも経済分

野において米国は，先進民主主義国家および他の同志諸国と連携しながら経済的侵略に対抗すると述べられている。トランプ政権の通商政策は先進諸国に対しても通商交渉において強い態度で接しているが，これらの同志諸国と中国を別物と捉え対応を取っているものと考えられる。中国に対しては貿易赤字の縮小のみならず，「中国製造2025」の見直し，国有企業への政府補助金停止，中国の知的財産権侵害や外国企業への技術移転強要の停止といった不公正な取引慣行の是正などを要求している。これらを米国単独だけではなく，二国間交渉を通じて同志諸国とともに中国を牽制する姿勢であると考えられる。中国の情報通信業などのハイテク産業に対する米国からの圧力は他の業種と比べても強く，米国が中国の脅威として捉えている。これまで米国が築き上げてきた産業構造における覇権を維持することが米中通商摩擦の原因である場合，対立は長期化するものと考えられる。実際，スティーブン・バノン元首席戦略官兼上級顧問は「トランプ大統領は最初から対中投資を撤退させ，グローバルサプライチェーンのリセットを計画していた」と主張する（*South China Morning Post*, September 21, 2018）。これまでの対中通商政策を見る限り，対中強硬派の目的も中国をめぐるサプライチェーンを寸断するということを重視している可能性はあり得る。他方，トランプ大統領の狙いは，短期的には次期大統領選挙における再選であり，そのために米中貿易協議において貿易赤字の削減という結果のみを希求する可能性はあり得る。ただ米中貿易協議を対中強硬派のライトハイザーUSTR代表などが牽引していることから，対中圧力が簡単に緩和される可能性は低いと考えられる。また，中国への圧力の強化については，与党共和党のみならず野党民主党からも支持されていることから，トランプ大統領が，中国と何かしらのディールをしたとしても，対中強硬政策が蔓延している議会共和党と民主党等からの中国に対する厳しい姿勢は変わらない可能性がある。

（三浦秀之）

【注】

1）たとえば，クドローNEC委員長はUSMCA，米EC貿易交渉，日米貿易交渉を通じて中国に対抗する主な同盟国との統一戦線を張ると発言している。

2）2017年中も対中通商政策をめぐる調整はされており，8月にライトハイザー通商代表に301条に

よる中国の米財産権侵害について調査を指示している。ただ，2017年は，北朝鮮の核・ミサイル実験がトランプ大統領の最大の関心事項で結果として強硬な対中通商政策を抑制したと考えられる。

3）「2017年通商政策課題」においては，2018年版の第1，3，4，5の柱は言及されていたが第2の柱は言及されていなかったため，第2の柱は2018年版にあらたに加えられた項目といえる。

4）トランプ大統領が翻意した背景には，政権内の対中通商政策をめぐる対立を対中強硬派が制したことによるものであるとメディア報道がなされている。

5）ボブ・ウッドワードが記した「恐怖，ホワイトハウスのトランプ」では，コーンNEC委員長とナヴァロ通商製造局長の対立の様子が克明に記されている。

【参考文献】

馬田啓一（2012）「TPPと東アジア経済統合：米中の角逐と日本の役割」『季刊　国際貿易と投資』Spring 2012，No. 87。

大橋英雄（1998）『米中経済摩擦：中国経済の国際展開』勁草書房。

木内恵（2002）「米国の対中政策の沿革とブッシュ・アプローチ―WTO加盟後の中国に対する米国の視点」『季刊　国際貿易と投資』Autumn 2002，No. 49。

島田直幸（2018）『＜抑制と均衡＞のアメリカ政治外交』ミネルヴァ書房。

菅原和行（2015）「アメリカ連邦官僚制における中立的能力と応答的能力の動態―職業公務員と政治任用者に対する政治的要請の変化を中心に」『釧路公立大学紀要』27号，39-55頁。

ソリース，ミレヤ（2013）「エンドゲーム―TPP交渉妥結に向けた米国の課題」『国際問題』No. 622（2013年6月），日本国際問題研究所。

田中明彦（2018）「中国台頭で変容する国際システム―貿易戦争から「新しい冷戦」へ」『中央公論』2018年11月号，中央公論新社。

三浦秀之（2017）「米国外交と国内政治におけるTPP」『ポストTPPにおけるアジア太平洋の経済秩序』平成28年度外務省外交・安全保障調査研究事業，日本国際問題研究所，平成29年3月。

三船恵美（2001）「中国のWTO加盟と米中関係」『国際関係学部紀要』〈中部大学〉第26号，19-37ページ。

山岸敬和・西川賢編著（2016）『ポスト・オバマのアメリカ』大学教育出版。

Bergsten, F. (2009), "Two's Company," *Foreign Affairs*, Vol. 88, No. 5 (September/October 2009).

Campbell, K. M. and Ratner, E. (2018), "The China Reckoning," *Foreign Affairs*, Vol. 97, No. 2 (March/April 2018).

Khalilzad, Z. (2009), "Congage China," Issue Paper 187, The Rand Corporation.

Pillsbury, M. (2016), *The Hundred-Year Marathon*, Griffin.

Rice, C. (2000), "Campaign 2000: Promoting the National Interest," *Foreign Affairs*, Vol. 79, No. 1 (January/February 2000).

Slobodian, Q. (2018), "You Live in the Robert Lighthizer's World Now," *Foreign Policy* (August 6, 2018).

Zoellick, R. B. (2005), "Whither China: From Membership to Responsibility?, Remarks to National Committee on U.S.-China Relations," New York City (September 21, 2005).

USTR (2018a), "2017 Report to Congress On China's WTO Compliance" (January, 2018).

USTR (2018b), "2018 Trade Policy Agenda and 2017 Annual Report of the President of the United States on the Trade Agreements Program" (March, 2018).

USTR (2018c), "Findings of the Investigation into China's Acts, Policies, and Practices Related to Technology Transfer, Intellectual Property, and Innovation Under Section 301 of the Trade Act of 1974" (March 22, 2018).

White House (2011), "Remarks by President Obama to the Australian Parliament" (November 17, 2011).

White House (2017a), "The Inaugural Address, Remarks of President Donald J. Trump – As Prepared for Delivery" (January 20, 2017).

White House (2017b), "Presidential Memoranda, Presidential Memorandum Regarding Withdrawal of the United States from the Trans-Pacific Partnership Negotiations and Agreement" (January 23, 2017).

White House (2017c), "National Security Strategy of the United States of America" (December, 2017).

White House (2018a), "Presidential Proclamation on Adjusting Imports of Steel into the United States" (March 8, 2018).

White House (2018b), "How China's Economic Aggression Threatens the Technologies and Intellectual Property of the United States and the World, White House Office of Trade and Manufacturing Policy" (June, 2018).

White House (2018c), "Remarks by Vice President Pence on the Administration's Policy Toward China" (October 4, 2018).

Wilbur, R. and Navarro, P. (2016), "The Trump Trade Doctrine: A Path to Growth & Budget Balance" (October 18, 2016).

第7章
WTO ルールとトランプ政権の通商政策

第1節　トランプ政権の通商政策
——現代の砲艦外交と多国間主義への挑戦——

　今から 30 年以上も前のことだが，米ランダムハウス社からか出版された米国・トランプ大統領の自伝は，*Trump: The Art of the Deal*，つまり『ディールの技法』と題されていた。これまででも交渉術を得意とすると自認してきたトランプ大統領だが，国際通商交渉における彼の「ディールの技法」はいかにも荒っぽく，洗練されたものとは言い難い。それは，明白に WTO 協定に不整合な一方的措置を発動あるいは準備することで巨大な米国市場へのアクセスを「人質」とし，その撤回・回避を条件として，二国間で市場アクセスや貿易赤字の改善など自国に有利な「ディール」を迫る方法である。1853 年に浦賀に来航した際，「黒船」，つまりペリー艦隊は，軍事的威嚇をもって日本に開国を迫り，翌年の再来日時に日米和親条約の締結に成功した。大砲を通商制裁に置き換え，自国の望む通商協定の締結にあからさまな実力行使をもって至るトランプ政権のアプローチは，「黒船」さながらの前近代的な砲丸外交（gunboat diplomacy）に他ならない。

　1995 年の WTO 設立以来，国際通商関係は法の支配（rule of law）により，安定的かつ予見可能な環境を享受してきたが，こうした昨今の米国による一方主義（unilateralism）への転換は，WTO 体制を根本から揺るがしかねない。米国の動向をよそに，引き続き地域貿易協定の交渉・締結は活発であり，CPTPP，日 EUEPA も発効に漕ぎ着けた。しかし，こうした地域貿易協定は，あくまで WTO によって保証されるルールに基づく多国間自由貿易体制が

基礎として確立し，その実施が紛争解決手続により担保されてこそ，WTOで
カバーされない分野について上積みの利益をもたらす。昨今の米国の暴挙はこ
の基礎を揺るがすものであり，その影響はTPP脱退の比ではない。

　本章ではトランプ政権誕生後の現状に対するこうした問題意識を踏まえ，同
政権の一方主義的で二国間関係に傾倒する通商政策が多国間ルールを基礎とす
るWTO体制に与える影響と，通商レジームの変質について概観する[1]。

第2節　一方的措置の応酬と多国間主義の動揺

1．1962年通商拡大法232条の発動とリバランス措置

　米国東部時間2018年3月8日，1962年通商拡大法232条（19 U.S.C. § 1862)
に基づき，トランプ大統領は同年3月23日付でそれぞれ鉄鋼製品25％，アル
ミニウム製品10％（共に従価ベース）の関税引き上げを実施する大統領令に
署名した[2]。EU，カナダ，メキシコほか一部輸出国には課税を見合わせ，除
外交渉を継続したが，最終的にはアルゼンチン，豪州，ブラジル（鉄鋼のみ），
韓国（同）への課税見送りのみを確定し，残余の輸出国には全て同年6月1日
付で関税引き上げが実施された[3]。

　232条の下では，商務省が特定の産品の輸入が米国の安全保障に影響を与え
るか否かを調査し，措置発動の要否および適切な措置の内容を勧告できる。鉄
鋼報告書によれば，安全保障目的利用のための鉄鋼製品の国内生産が不可欠
であるところ，特に2000年以降の輸入増加が国内鉄鋼産業の稼働率低下，失
業，赤字操業などをもたらし，中国をはじめ国際的な過剰生産能力ゆえに，近
い将来米国鉄鋼産業はいっそう激しい競争に直面する。よって，報告書は稼働
率80％を可能ならしめる水準で鉄鋼輸入を制限することを勧告した[4]。アル
ミ報告書も論理の展開は鉄鋼報告書と概ね共通している[5]。上記の関税引き
上げはこの勧告の結果である。この232条の援用は自動車にも拡大し，トラン
プ大統領は2018年5月23日に最大25％の課税の要否について調査開始を命
じた。商務省は2019年2月17日に大統領に報告書を提出しているが，その内
容は未だ公表されていない。このほか2019年4月9日の週にウランについて

も商務省から大統領に報告書が提出され[6]，同年3月4日にチタンについて
も調査が開始された。

　この鉄鋼・アルミ232条措置はWTOの譲許税率を超える一方的な関税引
き上げであり，GATT2条1項違反には疑いはない。自動車についてももし同
様の措置が導入されれば，同じくGATT2条1項違反，あるいは数量制限であ
れば，GATT11条1項違反を構成する。しかし，米国は当該措置を安全保障
目的の例外措置と位置付けているので，GATT21条，特に「…軍事施設に供
給するため直接又は間接に行われるその他の貨物および原料の取引に関する措
置」（同（b）（ii））に該当すると主張のうえ，これを正当化すると予想される。

　直感的には鉄鋼やアルミの輸入増加が国家安全保障を脅かすという議論
はいかにも「こじつけ（far-fetched）」だが[7]，GATT21条(b)柱書は，自
国の安全保障上の重大な利益の保護のために必要と「締約国が…認める（it
considers)」措置として同（ii）に言及している。このかぎりでは（b）(ii）の
要件に該当するか否かは，もっぱら当該措置発動国の自己判断（self-judging)
に拠っており，そのかぎりで米国の主張を丸呑みせざるを得ない。類似の安
全保障例外は伝統的な二国間友好通商航海条約，FTA，そして投資協定にも
含まれているが，これらについては，国際司法裁判所および投資仲裁では，そ
の援用が誠実な意図に基づくものであるか否かを審査すること（誠実審査，
good faith review）は許されると判断された先例がある[8]。

　この点については，WTO初の判断がロシア・貨物通過事件（DS512[9]）で
示された。本件では，クリミア危機（2014）に関連して，ロシアがウクライナ
から陸路でキルギスやカザフスタンに抜ける貨物の通過を禁止・制限した措置
のGATT21条（b)(iii）適合性が問題となった。パネルはGATT21条を解釈
した結果，同（b)(i)～(iii）に定める事態の存在についてはパネルが事後的に
客観的な審査を行い，また，安全保障上の重大な利益や，措置と（i)～(iii）
の関係についても誠実審査が及ぶと判断した[10]。米国は本件に第三国参加の
上，GATT21条の完全な自己判断性を主張したが，パネルはこれを全面的に
退けた。

　米国は予てから，仮にWTOパネル・上級委員会がこの安全保障例外援用
の権利に立ち入れば，紛争解決手続の正統性はおろか，WTO自体の存続可能

性も損ないかねないと警告しており，アゼベドWTO事務局長も232条措置の
WTO協定整合性を紛争解決手続で争うことは危険な戦略であると懸念を表明
した[11]。232条措置についてはEU，中国ほか計9カ国の申し立てにより既に
2019年1月25日にパネルが設置されている（米国・鉄鋼およびアルミニウム
関連措置事件（DS544 etc.））。

　上記のロシア・貨物通過事件パネルの232条措置への影響は大きい。鉄鋼，
アルミそれぞれの232条報告書では，安全保障上の重大な利益は具体的ではな
く，また，その保護と関税引き上げがどのように関連するのかについての説明
も十分ではない。また，トランプ大統領その他閣僚は232条措置と貿易相手国
との通商交渉を結びつける発言をしており，当該措置が安全保障目的ではなく
通商戦略目的であることを窺わせる[12]。これらを勘案すると，今回パネルが
設定した審査基準の下では，232条措置のGATT21条適合性確保は困難であ
ろう[13]。このかぎりでは，アゼベド事務局長の懸念にもかかわらず，WTOは
トランプ大統領にとっての「一線」を超え，米国との衝突は不可避となる[14]。

　実際，米国はこの232条措置・調査を二国間通商交渉のテコとして正に米国
に有利な「ディール」をまとめ上げることに利用し，そうした米国の思惑が交
渉相手国とせめぎ合う構図になっている。まず，NAFTA再交渉の結果2018
年11月30日に妥結したUSMCAは，自動車232条措置が発動された場合に
追加関税から除外される品目・数量を付帯する交換書簡によって約束してお
り，実質的に米墨両国の対米輸出自主規制枠を設定している[15]。他方，カナ
ダ，メキシコ共に批准の条件として，発効中の鉄鋼・アルミ232条措置の撤廃
を求めている[16]。また，EUについても，2018年7月に首脳間で合意した通
商協定交渉で思うような譲歩が引き出せなければ，トランプ大統領は自動車課
税に踏み切ることを想定している[17]。このため，2019年4月15日に欧州理事
会が採択した当該交渉のマンデートでは，交渉期間中の232条措置の新規適用
による交渉中止，および妥結の条件として鉄鋼・アルミ措置の撤廃を規定して
いる[18]。米韓FTA再交渉については，同じく将来の232条措置から韓国車の
除外を期待しつつ[19]，韓国は米国のトラック関税引き下げスケジュールの20
年後ろ倒しおよび安全基準相互認証の受け入れ台数拡大など，米国に有利な
条件に合意し，2018年9月26日に署名が完了した。また，同年3月26日の

交渉の実質的妥結に合わせて，鉄鋼232条措置からの韓国の除外を決定している[20]。日米の物品協定（TAG）交渉についても，2019年4月15日の担当閣僚会合における日本側の理解では，交渉期間中の自動車232条措置の不発動が前提となっているが[21]，同月26日の首脳会談では，トランプ大統領は進まない対EU交渉を引き合いに自動車関税引き上げに言及し[22]，安倍総理に早期妥結への圧力をかけた。

　他方，こうした事態を打開するため，EU，中国ほか対米鉄鋼・アルミ輸出国は米国の232条措置をその実質においてセーフガード措置であるとみなし，WTO紛争解決手続の完了を待たずにセーフガード協定8条に従って対抗措置（いわゆるリバランス措置）を発動する「奇策」に打って出た（第7-1表）。

　セーフガード協定8条3項の下では，絶対的輸入増加でなく相対的増加を理由に発動されたセーフガードについてのみ，即時にリバランス措置を発動できる（それ以外は紛争解決手続による協定違反の認定を待つか，3年間のモラトリアムに服する）と解されている[23]。2002年の米国による鉄鋼セーフガード措置に対して，EUは日本や豪州，韓国などと共にこの特別な対抗措置を援用し，比較的早期に米国に措置を撤回させることに成功した[24]。今回輸出国がセーフガード協定8条に言及するのは，広範囲にわたる232条措置の対象産品のうち，絶対的輸入増加がない品目に対する関税引き上げの貿易額に相当する対抗措置を，措置発動後除外の様子を見ながら即時に実施することを意味す

第7-1表　各国のリバランス措置

発動国	発動日	制裁額，追加税率等
中国	2018.4.3	15～25%
メキシコ	2018.6.5 2018.7.5	7～25% 10～15%
トルコ	2018.6.21 2018.8.16	17.8億ドル，5～40% 一部4～140%に引き上げ
EU	2018.6.22	10～25%
カナダ	2018.7.1	166億ドル，10～25%
ロシア	2018.8.6	25～40%
インド	2019.1.31	106億ドル，5～100%

出所：WTO通報から筆者作成。

る。

　しかし当該措置の WTO 整合性については疑問が少なくない。仮に 232 条措置が客観的にセーフガード措置たる条件に合致しているとして，米国が安全保障目的と称する措置を他の加盟国が一方的にセーフガード措置であると性質決定を行う権限については，協定上の根拠は明確でない。特に，紛争解決了解（DSU）23 条は，WTO パネル・上級委員会の判断を経ずして他の加盟国の措置の協定違反を認定し，その是正目的で対抗措置等を講じることを禁止している。本件のように，性質決定が一定の対抗措置発動および問題の措置の違反是正を求めることの一部であるかぎり，同条への整合性は疑わしい[25]。

　更に，仮に米国の措置がセーフガード措置であったとしても，各国のリバランス措置のセーフガード協定 8 条整合性に疑義がある。EU ほか全ての輸出国は，米国の調査報告に従って輸入絶対増がないことを認定しているのではなく，独自に対象期間や産品区分を設定し，改めて事実認定を行っている。しかし，セーフガード協定 8 条 3 項は，リバランス目的で輸出国がセーフガード措置発動国の輸入絶対増の有無を独自に判断することを許していないと解される[26]。

2．1974 年通商法 301 条の対中発動と中国による対抗措置

　更に，米国は中国の技術・知的財産権関連の不公正な貿易・投資慣行を理由として，1974 年通商法 301 条（19 U.S.C.§2411）に基づく調査を 2017 年 8 月 18 日付で開始した。その結果，USTR は問題の慣行について米国通商への影響を認定する報告書を公表し[27]，2018 年 3 月 22 日付の大統領令により，①中国産品の輸入に対する 25％の追加関税，②内外差別的な技術ライセンス制度に対する WTO 提訴，③米国のセンシティブ技術に対する中国の投資規制を政府の関連官署に命じる大統領令を交付した[28]。これを受けて，米国は，②に関連して WTO に中国・知的財産権事件（DS542）の申立を行い，2019 年 1 月 16 日にパネルが設置された。また，③に関連して 2018 年 8 月には国防権限法の一部として外国投資リスク審査現代化法（Title XVII, Pub. L. No. 115-232）が立法され，同法の発効に先んじて，2018 年 11 月から試験的プログラム（31 C.F.R. pt. 801）と称し，半導体や情報通信など 27 産業を対象に，

対米投資の事前届出を義務付けている[29]。

　当該報告書で米国が問題にした中国の慣行は次のものである。第一に，強制技術移転である。中国では，直接投資の承認手続や JV 要求等を通して，次世代自動車や航空機産業の分野において，外国技術の収奪を目的とした技術移転要求が行われているとされる。第二，外国企業に対して差別的なライセンス技術契約である。例えば中国技術輸出入管理条例は，第三者の権利侵害に対する責任を全面的に外国技術ライセンサーに負わせ，他方でラインセンス技術改良の権利は中国のライセンシーに帰属させることを義務付ける。第三に，先端技術取得目的の外国企業買収である。中国政府による指示および金銭的支援により，このような外国企業買収を，航空機，半導体，バイオ，産業機械・ロボット等の分野で展開しているとされる。最後にサイバー攻撃による営業秘密窃取である。中国政府はハッキングを通して米国企業の営業秘密や技術を不法に収奪し，中国製造 2025 をはじめとする産業政策に活用しているとされる。

　この問題を協議するため，2018 年 5 月 19 日にムニューシン財務長官，ロス商務長官等が北京で中国側と会談の結果，同 21 日の米中共同声明に結実した。この声明は，貿易赤字解消，特に農産物およびエネルギーの輸入増，知財保護の重要性共有，中国の特許法改正，双方向の投資増大，公正な競争条件整備などを謳う抽象的かつ簡素なものであった[30]。しかし，その内容は同月上旬に米国が中国に提示した要求事項とはかけ離れたものであった。具体的には，貿易赤字削減の具体的数値目標とその達成期限，中国製造 2025 関連補助金の交付停止，技術移転関連法令の廃止，互恵的な水準への関税へ引き下げとその実施期限，現在 WTO に係争中のダンピング防止（AD）税関連事案の取り下げ，加えて中国の合意不遵守に対する米国による対抗措置発動の権利留保とそれに対する中国による WTO 提訴の禁止などである[31]。

　結局トランプ大統領は 5 月 29 日に対中課税の方針を発表し，後日 USTR は総額 500 億ドル相当の中国産品に 25％の関税引き上げを，340 億ドル，160 億ドルの 2 段階に分けて引き上げる案を提示した[32]。これに従い，7 月 6 日より前者の課税が開始された。これに対して中国は米国の関税引き上げ相当の対抗措置を発動し，今日までその際限のない応酬が続いている（第 7-2 表）。

　米国は当初 9 月の 10％課税を 2019 年 1 月 1 日付で 25％に引き上げる予定を

第7-2表　米中両国による対抗措置の発動状況

発動国	発動日	制裁額，税率等
米国	2018.7.6	340 億ドル（25%）
中国	2018.7.6	340 億ドル（25%）
米国	2018.8.23	160 億ドル（25%）
中国	2018.8.23	160 億ドル（25%）
米国	2018.9.24 2018.12.1 2019. 2.25	2,000 億ドル（10%，2019.1.1 より 25%） 25%引上げ延期（90 日） 25%引上げ再延期（米中首脳会談まで）
中国	2018.9.24	600 億ドル（5 〜 10%）
米国	時期未定	2,670 億ドル（2018.9.7 発表）

出所：米国発表および各種報道資料から筆者作成。

していたが，ブエノスアイレスの日中首脳会談の結果，12 月 1 日に引き上げの 90 日の延長とこの間の強制的技術移転や知的財産権保護等に関する「構造的改革（structural change）」に関する協議継続に合意した[33]。2019 年 1 月の劉鶴副首相訪米時の声明によれば，米中間の課題として，(1)強制的技術移転，(2)知的財産権の保護・執行強化，(3)関税・非関税障壁，(4)サイバー窃取，(5)補助金・国営企業を含む市場歪曲と過剰生産，(6)工業品，サービス，農産品に対する市場障壁・関税の除去，(7)為替問題が挙げられている[34]。その後 2 月 24 日付のツイートでトランプ大統領は関税引き上げを再延期し，次回の米中首脳会談で決着を図る方針を示した[35]。

　しかし当初 3 月下旬と見られていた米中首脳会談は未だ開催されていない。特に米国は実効的な履行確保措置に強い関心を示しているが，中国は一方的な米国の履行監視と不履行認定に基づく制裁による不平等条約化に強い抵抗を示している[36]。また，国有企業の補助金規制も難航の一因とされている[37]。この問題は，中国製造 2025 の重点分野である次世代情報技術（5G）の主導権争いにも関連し[38]，双方にとって核心的な国策にかかわる譲歩の困難な争点である。

　他方で中国も一定の歩み寄りを見せ，米国に融和的な対応を取っている。例えば，2019 年 1 月から実施している対米国車関税引き上げの適用除外継続や，米国が求めるフェンタニルの規制強化を発表し[39]，また米国が 301 条措置発

動の一因としてきた技術輸出入管理条例を改正した[40]。また，2019 年 4 月 5 日までのワシントンでの協議でも，中国は知財盗用および技術移転で問題が存在することを認めた[41]。更に，4 月 26 日の一帯一路首脳会議では，習近平国家主席自ら，国家補助金，知財保護，元安誘導など米国の懸念について対応の用意がある旨を明らかにしている[42]。

　閣僚レベルの交渉は既に 3 月末～4 月上旬に北京・ワシントンで行われ，4 月末～5 月上旬にやはり北京，ワシントンの順で開催される。現時点で最も注目される履行確保については，問題があればどちらかが協議要請を行い，事務レベルから閣僚レベルまでの 4 段階の協議を経て合意に至らない場合，現在の対抗措置を一方的に再導入する制度（"snap-back"）が検討されているという[43]。脱稿日時点では政権内の見方も悲観，楽観双方があり[44]，今後も予断を許さない。

　今後の米中協議の帰趨はともあれ，今回の米国による対中 301 条発動により，国際通商体制は法の支配から一方主義（unilateralism）の時代のとば口に立ったことは確かである。主要加盟国による一方的措置の応酬とあからさまなパワーゲームは，1995 年の WTO 体制の発足後，例を見ない。米国も，例えば 90 年代半ばの日米自動車摩擦や日本・フィルム事件（DS44）に際して 301 条手続を開始したが，いずれも対抗措置に至らず，二国間や WTO の枠組みで解決した。米 EU 関係でも，例えば米国・外国販売会社（FSC）税制事件（DS108），EC・ホルモン投与牛肉事件（DS26, 48）といった重大事案でも，対抗措置は WTO の手続を踏んだものであり，一方的措置による解決が図られたことはない。

　上記のように，DSU23 条は加盟国による他国の措置に対する一方的な協定違反認定および対抗措置発動を禁じており，これらは全て WTO 手続を通じて行われなければならない。今回の米国による中国の強制技術移転の TRIPS 協定違反の認定，および WTO 協定の規律外となるサーバー攻撃などの不公正の認定，更に対抗措置発動は，正にこれに反する。301 条については，1998 年に EC（当時）がその DSU23 条違反を WTO に申し立てたが（米国・1974 年通商法 301 条事件（DS152）），パネルは米国ウルグアイラウンド実施法立法に関する行政措置報告（Statement of Administrative Action：SAA）および米

国政府の説明から，米国は同条を必ず WTO 手続に沿って援用すると認定し，EC の主張を退けた[45]。今回米国はこれを全く無視したことになる。

　他方，今回は中国も米国の WTO 違反を一方的に認定し，対抗措置を発動したことから，同じ違反を犯している。米国の措置は GATT2 条 1 項に明確に反するものであることには疑いはないが，中国がこれを自ら認定し，対抗措置に及ぶことは，やはり DSU23 条によって禁止される。

　本節 1. の 232 条措置と異なり，米国は対中 301 条措置については WTO 協定上の正当化の根拠を明確にしない。他方，中国は自らの対抗措置を「国際法の基本原則（basic principles of international law）」に従ったものであると主張しているが[46]，WTO 協定，特に DSU23 条は一般国際法上の対抗措置を排除するものであり[47]，やはり協定上の根拠を明らかにしていない。その意味で，現状では米中両国は完全にパワーポリティックスによる自力救済の応酬に陥っている。

　このように米中の G2 が WTO 協定および紛争解決手続を公然と無視し，巨額の制裁の打ち合いを始めた影響は極めて深刻である。米国は 2017 年夏以来 WTO 上級委員の欠員補充を阻止しており（次節参照），その結果 WTO 紛争解決の実効性が低下している。そうした折りの米中による一方主義の応酬は，加盟国間で WTO 協定無視の心理的ハードルを著しく下げ，その正統性を貶める。しかも，対抗措置の規模も，WTO 紛争解決手続において認められた最大の譲許停止額である前出の米国・FSC 税制事件の 40 億ドルと比べても[48]，桁違いな巨額に達している。

　加えて，予想される米中合意についても WTO 協定整合性が疑問視されている。現在検討されている米中合意は貿易赤字解消を目的として，中国による米国産品の購入を二国間で約束するものである。かかる合意は特定国産品に他の加盟国の同種の産品に優先して市場アクセスを確約するものであり，GATT1 条 1 項の一般最恵国待遇原則に抵触する可能性が指摘される[49]。また，履行確保のための対抗措置が譲許税率を超えて米中相互について差別的に発動されることは，GATT1 条 1 項，同 2 条 1 項，DSU23 条に反することは明白であり，米中二強がこうした通商ルールを策定することの影響が懸念される[50]。

第3節　上級委員会問題と WTO 紛争解決手続の弱体化

　米国は上記のように一方主義を強める一方で，WTO 体制そのものの弱体化を図っている。トランプ政権発足後の G7，G20，APEC といった多国間枠組みにおける首脳または関係閣僚会合における宣言文書の取りまとめにおいては，米国は反保護主義，多国間通商体制の支持といった文言の挿入に抵抗し，WTO への敵意を隠さない。とりわけ，2017 年 12 月のブエノスアイレスにおける WTO 第 11 回閣僚会合において，ライトハイザー通商代表は WTO 批判のスピーチの後に最終日を待たず帰国し，閣僚宣言採択を阻止したことは象徴的だ[51]。

　こうした米国による WTO 弱体化は，昨今の上級委員の欠員補充拒否に最も明確に具現化されている。WTO 紛争解決手続は二審制を敷いており，アドホックに構成されるパネルの判断を，準常設であり 7 人の委員で構成される上級委員会が法律審として審査する。しかし，上級委員会に不満を持つ米国が，2017 年 6 月以来上級委員（任期 4 年，再選は 1 回可）の欠員補充を阻止してきた。目下その数は 3 名に減少し，これを下回ると 3 人 1 組で個別案件を担当する部会（DSU17 条 1 項）を構成できなくなることから，上級委員会は機能停止に陥る（第 7-3 表）。しかも，うち 2 名は 2019 年 12 月で任期満了となる

図表 7-3　上級委員の在任状況（2019 年 3 月末現在，退任日順）

委員名	出身国	退任（予定）日	現状
Ramírez-Hernández	メキシコ	2017.6.30	退任・欠員
Kim（金鉉宗）	韓国	2017.8.1	
Van den Bossche	ベルギー	2017.12.11	
Servansing	モーリシャス	2018.9.30	
Graham	米国	2019.12.10	在職
Bhatia	インド	2019.12.10	
Zhao（趙宏）	中国	2020.11.30	

出所：WTO ウェブサイトから筆者作成。

にもかかわらず，事態収拾のめどは立たない。

　米国の上級委員会批判は多岐にわたるが，そのひとつは審理の遅れである[52]。上級員会は原則 60 日，最長でも 90 日で報告書を送付することになっているが（DSU17 条 5 項），2011 年から頻繁にこの期限を大幅に徒過するようになり，最近では 1 年を超える案件も出てきた。2011 年以降の案件に限っては，平均審理日数は上限 90 日の 2 倍を大きく超えている（第 7-4 表）。原因としては，増加する上訴に対して過大な書面の量および議論の複雑性，上級委員の補佐に当たる事務局法務官の不足が指摘されてきた[53]。

第 7-4 表　上訴審理日数の変化（2019 年 4 月末現在）

規定上			最長 90 日
平均	全上訴	140 件	123.4 日
	2010 年以前	99 件	92.8 日
	2011 年以後	41 件	195.5 日

出所：WorldTradeLaw.net から筆者計算，小数点 2 位以下
四捨五入。

　また，米国は任期満了後の上級委員による審理継続に関する慣行も批判する。上級委員会検討手続[54] 15 節（いわゆる "Rule 15"）によれば，任期満了で退任する委員が在任中着手した案件が未了の場合，上級委員会の許可とDSB への通報で退任後も引き続き審理できる。しかし米国はこの継続が DSBの決定を経ないことを問題視する[55]。

　しかし米国の最大の懸念は，こうした技術的問題を超えた上級委員会の司法積極主義（judicial activism，昨今の米国による上級批判の文脈では「行き過ぎ（overreach)」とも言われる）にある。米国によれば，DSU3 条 2 項および 19 条 2 項はパネル・上級委員会の認定および裁定・勧告を通じて権利・義務を付加することを禁じているが，上級委員会はこれに反して，協定解釈を通じた規範形成を行っているとされる[56]。より具体的には，まず，上級委員会は個別紛争の解決に不要な法的意見（傍論（*obiter dicta*）および勧告的意見）を示しているとされる[57]。また，上級委員会は法律審であるにもかかわらず（DSU17 条 6 項），パネルの事実認定を異なる基準で審査し，特に加盟国の国

内法の意味について新規の（*de novo*）審査を行っている[58]。最後に，上級委員会は自らが示した判断や協定解釈が後続事件を扱うパネルに対して先例拘束性を有すると説示しているが[59]，法的根拠を欠いていると批判される[60]。米国は 2000 年代初頭から折に触れて同様の懸念を提起してきたが，WTO において具体的な実力行使に出たという意味で問題が顕在化したのは，オバマ政権時代の 2016 年夏の張勝和委員（韓国）再任拒否が最初である。この時は，米国は DSB 会合において，具体的な上訴案件における不要な傍論の展開，当事国が上訴していない論点に関する懸念表明，米国法の再解釈等を問題視する旨を発言し，張委員の再任を拒否している[61]。

　米国の批判は特に AD 税など貿易救済措置に関する判断に向けられており，こうした通商措置はトランプ政権が重視する鉄鋼産業保護や対中貿易摩擦対応の重要な政策ツールである。具体例を挙げると，米国・対中国産品 AD 税および相殺関税事件（DS379）では，補助金・相殺措置（SCM）協定において加盟国政府と並び補助金交付の主体となる「公的機関（public body）」を政府権限を有する主体を意味するものと狭く解釈した。よって，国有企業は単に政府の支配・所有だけではこれに該当せず，この結果，米国は中国の国有企業を通じた物品や資金提供に対して相殺関税の発動が困難になった。また，米国・バード修正条項事件（DS217, 234）では，徴収した AD 税・相殺関税をダンピングおよび補助金付き輸入で損害を受けた国内産業に分配する措置が，ダンピング輸入および補助金に「対する … 措置（specific action against…）」（AD 協定 18.1 条，SCM 協定 32.1 条）に該当し，AD 協定または SCM 協定に従って取られたものではないことから，許容されないと判断した。米国はこれを新たな禁止補助金の創設と批判している[62]。こうした上級委員会の解釈や判断は広く支持を集める一方，米国，特に鉄鋼産業を代弁する有力弁護士の間で批判が根強い。ライトハイザー USTR 代表はその代表格だ。

　WTO 紛争解決手続は最も成功した国際紛争解決フォーラムと評価される。これまで 583 件（2019 年 4 月末現在）の紛争が付託され，パネル・上級委員会の判断に至ることなく，協議で解決した案件も相当数に上る。WTO ではドーハ・ラウンド交渉が進捗せず，その立法機能はもはや麻痺しつつあるが，その一方で多くの貿易紛争を実効的に解決する紛争解決手続は，WTO におけ

100　第Ⅱ部　トランプ・リスクと貿易戦争の行方

る「王冠の宝石（the jewel in the crown）」と賞賛された[63]。しかしこの「宝石」は，要の上級委員会が著しく機能を低下させている今，その輝きを失いつつある。

　ライトハイザー USTR 代表によれば，上級委員の指名阻止は，交渉停滞により立法機能を失った WTO を改革に向かわせる唯一の手段である[64]。それゆえ，上級委員の欠員補充に応じるよう他の加盟国からの再々の働きかけにもかかわらず，米国は頑なに先んじて上記の懸念への対応を主張し，事実上コンセンサスでのみ動く WTO では事態は袋小路に陥っている。

　こうしている間にも上訴案件は増えており，既に 12 件の上訴が上級委員会に係属している（2019 年 4 月末現在）。また，2018 年は上記の 232 条措置およびそれに伴うリバランス措置，そして 301 条措置関連の米中案件が数多く WTO に付託されており，年間付託件数は過去 2 番目に多い 39 件に上る[65]。これらがパネルの判断を経て上訴されるとすれば，上訴審が行われず，さりとて DSB によるパネル報告書採択および違反是正勧告も実施されず，政治的に困難かつ重要な案件の多くは，結審しないまま長期にわたり保留の状況が継続するだろう[66]。このことにより WTO 紛争解決手続の信頼性・正統性は失われ，既に米中をはじめ主要加盟国間で始まっている力による国際通商関係の支配に拍車がかかることが懸念される。

第 4 節　結びに代えて──「法の支配」の復権の必要性と WTO 改革──

　上記のように，232 条措置とリバランスの応酬，そして長引く米中紛争は国際通商システムに一方主義の蔓延をもたらした。更に上級委員会の機能低下がこれに重なることで，DSU23 条に体現されるルールベースの多国間主義はもはや相当に蝕まれている。国際通商ルールの正常な機能は，予見可能で安定的な国際ビジネス環境の基礎である。すなわち，WTO 加盟国企業は，WTO が禁ずる通商制限は公然と導入されないだろうという正当な期待の下，先々の見通しを立てた事業計画が可能になる。昨今のトランプ政権の保護主義に伴う国際通商システムの動揺は，こうした WTO 体制の根本的な存在意義を損なう。

2019 年 4 月初旬，主要国際経済機関（ADB，IMF，WTO）による貿易・投資の縮小と世界的な経済成長鈍化への相次ぐ危惧表明[67]は，その表れと言える。

しかし，ふたたび「法の支配」を取り戻すには，米国の政権交代を願うばかりでは仕方がない。また，米国の抱える WTO への不満も傾聴に値する部分はある。232 条および 301 条援用の背景には，20 世紀的な古い経済，そして 21 世紀的な新しい経済双方について，これまで WTO 体制の主流であった西欧型資本主義経済に対する国家資本主義の挑戦がある。つまり，232 条措置発動については中国国有企業の非効率な過剰生産能力の問題が，そして 301 条措置発動については中国製造 2025 に象徴されるような国家主導による技術覇権奪取への挑戦が，それぞれ米国の懸念の根底にある。このことは，前述の 2018 年 5 月初旬の対中要求事項にも顕れている。こうした米国の懸念は妥当であり，国家資本主義の隆盛に伴う競争中立性確保は不可欠だが，他方で WTO の著しい弱体化は結局米国の利益にもならない。よって，こうした懸念に対応する新しいルールの策定で WTO を補完することも必要だ。

この点で，2017 年 12 月以来 5 回にわたり開催されてきた日米欧三極貿易大臣が補助金・国有企業および強制技術移転に取り組んでいることは，注目に値する。特に 2018 年 5 月の第 3 回会合では補助金規律強化の範囲についてある程度具体的に合意し，また，技術移転慣行に関する懸念も具体的な行為類型に触れながら共有している[68]。また，EU は 2018 年 9 月に包括的な WTO 改革のコンセプトペーパーを域内で取りまとめたが，三極会合の議論を WTO ルールに落とし込むべく，そこには技術移転規律，国家資本主義規律に関する提言も含まれている[69]。

EU のペーパーは紛争解決手続の改革についても触れているが，特にこの点について豪州，カナダ，中国，インドなどと上記ペーパーを基礎に共同提案を行っている[70]。この提案は，上級委員会については，審理の迅速化，期限延長の手続，委員の退任後審理継続に対する加盟国承認など，一定程度米国の懸念を受けた紛争解決手続の改正も含む。しかし他方で，上級委員の任期を長期化し，再選なしとすることで今回のような加盟国の政治介入を防ぐほか，委員・事務局法務官の増員，委員の欠員選任の自動化など，むしろ上級委員会の

自律性強化を図る提案も併せて行っており，米国の受け止め方を見ると，両者の溝は深い[71]。また我が国の提案[72]も EU とは距離を置き，米国の懸念に対処する内容になっている。特に韓国・放射性核事件（DS495）における敗訴を受けて，我が国は上級委員会のあり方を問題視する立場を鮮明にしており，米国寄りのスタンスを示しているものと思われる[73]。三極内においていかなるスタンスの擦り合わせが行われるのかが注目される。

　トランプ政権の保護主義は最大限非難されるべきだが，一方で中国を中心とした国家資本主義の台頭の中で，WTO レジーム自体も大きな変革を迫られていることも事実である。だとすれば，歴史の必然とも言える米国の「暴挙」を奇貨として，我々には大胆に WTO の「現代化（modernisaton）」に乗り出すことが，必要とされている。

（川瀬剛志）

追記：編集作業の遅れにより，脱稿（2019 年 4 月末日）から初稿まで時間が空いたところ，いくつか重要な展開があった。紹介の上コメントしておく（2019 年 8 月 25 日現在）。

■第 2 節 1. について
　北米関係では，5 月 17 日に USMCA 発効の条件としていた鉄鋼・アルミ 232 条措置の撤廃に米国が応じ，これに合わせて，カナダ，メキシコはリバランス措置（第 7-1 表）を撤回することで合意した[74]。その結果，双方ともに満足のいく解決に合意したことから，関係する WTO パネル 4 件の手続を中止した[75]。この結末もまた，本文で述べたように，232 条措置が安全保障目的ではなく，米国に有利な協定交渉のテコになっていることの傍証となる。
　日米 TAG 交渉については，5 月の日米首脳会談でトランプ大統領が 8 月合意案を打ち出すなど，7 月の我が国参議院選挙後の妥結が急がれている。これも同じく 232 条自動車措置発動の圧力の下，現状では 9 月下旬の国連総会時の日米首脳会談までの大筋合意，今秋の我が国臨時国会での承認を目標としているとされている[76]。8 月 21〜23 日の閣僚級会合では，我が国農産物については牛肉・豚肉の CPTPP 並への関税引き下げ，他方，米国の一部自動車部品の関税撤廃についても合意した。他方で我が国コメの無税枠や乳製品の米国産品輸入枠，米国産完成車の関税撤廃は見送りや協議継続になった[77]。これを受けて，同 25 日 G7 ビアリッツサミット後に，日米両国首脳は基本合意に至り，9 月中の同協定署名を目指すことを発表した。

■第 2 節 2. について
　トランプ大統領は，5 月 5 日付のツイートで，2018 年 9 月 24 日に 10％課税した 2,000 億ドル相当の中国産品輸入について，12 月 1 日以降再々延期していた 25％への引き上げを 5 月 10 日付で実施するとともに（第 7-2 表），3,250 億ドル相当の輸入についても追加的に 25％の関税引き上げを示唆した[78]。この対応については，2019 年 5 月の米中閣僚級会合に臨んで，中国が全分野においてこれまでのオファーを大幅に後退させたことが原因とされる[79]。これに対して中国は，2018 年 9 月 24 日

の関税引き上げ対象となった米国産品輸入について，2019 年 6 月 1 日付で税率を品目によって 10％〜25％に引き上げた[80]。

その後，6 月の G20 大阪サミットにおける米中首脳会談によって追加的制裁実施の一時見送りと交渉継続が合意されたが，7 月末の北京における閣僚級会合で成果がなかったことからから，8 月 1 日にトランプ大統領は 9 月 1 日付で 3,000 億ドル分の中国産品輸入について 10％の関税引き上げを表明した[81]。なお，後日 USTR はパブリックコメント等を踏まえ，このうち一部産品については 12 月 15 日に課税を遅らせる旨を発表した[82]。

これに対して中国は，8 月 23 日に 750 億ドル分の米国産品輸入に対する 9 月 1 日付での 5〜10％の関税引き上げ，および 2019 年年初以来の対米国産車関税引き上げの適用除外の中止を発表した[83]。これに対して米国は，昨年 9 月 24 日以前の 3 回・総額 2,500 億ドル相当の輸入に対する関税引き上げ分（第 7–2 表）を，10 月 1 日付で従来の 25％から 30％に引き上げること，また上記の 2019 年 9 月 1 日および 12 月 15 日引き上げ分を 10％から 15％とすることを表明した[84]。

他方，301 条調査の結果開始した中国・知的財産権事件（DS543）については，6 月 13 日付で米中が 2019 年末までの WTO 手続停止に合意した[85]。知的財産権問題については，交渉で解決したい両国の意思の現れであろう。

■第 3 節について

米国・対中国産品相殺関税事件（DS437）履行確認上級委員会報告が 2019 年 7 月 16 日に加盟国に配布されたことで，平均審理日数は報告書が配布された全上訴 142 件については 125.7 日に，2011 年以降の上訴案件 42 件については 195.5 日に増加した（第 7–4 表）。

9 月中旬にもう 2 件の上級委員会報告書（韓国・空気圧バルブ AD 税事件（DS504），ウクライナ・硝酸アンモニウム AD 税事件（DS493））の配布が予定されており，いずれも 1 年を大きく超える審理日数を要していることから，この数字は今後とも増加することになろう。

【注】
1）本章はあくまで WTO 協定との関係においてトランプ政権の通商政策を検討するものである。より包括的なトランプ政権の通商政策の概観については，例えば植田（2019）を参照。
2）Proclamation 9705, 83 Fed. Reg. 11, 625 (Mar. 15, 2018)；Proclamation 9704, 83 Fed. Reg. 11, 619 (Mar. 15, 2018).
3）Proclamation 9759, 83 Fed. Reg. 25, 857 (June 5, 2018)；Proclamation 97358, 83 Fed. Reg. 25, 849 (June 5, 2018).
4）The Effect of Imports of Steel on the National Security: An Investigation Conducted under Section 232 of the Trade Expansion Act of 1962, as Amended (Jan. 11, 2018).
5）The Effect of Imports of Aluminum on the National Security: An Investigation Conducted under Section 232 of the Trade Expansion Act of 1962, as Amended (Jan. 17, 2018). 鉄鋼，アルミ双方の商務省報告書の概要と評価については，川島（2018）を参照。
6）Commerce Department to Submit Section 232 Uranium Report to Trump This Week, Inside U.S. Trade, Apr. 12, 2019.
7）WTO Is Said to Plan Ruling on Security in Blow to Trump Strategy, International Trade News, Bloomberg Law, Mar. 21, 2019, https://news.bloomberglaw.com/international-trade/ (available for subscribers only).
8）川瀬（2018）。
9）以下「DS 数字」は WTO 紛争解決手続における事件番号を示す。

10) Panel Report, *Russian Federation – Measures Concerning Traffic in Transit*, ¶¶ 7.53-7.148, WT/DS512/R（Apr. 5, 2019）．判断の概要は川瀬（2019a）を参照。

11) *Azevêdo: Challenging U.S. 232 Tariffs at WTO a 'Risky' Strategy*, INSIDE U.S. TRADE, Dec. 7, 2018.

12)「G20, 米貿易政策に反対姿勢もムニューシン長官の説得には至らず」ブルームバーグ，2018 年 3 月 21 日（https://www.bloomberg.co.jp/news/articles/2018-03-20/P5WK2LSYF01T01)。 *Lawyers: Linking 232 Tariffs to Other Issues Hurts Trump's Legal Footing*, INSIDE U.S. TRADE, Mar. 16, 2018.

13) 川瀬（2019a）。

14) *WTO Is Said to Plan Ruling, supra* note 7.

15) サイドレターは USTR の USMCA 条文サイトで入手可能（https://ustr.gov/trade-agreements/free-trade-agreements/united-states-mexico-canada-agreement/agreement-between)。

16) *Canada Won't Ratify USMCA Trade Deal if Metals Tariffs in Place*, INTERNATIONAL TRADE NEWS, BLOOMBERG LAW, Apr. 5, 2019, https://news.bloomberglaw.com/international-trade/ (available for subscribers only)；*Perdue: U.S. May Be Moving toward 'Reasonable Quotas' with Canada, Mexico*, INSIDE U.S. TRADE, Mar. 1, 2019.

17) *Trump Warns EU of Car Tariffs as Commerce Probe Offers New Ammo*, BLOOMBERG, Feb. 2, 2019, https://www.bloomberg.com/news/articles/2019-02-20/trump-says-he-ll-slap-auto-tariffs-on-eu-if-no-new-deal-reached.

18) Directives for the Negotiations with the United States of America for an Agreement on the Elimination of Tariffs for Industrial Goods, ¶¶ 12-13, 5459/19 ADD 1（Apr. 9, 2019）.

19) *Korean Trade Minister: Seoul Will Be Exempt from Section 232 Auto Tariffs*, WORLD TRADE ONLINE, Aug. 27, 2018, https://insidetrade.com/ (available for subscribers only).

20) Proclamation 9740, 83 Fed. Reg. 20,683（May 7, 2018）；Proclamation 9739, 83 Fed. Reg. 20,677（May 7, 2018）．「米韓 FTA 見直し交渉が大筋合意（韓国, 米国）」ビジネス短信（JETRO）2018 年 4 月 4 日（https://www.jetro.go.jp/biznews/2018/04/4133e76510a5ebbf.html)。

21)「米, 難題棚上げ成果優先, 日米貿易交渉, 農産品・車を先行, 対日赤字では不満表明」日本経済新聞，2019 年 4 月 18 日朝刊 5 面。

22)「貿易交渉『早期妥結に協力』」日本経済新聞，2019 年 4 月 28 日朝刊 1 面。

23) 解釈論の詳細は川瀬（2004）を参照。

24) 川瀬（2003, 2004）。

25) 川瀬（2019b），63-69 頁。

26) 同上，52-59 頁。

27) USTR, FINDINGS OF THE INVESTIGATION INTO CHINA'S ACTS, POLICIES, AND PRACTICES RELATED TO TECHNOLOGY TRANSFER, INTELLECTUAL PROPERTY, AND INNOVATION UNDER SECTION 301 OF THE TRADE ACT OF 1974（2018）.

28) Memorandum of March 22, 2018, 83 Fed. Reg. 13,099（Mar. 27, 2018）.

29) 外国投資リスク審査現代化法およびパイロット・プログラムの詳細については，小野（2018）を参照。

30) Statements & Releases, White House, Joint Statement of the United States and China Regarding Trade Consultations（May 19, 2018), https://www.whitehouse.gov/briefings-statements/joint-statement-united-states-china-regarding-trade-consultations/.

31) *China Rejects New Slate of U.S. Trade Demands as Tariffs Loom*, INSIDE U.S. TRADE, May 11, 2018；Balancing the Trade Relationship between the United States of America and the People

第 7 章　WTO ルールとトランプ政権の通商政策　　*105*

Republic of China, *available at* http://xqdoc.imedao.com/16329fa0c8b2da913fc9058b.pdf.

32) Statements and Releases, White House, Statement on Steps to Protect Domestic Technology and Intellectual Property from China's Discriminatory and Burdensome Trade Practices (May 29, 2018), https://www.whitehouse.gov/briefings-statements/statement-steps-protect-domestic-technology-intellectual-property-chinas-discriminatory-burdensome-trade-practices/; Press Release, USTR, USTR Issues Tariffs on Chinese Products in Response to Unfair Trade Practices (June 15, 2018), https://ustr.gov/about-us/policy-offices/press-office/press-releases/2018/june/ustr-issues-tariffs-chinese-products.

33) Statements and Releases, White House, Statement from the Press Secretary Regarding the President's Working Dinner with China (Dec. 1, 2018), https://www.whitehouse.gov/briefings-statements/statement-press-secretary-regarding-presidents-working-dinner-china/.

34) Statements & Releases, White House, Statement of the United States Regarding China Talks (Jan. 31, 2019), https://www.whitehouse.gov/briefings-statements/statement-united-states-regarding-china-talks/.

35) Donald J. Trump (@realDonaldTrump), Twitter (Feb. 24, 2019, 2:50 P.M.), https://twitter.com/realDonaldTrump/status/1099803719435239426.

36) *U.S. Trade Team Back in Beijing as China Sees Much Still to Do*, INTERNATIONAL TRADE NEWS, BLOOMBERG LAW, Mar. 28, 2019, https://news.bloomberglaw.com/international-trade/ (available for subscribers only).

37) *U.S., China Close in on Trade Deal*, WALL ST. J. (Online), Mar. 3, 2019.

38) 2018 年 4 月の中興通訊（ZTE）に対する制裁（対イラン・北朝鮮制裁合意違反），および 2018 年 12 月の孟晩舟ファーウェイ副会長兼 CFO の逮捕および米国への身柄移送要求（対イラン制裁違反）も，同様の関心が根底にあるものと理解できる。

39) *China Announces Trade Concessions as Liu He Heads to U.S.*, INTERNATIONAL TRADE NEWS, BLOOMBERG LAW, Apr. 1, 2019, https://news.bloomberglaw.com/international-trade/ (available for subscribers only).

40) 「国務院，技術移転に関連する法規を改正（中国，米国）」ビジネス短信（JETRO）2019 年 3 月 20 日（https://www.jetro.go.jp/biznews/2019/03/7e0b87e5e6a0fcff.html）。

41) *Kudlow Says U.S.-China Deal Closer, More Teleconferences on Tap*, INTERNATIONAL TRADE NEWS, BLOOMBERG LAW, Apr. 8, 2019, https://news.bloomberglaw.com/international-trade/ (available for subscribers only).

42) *China's Xi Signals Approval for Trump's Trade War Demands*, INTERNATIONAL TRADE NEWS, BLOOMBERG LAW, Apr. 26, 2019, https://news.bloomberglaw.com/international-trade/ (available for subscribers only).

43) *U.S., China Officials to Resume Trade Talks April 30 in Beijing*, INTERNATIONAL TRADE NEWS, BLOOMBERG LAW, Apr. 24, 2019, https://news.bloomberglaw.com/international-trade/ (available for subscribers only); *U.S., China Ironing Out Enforcement Issues, Eyeing Deal in May*, INSIDE U.S. TRADE, Apr. 19, 2019.

44) *White House Says It's Ready to Walk if No China Trade Deal Soon*, INTERNATIONAL TRADE NEWS, BLOOMBERG LAW, May 1, 2019, https://news.bloomberglaw.com/international-trade/ (available for subscribers only); *Mnuchin Says Enforcement Part of U.S.-China Deal 'Close to Done'*, INTERNATIONAL TRADE NEWS, BLOOMBERG LAW, Apr. 29, 2019, https://news.bloomberglaw.com/international-trade/ (available for subscribers only).

45) Panel Report, *United States - Sections 301-310 of the Trade Act of 1974*, ¶¶ 7.29-7.137, WT/

DS152/R (Dec. 22, 1999).

46) News, MOFCOM, Announcement on Imposing Tariffs on Some Goods Originating in the US (June 17, 2018), http://english.mofcom.gov.cn/article/newsrelease/significantne ws/201806/20180602757681.shtml.

47) Appellate Body Report, *Mexico – Tax Measures on Soft Drinks and Other Beverages*, ¶ 77, WT/DS308/AB/R (Mar. 6, 2006).

48) Decision of the Arbitrator, *United States – Tax Treatment for "Foreign Sales Corporations": Recourse to Arbitration by the United States under DSU art.22.6 and SCM Agreement Art.4.11*, ¶ 8.1, WT/DS108/ARB (Aug. 30, 2002).

49) *U.S.-China Trade Deal May Risk Sparking WTO Challenges: Director*, INTERNATIONAL TRADE NEWS, BLOOMBERG LAW, Apr. 5, 2019, https://news.bloomberglaw.com/international-trade/ (available for subscribers only)；*Analysts Weigh Legality of U.S.-China Trade Deal*, INSIDE U.S. TRADE, Mar. 22, 2019.

50) *Snap-Back Tariffs Raise Questions about WTO Compatibility, Retaliatory 'Spiral'*, INSIDE U.S. TRADE, Apr. 26, 2019.

51) Press Release, USTR, Opening Plenary Statement of USTR Robert Lighthizer at the WTO Ministerial Conference (Dec. 11, 2017), https://ustr.gov/about-us/policy-offices/press-office/ press-releases/2017/december/opening-plenary-statement-ustr. 「決裂した WTO 閣僚会議, こう着打開の節目に＝米 USTR 代表」ロイター, 2017 年 12 月 15 日 (https://jp.reuters.com/ article/trade-wto-usa-idJPKBN1E83CG)。

52) USTR (2018), pp. 24-25.

53) *WTO Appellate Body Asks Members to Weigh in on Submission Limits*, INSIDE U.S. TRADE, Nov. 13, 2015；*As DSB Workload Increases, Azevedo Puts Onus on Members to Find Solutions*, INSIDE U.S. TRADE, Nov. 6, 2015.

54) Working Procedures for Appellate Review, WT/AB/WP/6 (Aug. 16, 2010).

55) USTR (2018), pp. 25-26.

56) *Ibid.*, pp. 22-24.

57) *Ibid.*, pp. 26-27.

58) *Ibid.*, pp. 27-28. 個別紛争で問題となる加盟国国内法の解釈や適用は法律問題ではなく事実問題であり, 法律審である上級委員会の審査に服さない。Appellate Body Report, *China – Measures Affecting Trading Rights and Distribution Services for Certain Publications and Audiovisual Entertainment Products*, ¶¶ 177-178, WT/DS363/AB/R (Dec. 21, 2009).

59) Appellate Body Report, *United States – Final Anti-Dumping Measures on Stainless Steel from Mexico*, ¶¶ 160-161, WT/DS344/AB/R (Apr. 30, 2008).

60) USTR (2018), p. 28.

61) Dispute Settlement Body, Minutes of Meeting Held in the Centre William Rappard on 23 May 2016, ¶¶ 6.2-6.10, WT/DSB/M/379 (Aug. 29, 2016). この問題の詳細は伊藤 (2018) を参照。

62) USTR (2018), pp. 22-24.

63) Press Release, WTO, WTO Disputes Reach 400 Mark, PRESS/578 (Nov. 6, 2009), https:// www.wto.org/english/news_e/pres09_e/pr578_e.htm.

64) *Lighthizer: Appellate Body blocks the Only Way to Ensure Reforms*, INSIDE U.S. TRADE, Mar. 15, 2019.

65) 1996 年と 2 位タイ。WorldTradeLaw.net (http://www.worldtradelaw.net) による。

66) 正確には, 完全に上訴手続が停止されるのは, 現職 3 人の委員のうち 2 人 (Bhatia (インド),

第 7 章　WTO ルールとトランプ政権の通商政策　*107*

Graham（米国））が辞任する 2019 年 12 月 10 日までに上訴されなかった案件についてである。それまでに上訴された案件は，上述の Rule 15 により離任する 2 人と残る趙委員（中国）が引き続き 3 名で審理することが可能である。

67) ADB（2019），pp. 4-34；IMF（2019），ch. 4. Press Release, WTO, Global Trade Growth Loses Momentum as Trade Tensions Persist, PRESS/837（Apr. 2, 2018），https://www.wto.org/english/news_e/pres19_e/pr837_e.htm.

68) 「日米欧三極貿易大臣会合 共同声明（仮訳）」（2018 年 5 月 31 日）（https://www.meti.go.jp/press/2018/05/20180531009/20180531009-1.pdf）。三極貿易大臣会合の概要については，菅原（2018），3-5 頁を参照。

69) News, European Commission, European Commission Presents Comprehensive Approach for the Modernisation of the World Trade Organisation, http://trade.ec.europa.eu/doclib/press/index.cfm?id=1908.

70) Communication from the European Union, China, Canada, India, Norway, New Zealand, Switzerland, Australia, Republic of Korea, Iceland, Singapore and Mexico to the General Council, WT/GC/W/752（Nov. 26, 2018）；Communication from the European Union, China, India to the General Council, WT/GC/W/753（Nov. 26, 2018）.

71) *Shea: Appellate Body Reform Proposals Fail to Address U.S. Concerns*, INSIDE U.S. TRADE, Dec. 12, 2018.

72) Communication from Japan and Australia, WT/GC/W/768（Apr. 18, 2019）.

73) 「WTO 改革　各国支持　首相帰国　大阪 G20 へ地ならし」産経新聞，2019 年 4 月 30 日朝刊 1 面。

74) *U.S., Canada, Mexico Agree to Lift Section 232, Retaliatory Tariffs by Monday*, INSIDE U.S. TRADE, May 24, 2019.

75) それぞれのパネルが，2019 年 7 月 11 日付で，当事国の合意により手続を終了する旨の報告書を配布している（WT/DS550/R, WT/DS551/R, WT/DS557/R, WT/DS560/R）。

76) 「日米貿易交渉，最速で 9 月妥結、21 日から大詰め、米政権、成果急ぐ、中国・欧州とは停滞」日本経済新聞，2019 年 8 月 17 日朝刊 4 面。

77) 「日米貿易交渉が大枠合意　車関税撤廃見送り　コメ無関税枠　再協議」産経新聞，2019 年 8 月 25 日朝刊 2 面，「日米貿易交渉，大枠合意，車関税撤廃は先送り，牛・豚は TPP 並みに」日本経済新聞，2019 年 8 月 24 日夕刊 1 面。

78) Donald J. Trump（@realDonaldTrump），Twitter（May 5, 2019, 9:08 A.M.），https://twitter.com/realDonaldTrump/status/1125069835044573186.

79) *Exclusive: China Backtracked on Almost All Aspects of U.S. Trade Deal*, REUTER, May 8, 2019, https://www.msn.com/en-ca/kids/other/exclusive-china-backtracked-on-nearly-all-aspects-of-us-trade-deal-sources/ar-AAB4CpU?li=BBnb7Kz.

80) 「中国が報復発表、一部米製品の関税引き上げ―6 月 1 日から」ブルームバーグ 2019 年 5 月 13 日 <https://www.bloomberg.co.jp/news/articles/2019-05-13/PRG15Z6S972901>。

81) Donald J. Trump（@realDonaldTrump），Twitter（Aug. 1, 2019, 10:26 A.M.），https://twitter.com/realDonaldTrump/status/1156979443900067841.

82) Press Release, USTR, USTR Announces Next Steps on Proposed 10 Percent Tariff on Imports from China（Aug. 13, 2019），https://ustr.gov/about-us/policy-offices/press-office/press-releases/2019/august/ustr-announces-next-steps-proposed.

83) 「米国産自動車・部品への追加関税を復活　国務院関税税則委」人民網日本語版，2019 年 8 月 24 日，「米製品 7500 億ドル分に追加関税　国務院関税税則委が発表」人民網日本語版，2019 年 8 月 24

日。

84) Donald J. Trump (@realDonaldTrump), Twitter (Aug 23, 2019, 2:00 P.M.), https://twitter.
com/realDonaldTrump/status/1165005927864512512.「米，対中関税 30％に上げ」日本経済新聞
2019 年 8 月 24 日 1 面。

85) Communication from the Panel, *China – Certain Measures Concerning the Protection of
Intellectual Property Rights*, WT/DS542/10 (June 14, 2019).

【参考文献】

伊藤一頼 (2018)「WTO 上級委員再任拒否問題を再考する─司法化の進展とその政治的統制の相克─」
『日本国際経済法学会年報』27 号。

植田大祐 (2019)「米国の通商政策の動向」『調査と情報─ISSUE BRIEF─』No. 1049, 国立国会図書館。

小野亮 (2018)「FIRRMA・ECRA の成立と変容する米国の対中観─米中の狭間に立つ日本への示唆」
みずほリポート (2018 年 11 月 28 日)，みずほ総合研究所。

川島富士雄 (2018)「〔米国〕通商拡大法 232 条に基づく鉄鋼及びアルミ製品輸入の国家安全保障に対
する影響調査 (WTO アンチダンピング等最新判例解説㊱)」『国際商事法務』46 巻 6 号。

川瀬剛志 (2019a)「ロシア・貨物通過事件パネル報告書─米国・232 条紛争の行方と WTO 体制への
影響─」Special Report (2019 年 4 月 9 日)，経済産業研究所。

川瀬剛志 (2019b)「米国 1962 年通商拡大法 232 条発動に対するリバランス措置の正当性─WTO 協
定による一方主義禁止の射程─」『上智法学論集』62 巻 3・4 合併号。

川瀬剛志 (2018)「鉄鋼・アルミニウム輸入に対する米国 1962 年通商拡大法 232 条の発動─WTO 体
制による法の支配を揺るがす安全保障例外の濫用と報復の応酬─」Special Report (2018 年 3 月
29 日)，経済産業研究所。

川瀬剛志 (2004)「『実質的に等価値の譲許』の停止」荒木一郎・川瀬剛志編『WTO 体制下のセーフ
ガード─実効性ある制度の構築に向けて』第 7 章，東洋経済新報社。

川瀬剛志 (2003/2004)「米国鉄鋼セーフガード紛争が残した課題─リバランスの成功とセーフガード
協定の限界─ (上)・(下)」RIETI コラム No. 110/111, 経済産業研究所。

菅原淳一 (2018)「2019 年の日本の通商政策課題─メガ FTA, WTO 改革，日米貿易協議が柱に─」
みずほインサイト (2018 年 12 月 21 日)，みずほ総合研究所。

ADB (2019), *Asian Development Outlook 2019: Strengthening Disaster Resilience*, ADB.

IMF (2019), *World Economic Outlook, April 2019: Growth Slowdown, Precarious Recovery*, IMF.

USTR (2018), *2018 Trade Policy Agenda and 2017 Annual Report of the President of the United
States on the Trade Agreements Program*, USTR.

第 8 章

米中経済関係の新たな焦点

はじめに

　1970 年代末に改革開放に転じてから，中国は急速な経済成長を遂げ，2010 年には名目 GDP で日本を追い抜き，米国に次ぐ世界第 2 位の経済大国となった。そして 2030 年前後には，米国を上回って世界最大の経済大国になることが見込まれている[1]。今日の米中関係は，台頭する新興国と既存の覇権国との衝突＝「トゥキュディデスの罠」（Allison 2017）が指摘されるほど，世界でもっとも重大かつ深刻な二国間関係を形成している。それは安全保障の局面に限らず，経済関係でも同様である。改革開放後，大規模な輸出を梃子に急速な経済成長を実現した中国は，その主要市場である米国との間で深刻な経済摩擦を繰り返してきた（大橋 1998, 2007）。貿易不均衡，為替レート，貿易救済措置，知的財産権，直接投資・技術移転など，両国間の争点は多岐にわたる。

　ところが，2017 年に「米国第一」を唱え，グローバリズムや多角主義に反対するトランプ政権の誕生を契機として，米中経済関係は新たな局面を迎えることになった。それまでの主要な争点である貿易不均衡や人民元の過小評価をめぐる議論は，その実態が解明されるに伴い，もはや直接的な争点ではなくなった。むしろ 2018 年 3 月に発表された 1974 年通商法 301 条調査報告で明らかになったように，トランプ政権下の米中経済関係では知的財産や技術移転のあり方が新たな争点となった。その背景には，リベラルな国際規範・秩序と一線を画すかのような習近平政権の確立と，それに伴うトランプ政権の対中認識の変化がある。政権成立以前から対中強硬路線を主張しきたトランプ政権は，米中経済関係を安全保障の一環として捉え，それを確保する将来的な「技術覇

110　第Ⅱ部　トランプ・リスクと貿易戦争の行方

権」をめぐる競争へと対応を一段階引き上げて，中国との「貿易戦争」に臨んでいるといえよう。

　本章では，まずトランプ政権の誕生前後における米中経済関係の構造的変化を把握し，次に知的財産や技術移転に関する争点を考察することにより，米中経済関係の新たな焦点を明らかにしてみたい。

第1節　米中経済関係の非対称性

1．米中貿易収支の不均衡

　米中経済摩擦の根底には貿易不均衡が存在する（第8-1図）。2018年の米国の貿易赤字のほぼ半分は対中赤字が占めている。2018年の米中両国の通関統計では，米国の対中赤字は4,192億ドル，一方，中国の対米黒字は3,233億ドルであり，両者の間には1,000億ドル近い開きがある。米中間のハイレベル対話の場である合同商業貿易委員会（JCCT）では，この統計上の差異の重要性が認識され，これまで2009年と2012年の2度にわたり，米国商務省・通商代表部と中国商務部・海関総署による共同研究が実施された（JCCT 2009, 2012）。この共同研究によると，米中貿易不均衡の背景には，両国が採用している取引条件（FOB：本船渡し，FAS：船側渡し価格，CIF：運賃・保険料込み価格，CV：課税価格），統計範囲（プエルトリコや米領バージン諸島を含むか否か），通関時期，原産国，為替レートの差異などの技術的な問題が存在する。

　これに加えて，1990年代に中国の委託加工貿易が本格化すると，香港経由の中継貿易（中国を原産地とする香港の再輸出）が米中貿易収支に重大な影響を及ぼすようになった[2]。しかもその後は，香港のインフラ・決済機能だけを利用して，香港で通関することなく最終仕向地に移送（transshipment）される中国産品も増加し，香港の中継貿易の取り扱い方はさらに複雑になった（大橋 2007）。しかも米中貿易収支に影響する要因として，中国側の貿易財の過小申告といった不正行為の存在も指摘されている[3]。

　一方，米国企業の中国ビジネスにも大きな変化がみられる。中国にある米国

第8章 米中経済関係の新たな焦点 *111*

第 8-1 図 米中貿易収支の差異

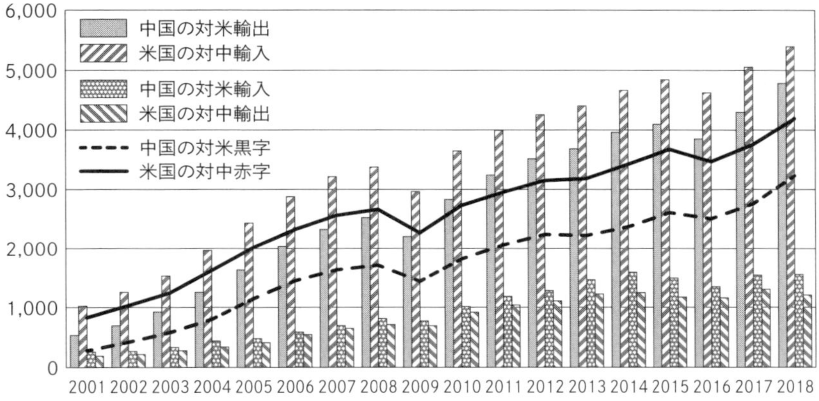

出所:『中国海関統計』2001-2018 年 12 期, *Survey of Current Business*, April 2002-18 より作成。

企業子会社の現地売上高は 2016 年に 4,635 億ドル, 米国の対中輸出額の 4 倍近くの規模に達しており, 米国企業の中国ビジネスは対中輸出から現地法人による現地生産・販売に移行している (*Survey of Current Business,* August, 2018)。一方, 2016 年の米国の中国からの輸入の 24.8％は, 中国にある子会社・関連企業からの輸入であり, 企業内貿易の比重も高まっている[4]。このように米中経済関係は, ボーダーレスな事業展開が繰り広げられており, 貿易収支の非対称性はすでに構造化しているといえよう。

2．GVC 下の米中経済関係

　グローバル・バリュー・チェーン (GVC) の観点から米中間の付加価値貿易をみると, 通関統計が描き出す二国間貿易とはまた異なる姿を目にすることができる[5]。通信・物流の革命的変化を受けて, いまや多くの工業製品は「適材適所」で製造されており, 国境を越えて生産工程や作業が配置されている製品も少なくない。フラグメンテーションと呼ばれる工程・作業間分業は, とくに中国が世界生産の大半を占めている IT・電子機器で広くみられ, 「世界の工場」＝中国はその最終工程を担ってきた。最終財の取引額だけが対象とされる通関統計と異なり, 付加価値貿易は異なる立地の生産工程・作業ごとに発生す

第 8-2 図　中国の対米黒字（通関統計と付加価値貿易統計）

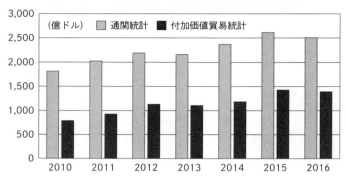

出所：中国全球価値鏈課題組（2017），3頁より作成。

る付加価値に着目する。

　その代表的な研究として，2000年代後半におけるアップル社のiPhoneの事例研究がある（Xing and Detert 2011）。iPhoneは最終財の生産国である中国の工場から米国市場に向けて出荷・輸出される。通関統計では米国はその分だけ中国に対して貿易赤字を計上することになるが，付加価値貿易はiPhoneを構成する部品・パーツの原産国に着目する。日米欧韓台の部品メーカーが中国のiPhone組立工場に高価な部品・パーツを供給しているのに対して，最終組立地である中国はiPhone生産に労働力を提供しているにすぎず，中国で発生する付加価値はiPhone出荷額のわずか数パーセントにとどまるという[6]。このような付加価値貿易統計でみた中国の対米黒字は，通関統計の半分程度の規模となる（第 8-2 図）。

3．人民元の過小評価

　改革開放後，中国は過大評価されていた人民元の実勢化＝切り下げを進め，この間に中国産品の輸出競争力は大幅に増強された。しかし，その後は過小評価された人民元が貿易不均衡の一因であるとの批判を受けるようになった。2005年には，米議会上院のシューマー議員とグラム議員を中心に超党派の対中報復関税法案が議論され，中国が人民元を切り上げない場合には，中国からの輸入品に27.5％の関税を課すという内容が盛り込まれた。

2005年7月に中国人民銀行は人民元の対ドル・レートを約2.1％切り上げ，0.3％の変動幅を許容する管理フロート制への移行を決定した。もちろん，この人民元改革は対米関係の配慮から断行された措置ではない。高成長下の当時の中国では，人民元の切り上げを見込んだホットマネーの流入が急増し，中国人民銀行は対ドル・レートの維持を目的に介入を続けた。その結果，外貨準備高は急増し，過剰流動性がインフレ圧力を強めていた。しかしインフレ抑制のために人民銀行が利上げに踏み切れば，それを目当てにホットマネーがさらに流入し，利上げ効果は相殺される。まさにバブルの抑制とインフレ圧力の緩和を目的として，人民元改革が断行されたのである。

その後の主要通貨の実質実効為替レートの推移をみると，人民元は2005年夏から2015年夏までの10年間に約50％増価した（第8-3図）。2015年5月の中国とIMFの年次協議では，「人民元はもはや過小評価されていない」（*Reuters*, May 26, 2015）とのお墨付きをもらい，同年10月に人民元はIMF

第8-3図　人民元の実質実効為替レートの推移

出所：BIS, "Effective Exchange Rate Indices" (https://www.bis.org/statistics/eer/index.htm?m=6%7C187) より作成。

114 第Ⅱ部 トランプ・リスクと貿易戦争の行方

の特別引出権（SDR）構成通貨に採用された。これにより中国人民銀行による為替介入にも一定の枠がはめられたが，2015年夏以後は中国からの資金流出に伴う人民元の下落が懸念されるようになった。そのため中国では，人民元レートの維持が通貨政策の主要な課題となっている。

第2節　米中経済関係の変容

1．トランプ政権の対中認識

　巨額の対中赤字に関して，米国は長年にわたり中国に対して不満を表明してきた。同様に，大統領選中からトランプ候補も「中国からの輸入に45％の関税を課す」といった激しい対中批判を繰り返した。トランプ候補の対中批判は，アドバイザーに登用した反中派のP・ナバロ氏の『中国による死』（Navarro and Autry 2011）に依拠している。ここでは，中国による「米国の雇用破壊のための武器」として，環境汚染の放置，労働者の虐待，為替操作，知的財産権の侵害，輸出補助金の5点が指摘されている。選挙期間中にトランプ候補が「中国製品に45％の関税を課す」と掲げたのは，為替操作により人民元が45％過小評価されているというナバロ氏の主張に基づいている。しかしながら，輸出補助金を除き，いずれもひと昔以上前の米中経済関係の争点である。

　トランプ政権が誕生すると，当初は北朝鮮の核・ミサイル問題への対応もあり，トランプ大統領は中国を為替操作国に認定するという公約を見送るなど，対中融和策をとった。しかし2017年10月の中国共産党第19回党大会において，習近平総書記が中国の大国化の方針を明らかにすると，トランプ政権の対中関与政策からの決別は決定的となった。その対中認識の変化は，2017年12月に発表された政権初の「国家安全保障戦略」（White House 2017）に顕著にみられる。ここでは「関与政策の前提の大半が誤りであった」との認識が示され，中国とロシアは「技術，プロパガンダ，強制力を用いて，我々の利益と価値に反した世界を形成する現状変革勢力」，つまり「修正主義勢力」であると位置づけられた。そして2018年3月の全国人民代表大会では，憲法改正によ

り習近平国家主席の任期が撤廃された。まさにこの時期にトランプ政権は，中国に対する制裁措置を選択し，同年9月までに3度の制裁関税が発動された。そして2018年10月には，ペンス副大統領により「新冷戦」宣言とも呼ばれる演説が行われることになった（White House 2018)[7]。

2．貿易不均衡に対する中国の反論

　トランプ政権成立直後，中国商務部は米中経済関係の互恵性を強調する報告書を発表した（中国商務省 2017)。ここでは，財・サービス貿易，投資，金融面での直接利益，経済成長，消費者利益，雇用拡大，産業高度化での間接利益が指摘され，米中双方の懸案事項から協力分野にいたるまで，バランスの取れた議論が展開されていた。

　ところが，2018年7月にトランプ政権が301条調査に基づく制裁措置を発動すると，中国は「中米経済・貿易摩擦の事実と中国の立場」と題する「白書」を発表し，貿易不均衡に関しては次のような論拠を掲げたうえで，WTOのルールに反する政策・慣行をとっているのはむしろ米国側であるとさまざまな事例を示しながら反論した（国務院新聞弁公室 2018)。

　まず中国の経常黒字の対GDP比率が，2007年の11.3％から2017年には1.3％に低下したことを指摘したうえで，貿易収支だけでは米中経済関係を十分に評価できないと主張する。米国はサービス貿易では圧倒的な競争力を有しており，上述したように，中国市場における米国企業現地法人による売上高も巨額になっている。商品貿易にサービス貿易と現地法人の売上高を加算すれば，米国がより大きな便益を得ていることは明らかであるという。

　中国の反論は具体的に次のように続く。

　第一に，そもそも貿易不均衡は米国の貯蓄不足の当然の帰結である。貯蓄不足とのバランスを取るために，米国は貿易赤字により大量の外国貯蓄を吸収しなければならず，これは1971年以後の米国の貿易赤字の根本的な構図である。

　第二に，貿易不均衡は米中両国の相互補完性と競争力を正確に反映している。中国の対米黒字は主に労働集約型製品によるものであり，対米赤字は航空機，集積回路，自動車などの資本・技術集約型製品と農産物による。貿易不均衡は，両国が産業競争力を発揮した自然な市場選択の結果である。

116　第Ⅱ部　トランプ・リスクと貿易戦争の行方

　第三に，貿易不均衡は国際分業と多国籍企業による生産拠点の立地変更の結果である。GVCと国際分業の拡大に伴い，2017年の対米黒字の59%は中国に立地する外資企業に帰属する。アジア太平洋地域の輸出生産ネットワークに組み込まれる過程で，中国は日本，韓国などの東アジア諸国の対米黒字の大部分を引き受ける形となった。

　第四に，貿易不均衡は米国の対中ハイテク輸出規制の結果である。冷戦思考に取りつかれた米国は，厳格な対中輸出規制を実施しているために，多大な輸出機会を喪失している。米国の輸出規制が対ブラジル水準に緩和されれば，対中赤字は24%減少し，対フランス水準にまで緩和されれば35%減少するという。

　第五に，貿易不均衡は米ドルが主要な国際通貨であることの証左でもある。米国は法外な通貨発行権益（シニョリッジ）を有するが，同時に主要な国際決済通貨として，米国は貿易赤字を通じて世界に米ドルを供給している。米国の貿易赤字はブレトンウッズ体制下の国際通貨制度と不可分な関係にある。

　中国の反論はきわめて常識的であり，いずれも大統領選中にトランプ候補が掲げた従来からの対中批判に応える内容となっている。しかしトランプ政権が2017年8月に着手した301条調査の内容に対しては，必ずしも十分に対応しているわけではない。

第3節　トランプ政権の対中通商政策

1．1974年通商法301条調査の発動

　2017年末に最大の公約であった税制改革・減税法案をまとめ上げた頃から，トランプ政権は，駐イスラエル米国大使館のエルサレムへの移転，イラン核合意の破棄，米朝首脳会談など，従来の政策や慣行にとらわれない施策を相次いで打ち出した。通商分野でも，2018年2〜4月にかけて，①1974年通商法201条に基づく太陽光パネル・大型家庭用洗濯機輸入に対するセーフガード措置，②1962年通商拡大法232条に基づく鉄鋼・アルミニウム製品輸入制限，③1974年通商法301条調査に基づく中国の知的財産の侵害・強制的な技術移

転に対する制裁関税措置が相次いで発動された。

301条調査は，① 貿易協定違反，② 米国の国際的な法的権益に反する不当な措置，かつ米国ビジネスに負担と制約を与える法規，政策，慣行，③ 不合理・差別的，また米国ビジネスに負担と制約を課す法規，政策，慣行が対象となる。301条に基づく制裁措置としては，① 貿易協定の譲許の停止，取消，防止，② 税金，費用，その他の輸入制限の実施，③ 優遇措置の取消，停止，④ 外国の違反行為，貿易利益の補償を取り消す拘束的合意，⑤ サービス部門の制限といった措置が講じられる。

今回の301条調査の狙いは，米国官報によると，① 米国企業に対する強制的な技術移転，② 市場取引による技術供与を妨げるような中国の法規，政策，慣行，③ 中国企業による米国企業の買収に対する中国政府の支援，④ サイバー手段による米国企業の知財や機密情報の窃取の実態を証明することにあった（*Federal Register*, Vol. 82, No. 163, August 24, 2017）。

2．技術・知財の強制的な移転と窃取

2017年8月に着手された301条調査の報告書は，2018年3月に発表され，同年11月には更新版も発表された。豊富な事例が紹介されており，中国による米国知財の不当な取得・侵害の実態が取り上げられている（USTR 2018a, 2018b）。ナバロ大統領補佐官が率いるホワイトハウス貿易・製造政策局は，301条調査結果に基づき，米国技術・知財の強制的な移転と窃取に関する中国の「手口」を要領よくまとめている（第8-1表）。

これまで米中間の知財問題といえば，ニセ物や海賊版など，偽造・著作権侵害が主たる争点であった。しかしトランプ政権の指摘は，米国技術・知財の強制的な移転と窃取に重点が移されている。とくにサイバー利用のスパイ活動・窃取に関しては，不当なサイバー活動を実施しないとの2015年9月の米中首脳（オバマ・習近平）会談の合意が事実上反故にされたこともあり，米司法省が人民解放軍の実行部隊である61398部隊員を被疑者不在のまま訴追するなど，かなり執拗な対応がなされている。

強制的な技術移転に関する慣行や法規は，従来から外国企業の間で不満が表明されてきた。まず中国市場への参入に際しては，合弁や技術移転が強く求め

られる。市場と技術の交換により，外資は中国市場への参入が認められてき
たが，もちろんこれは明文化されているわけではない。同様に，技術・知財
を求めて，必ずしも明文化されていない許認可権が行使される。さらに法規上
でも，差別的な慣行が明文化されている。たとえば，「中国技術輸出入管理条
例」では，導入技術の改良が認められ，しかも改良後の技術は改良側に属する
とされる。ちなみに，米中貿易戦争の勃発後，2018年末から意見公募が始まっ

第8-1表　中国による米国技術・知財の移転・取得方法

国家支援下の知財窃取：戦略的新興産業中心
経済スパイ活動による技術・知財窃取：ビジネス分野の諜報活動，インサイダーの利用
サイバー利用のスパイ活動・窃取：人民解放軍総参謀部第3部（61398部隊），被疑者不在の訴追
米国輸出規制法の違反：両用技術の増加，ペーパーカンパニー・オフショア決済・偽造文書の利用
偽造・著作権侵害：偽造品，海賊版
リバース・エンジニアリング：導入・消化・吸収・刷新を基本とする産業政策
強制的な技術移転：中国市場への制限的アクセスとの交換
外資出資制限：市場参入条件として合弁・マイノリティ出資要求，技術移転完了までの合弁期間
行政許認可権限の利用：非関税障壁，許可証管理
差別的な特許・知財権：移転技術の改良，改良技術の中国所有，契約期間終了後の使用権保有
技術・知財移転を強要するセキュリティ・レビュー：ソースコード，暗号化アルゴリズム等の開示
安全・制御可能な技術標準：安全法，サイバー安全法，サイバー安全基準，技術パネル標準
データの現地化：サイバー安全法に基づくデータセンターの設置
面倒かつ介入的な検査：健康・安全面の必要性から知財の開示，強制的認証制度（CCC）
差別的目録・リスト：関税障壁，市場参入，許認可基準
政府調達の制限：輸入代替・自主創新の促進，WTO政府調達協定（GPA）未加盟
国際規範を逸脱した自主的技術標準：航空，コンピュータ，通信，工作機械，医療機器，ロボット
R&Dの現地化：R&Dセンターの設置，新エネルギー車，半導体
独占禁止法の濫用：ライセンス料・ロイヤルティ比率の引き下げ手段
専門家パネルへの独自情報の強制的開示：産官学の専門家パネルメンバーに中国ライバル社
共産党指導下の企業ガバナンス：企業内党組織の設置
合弁企業への中国人従業員の配属：中国側パートナー企業からのリクルート
技術・知財移転を強制する経済手段
重要原材料の輸出規制：レアアースの事例，川下産業に対する移転圧力
独占的な購買者：国有企業による独占的調達（航空）に伴う現地生産・技術移転要請
情報収集
公開情報の収集：中国科学技術信息研究所を中心とする公開情報の収集
非伝統的な情報収集者：研究者，専門家，学生
ビジネス・科学技術専門家のリクルート：愛国心，待遇，地位
技術追求型・国家支援型の対外投資
技術追求型直接投資：国有企業，政府指導下の民営企業
米国技術・知財の獲得・移転のための投資：M&A，スタートアップ・ベンチャー投資

出所：OTMP（2018）から作成。

た「外商投資法」は，従来の合弁企業法，合作企業法，外資企業法の「外資三法」の統合を目指したものであるが，公表された法案では強制的な技術移転の禁止が明記されている。

さらにもっとも確実な技術取得の方法として，中国企業による米国企業の買収がある。中国の対米投資は 2016 年に前年比 3 倍増の 456 億ドルのピークを迎えた。その後は中国の資本流出規制の影響を受けて大きく減少したが，2000 年以降，実にその 90％以上が M&A の形態をとっている（Rhodium Group 2019）[8]。その後，中国の技術取得を目的とした対米投資は，ハイテク型スタート・アップ企業やベンチャー投資に向かっており，中国は 2015〜17 年の米国におけるベンチャー投資取引高の 10〜16％を占めるにいたっている（Brown and Singh 2018）。

中国企業による米国のハイテク取得姿勢に危機感を覚えたトランプ大統領は，2018 年 8 月に 2019 年度国防権限法（NDAA）に署名した。同法には，海外勢による対米投資を安全保障の観点から審査する対米外国投資委員会（CFIUS）の権限を強化する「2018 年外国投資リスク審査現代化法」（FIRRMA）が盛り込まれた。また同年 11 月には，NDAA に基づき，米財務省から，航空，アルミ，コンピュータ，石油化学，通信，バイオ，半導体，軍装備品などの重要度が高いとみられる 27 業種を対象に，外国企業の対米投資規制を強化する方針が明らかにされた。中国の対外投資は安全保障やその前提となる「技術覇権」をめぐる競争の一環をなすと認識されるようになった。

おわりに——貿易不均衡の是正から「技術覇権」をめぐる競争へ

中国の「技術覇権」を求める動きとして，301 条報告書（USTR 2018a）は中国の次の 3 つの具体的な産業政策を取り上げている。第一は，「国家中長期科学技術発展計画要綱（2006-2020）」（2005 年 12 月 26 日）であり，これは外国先進技術の「導入・消化・吸収・刷新」方針の原点とみなされている。第二は，「戦略的新興産業」[9]（2010 年 10 月 10 日）の指定であり，中国の技術移転や窃取はこれらの分野に集中していると判断されている。そして第三が，

「中国製造2025」(2015年5月8日)であり，2025年までに製造強国の仲間入りを果たし，2035年までに中国の製造業を世界の製造強国陣営の中等レベルにまで到達させ，2049年の中華人民共和国建国100周年には製造大国としての地位を固め，総合力で世界の製造強国のトップクラスに立つとの目標が掲げられている。

　中国の独自路線に対する懸念は，米中戦略経済対話（S&ED）を継続し，二国間投資協定（BIT）交渉や環太平洋パートナーシップ協定（TPP）による中国関与に努めたオバマ政権末期において，すでに顕在化していた。2015年10月にTPP交渉の大筋合意がなされたことを受けて，オバマ大統領は「中国のような国に世界経済のルールを書かせることはできない」と言明した（*New York Times*, October 6, 2015）。米国は，共産党独裁，恣意的な「法の支配」，産業政策，国有企業優遇・補助金，非関税障壁など，中国の市場歪曲的な国家資本主義に対する警戒感を強めていた。

　トランプ政権はオバマ政権の施策をことごとく否定（Anything But Obama：ABO）してきたが，対中認識に関しては，程度の差こそあれ，上記のオバマ政権末期の延長線上にある。このような共通認識を前提として，トランプ政権は安全保障や「技術覇権」の維持を対中通商政策の一環として位置づけ始めたのである。

（大橋英夫）

※この論文は平成30年度専修大学中期研究員の研究成果である。

【注】
1）たとえば，PwC（2019）などの長期予測を参照。
2）この時期の米中貿易不均衡の問題点を指摘した代表的な研究として，Fung and Lau（1999）を参照。
3）貿易財の価額・数量の過少申告は，一般に課税や数量規制の回避を目的としている。同時に，外貨管理の厳しい中国では，香港に資金をプールするなど，資金の国外移転の手段として貿易財の過小申告が用いられることがある（Martin 2016）。
4）米国企業の企業内貿易については，U.S. Census Bureauの"Related Party Database"を参照（https://relatedparty.ftd.census.gov/）。
5）付加価値貿易統計については，OECDのTiVA Databaseを参照（http://www.oecd.org/sti/ind/measuring-trade-in-value-added.htm）。
6）もっとも，中国の技術力の向上を反映して，2018年のアップル社のサプライヤー・リストでは，

中国企業が台湾勢に次いで第2位に浮上している（『日本経済新聞』2019年3月19日）。
7）ペンス副大統領によるこの対中非難演説は，冷戦の緊張状態を指摘した英国のチャーチル元首相による「鉄のカーテン」演説を連想させるとして波紋を広げた。
8）中国企業の対米投資に関しては，大橋（2016）を参照。
9）具体的には，エネルギー効率・環境技術，次世代情報技術，バイオ，先端装置製造，新エネルギー，新素材，新エネルギー車の7部門。

【参考文献】

大橋英夫（1998）『米中経済摩擦』勁草書房。

大橋英夫（2007）「米中経済関係の基本構造」高木誠一郎編『米中関係』日本国際問題研究所。

大橋英夫（2016）「中国企業の対米投資─摩擦・軋轢の争点は何か」加藤弘之・梶谷懐編『二重の罠を超えて進む中国型資本主義』ミネルヴァ書房。

Allison, G. (2017), *Destined for War: Can America and China Escape Thucydides's Trap?*, Boston: Houghton Mifflin Harcour.

Brown, M. and Singh, P. (2018), *China's Technology Transfer Strategy: How Chinese Investments in Emerging Technology Enable A Strategic Competitor to Access the Crown Jewels of U.S. Innovation*, Defense Innovation Unit Experimental (DIUx).

Fung, K. C. and Lawrence, J. L. (1999), "New Estimates of the United States-China Bilateral Trade Balances," *Occasional Paper*, Asia/Pacific Research Center, Stanford University.

JCCT (2009), *Report of the Statistical Discrepancy of Merchandise Trade Between the United States and China*, U.S.-China Joint Commission on Commerce and Trade, October.

JCCT (2012), *Report of the Statistical Discrepancy of Merchandise Trade Between the United States and China*, U.S.-China Joint Commission on Commerce and Trade, December.

Martin, M. F. (2016), *What's the Difference?─Comparing U.S. and Chinese Trade Data*, Congressional Research Service, RS22640, March 24.

Navarro, P. and Autry, G. (2011), *Death by China: Confronting the Dragon─A Global Call to Action*, NJ: Pearson FT Press.

OTMP (2018), *How China's Economic Aggression Threatens the Technologies and Intellectual Property of the United States and the World*, White House Office of Trade and Manufacturing Policy, June.

PwC (2019), "The World in 2050" (https://www.pwc.com/gx/en/issues/economy/the-world-in-2050.html), March 17.

Rhodium Group (2019), "China Investment Monitor" (http://cim.rhg.com/), accessed on March 15.

USTR (2018a), *Findings of the Investigation into China's Acts, Policies, and Practices Related to Technology Transfer, Intellectual Property, and Innovation Under Section 301 of the Trade Act of 1974*, United States Trade Representative, March 22.

USTR (2018b), *Update Concerning China's Acts, Policies, and Practices Related to Technology Transfer, Intellectual Property, and Innovation*, United States Trade Representative, November 20.

White House (2017), *National Security Strategy of the United States of America*, December.

White House (2018), "Remarks by Vice President Pence on the Administration's Policy Toward China" (https://www.whitehouse.gov/briefings-statements/remarks-vice-president-pence-administrations-policy-toward-china/), October 4.

Xing, Y. and Detert, N. (2011), "How the iPhone Widens the US Trade Deficit with the PRC?" *GRIPS Discussion Paper*, 10–21, May.

国務院新聞弁公室（2018）『関於中美経貿摩擦的事実与中方立場』9 月 24 日。

中国全球価値鏈課題組（2017）『2010–2016 年中美貿易増加値核算報告』6 月。

中国商務部（2017）『関於中美経貿関係的研究報告』5 月 25 日。

第9章

トランプ・リスクと日本企業の北米戦略

はじめに

　2017年1月にダニエル・トランプ氏が大統領に就任して以降，米国の政治経済環境は変貌を続けている。通商政策もその例外ではなく，環太平洋パートナーシップ協定（TPP）からの離脱や中国の政策に対する報復関税などによって，米国を取り巻くビジネス環境は大きく変化した。従来の政権とは一線を画すトランプ大統領の政策によって，少なからぬ企業が事業戦略の見直しを迫られており，日本企業もその例外ではない。

　一方，2009年第3四半期以降続く米国の景気拡大を受け，日本企業は米国をはじめとする北米市場で事業拡大を続けてきた。事業環境の変化を受けながらも，これまでのところ，日本企業の多くは事業機会の維持・拡大に向けて冷静な対応を見せている。

　本章では，トランプ政権がもたらすビジネス上のリスク要因を整理した上で，日本企業の対応ぶりに焦点を当てたい。

第1節　「トランプ・リスク」とは何か

1．法的安定性と予見可能性の低下

　2017年1月の大統領就任以来，トランプ大統領は既成の概念にとらわれることなく，自らが選挙戦で繰り返してきた主義，主張に基づく政策を推進している。その中には，過去の政権では想像できなかった決断が含まれることか

ら，トランプ政権の政策運営について「予測不可能（unpredictable）」とする見方が広く共有されるに至った。就任後しばらくの期間，こうした予見し難いトランプ大統領の意思決定そのものが，「トランプ・リスク」として警戒心をもって受け止められた。

しかしながら，トランプ大統領が進める政策を具に観察すると，その多くは選挙時点で既に公約として掲げていたものが多いことに気づかされる。例えば，日本との直接的な関係性が大きいものだけみても，米国の TPP 離脱，北米自由貿易協定（NAFTA）再交渉，気候変動枠組条約締結国会議で採択されたパリ協定からの離脱などは，いずれも公約に含まれていたものだ。選挙直後の時点では，こうした公約内容については実現困難だとして，大統領就任後にトランプ氏が撤回すると予想する声があったが，着任早々，TPP からの離脱を発表し，予想は見事に裏切られた。候補者の時分に「既存の政治家は選挙時の公約を守らない」と非難を繰り返してきたトランプ氏からすれば，公約に忠実であることを有権者に示す格好の事例となった。

では，トランプ大統領が公約実現に忠実であることが，上述した「トランプ・リスク」を払拭したかといえば，そうとは言えない。トランプ氏は公約を実行に移す過程で発言内容が頻繁に変わる上，計画を実行に移すタイミングを周囲に予測させない。また，公約に含まれていない政策についても，同様の行動様式で実行に移すため，周囲は突然対処を迫られることになりやすい。そして，何より公約の中身が必ずしも経済的にみて合理性と呼べないことも見逃せない。すなわち，企業が事業展開する上で，重要な前提条件である法的安定性と予見可能性が，トランプ政権の下で低下しているのである。例えば，2019年度予算案におけるメキシコ国境の壁建設予算の扱いでは，トランプ大統領が自らの望む壁建設予算額に固執した結果，過去最長となる 35 日間に及ぶ政府閉鎖が生じた。連邦議会との間で合意した直後にも国家非常事態宣言を発表し，大統領権限を利用して追加の壁建設予算を確保した。同決定については，身内である共和党関係者にも事前通知していなかったため，上下院いずれも大統領の決定に対して異を唱える決議が行われた。コアな支持者の期待に最大限応えるために，こうした型破りとも言える行動を好む結果，事業環境はより不安定化を余儀なくされている。

通商政策の分野でも，トランプ大統領は同種の行動様式を好む。例えば，中国に対する姿勢をみると，選挙中に幾度となく巨額の貿易赤字とその処方箋として関税賦課の必要性について言及し，同国を為替操作国として認定することを掲げていた。就任初年度は習近平国家主席に敬意を表する発言を繰り返し，融和策に転ずる気配を漂わせていたが，2年目に入り，アンチダンピング，補助金相殺関税，1962年通商拡大法232条に基づく鉄鋼・アルミ製品を対象とした追加関税，1974年通商法301条に基づく追加関税などを次々に施した。その攻撃的一方的措置（aggressive unilateralism）と呼べる手法については米国内においても賛否両論がある。結果として中国政府との対話を自国ペースで進める状況を手に入れることに成功したが，事業環境は総じて困難さが増した。

2．交渉手法が生むリスク

予見可能性の低下によるビジネスへの影響をより深めているのが，トランプ大統領の交渉（ディール）手法である。同氏は不動産ビジネスを通じて培った自らの交渉力に強い自信を有しており，政治の舞台にも持ち込んでいる。トランプ氏の交渉手法は一言でいうと，自国に有利に交渉するためにできるだけレバレッジを効かせるというもので，具体的には3つの特徴がある。ひとつは相手との直接対話を好み，外交においても二国間対話を優先する点である。狙いは，大国としてレバレッジを利かせやすいことにある。NAFTA再交渉では，当初はカナダ，メキシコ両国と交渉を進めたが，思うような進展が得られないとみるや，メキシコとの単独交渉を先行させて，事態打開に成功した。

2つ目に挙げられるが，複数の交渉ごとを絡めて，レバレッジを働かせるというものである。とりわけ，通商問題と安全保障とを結びつけて交渉するのは，トランプ大統領の得意とするところだ。例えば，就任1年目の2017年に韓国との間で自由貿易協定の見直しを進める際には，米国が朝鮮半島における安全保障政策の見直しの可能性を仄めかし，交渉を優位に進めた。また，対中通商交渉でも上述の通り，次々に争点を増やした結果，中国政府側の歩み寄りを引き出した。

3つ目の特徴は，より大きな成果を得るべく，同時に複数の相手と交渉する

ことだ。通商分野では，2018 年 10 月に，日本，欧州連合（EU），英国との間で貿易交渉を新たに開始する意図を同時に連邦議会に通知した例がよく知られる。また，開発途上国を対象とした一般特恵関税制度（GSP）についても，すべての対象国について見直しが進められている。トランプ政権は相手国が米国産品の市場アクセスについて真剣に取り組んでいるかを継続の判断材料とし，2019 年 3 月にはトルコとインドを対象から除外することを決定した。

　このように，レバレッジを最大限効かせる手法を好むのは，自ら主張してきた「米国第一主義」を実現するために他ならない。2020 年 11 月の次回大統領選挙に向けて有権者の満足度を最大化するために，今後も同様の取り組みを進めると予想される。

3．個別政策がもたらすリスク

　これまでトランプ大統領の政治手法がもたらすリスク要因についてみてきたが，ビジネスへの影響の大きさに鑑みれば，個々の政策はより重視すべきリスク要因である。その政策の特徴である「米国第一主義（America First)」と「米国再興（Make America Great Again)」はいずれも，支持者へのセールストークの根幹を成す。すべての政策がこのパラダイムの下で整理されており，通商分野もその例外ではない。2018 年 10 月末に合意に至った NAFTA 再交渉では，条文の現代化とともに自動車分野の原産地規則の厳格化に代表される，米国の要望内容が盛り込まれたが，いずれも米国第一主義と合致するものだった。新ルールに適応することを要求されるという意味においては，米国企業も同様であるものの，政府との距離，業界団体などを通じた影響力などを考えると，日本企業が直面しうる潜在的なリスクは，より大きいといえよう。トランプ・リスクのもうひとつの側面である。

　NAFTA 再交渉が終了した今，日本企業がもっとも意識している潜在的な通商リスクは，長期化が懸念される米中間の通商対話の行方だといえよう。2019 年 2 月の一般教書演説でも，最優先すべき分野として，新 NAFTA の国内法手続きに次いで，対中政策が挙げられた。トランプ政権は，交渉結果が，中国の構造改革，貿易赤字縮小，米国の雇用確保に資する内容でなければ受け入れられないという意思を明確に示した。米国側が中国に求める期待値を早々

第9章　トランプ・リスクと日本企業の北米戦略　*127*

に明らかにしたことによって，今後の展開を決するカードは中国側が握る。すなわち，中国政府が米国の要求に対していかに歩み寄りを見せるか次第で，短期的な関係は決する可能性が高いということである。

　一方，仮に短期的に何らかの解決をみる場合にも，中長期的に関係が安定化する保証はない。2018 年 6 月に開催された米中閣僚級会議における米国の要求事項には，中国側が容易に応じかねる内容が多く含まれているのがその理由だ（第 9-1 表）。特に，中国製造 2025 計画に象徴される中国政府の目指す技術立国への道筋について，米国が根本的な見直しを求めていることについては，中国側としても到底受け入れられるものではない。また，2018 年 8 月に議会で承認された国防権限法では，中国企業による米国企業への投資，米国企業による機微技術の対中輸出，米国内の公共事業参加企業における，特定の中国情報通信機器メーカーの機器利用の制限が盛り込まれた。いずれも中国企業の米

第 9-1 表　米国が中国に是正を求める主な内容（2018 年 6 月時点）

内容
1．貿易赤字の削減
2．米国の技術および知的財産権の保護
・中国製造 2025 の対象産業における過剰生産をもたらす市場歪曲的な補助金の廃止
・技術移転に係る特殊な政策や慣行の廃止
・米国企業が有する知的財産，商業秘密，秘匿性の高いビジネス情報に対するサイバー窃盗への政府の関与の停止
・知的財産権保護と実効性の強化
・WTO で米国が求めていた，中国の技術の輸出入に関する規制と中国と他国の企業による共同事業体に関する法施行の廃止
・WTO で中国が求めていた米国の特定物品への関税に対する協議の撤回
3．米国企業が有する機微技術への中国企業の投資の制限
4．米国企業の中国への投資に対する公正かつ非差別的な市場アクセスや扱いの保証
5．関税および非関税障壁の見直し
6．米国サービス産業の中国市場アクセスの改善
7．米国の農産品の中国市場アクセスの改善
8．実施状況のレビュープロセスの導入，非市場経済国認定に係る WTO に対する異議申し立ての撤回など

出所：各種報道などに基づき作成。

国での事業活動を制限する制度見直しとなる。

　2018 年以降，与野党を問わず連邦議員の多数がトランプ政権の対中強硬策に同調している。2020 年の選挙結果に拘わらず，米中摩擦は継続するとの見方が強まっている理由である。このため，米中間の通商摩擦は既にトランプ・リスクの範疇を超えているとみることもできるが，前述したように，トランプ大統領の予測が難しい行動様式の下で対話が続けられること自体，リスク要因と言えよう。

　さらに，同リスクの予見をより複雑にするのが，政権内で対中強硬派として位置づけられる，ロバート・ライトハイザー米国通商代表とピーター・ナバロ大統領顧問の存在だ。特に，ライトハイザー代表は，2010 年時点で「中国が市場開放や法の統治を通じて米国経済に利益をもたらすとの当初の期待が裏切られた」とし，「より高圧的な態度で臨む必要性」を主張して以来，生粋の対中強硬派である。米国内ではトランプ大統領が中国との間で安易な妥協に走らないように忠言していると報じられている。共和，民主両党より支持の高い同氏の動向にも注目する必要がある。

　このほか，日米物品貿易協定（TAG），米 EU 自由貿易協定をはじめとする，米国の他の通商交渉や，1962 年通商拡大法 232 条，1974 年通商法 301 条に基づく報復措置についても，当然ながら，日本企業はビジネス上のリスク要因として認識することが求められる。

第 2 節　企業の視点でみる「トランプ・リスク」とは

1．通商政策の転換による影響と企業の対応

　トランプ政権による通商政策の転換について，企業はどのようにリスク評価し，対応しているか。情勢の変化にもっとも敏感なのが，それぞれの政策の影響が及びやすい米国企業だ。中でも，中国国内で事業を展開している在中米国企業の反応は早かった。在中米国企業で組織される中国米国商会（北京）と上海米国商会が 2018 年 8 月から 9 月 5 日にかけて会員企業を対象に実施したアンケート調査によると，米国による追加関税措置については回答企業の

74％，中国による追加関税措置については同 68％が影響を認めた。回答企業は，経営戦略上の対応策として「投資の取り消しや延期」（31％），「米国外で調達の見直しや生産によるサプライチェーン最適化」（31％），「中国外で調達の見直しや生産によるサプライチェーン最適化」（30％）などを挙げており，中国内で製造することを見直す可能性を指摘した企業も約 2 割に上った。調達あるいは生産の移管先としては ASEAN 諸国が注目されており，中でもベトナムへの引き合いが最も多く，次いでタイ，インドネシアが注目されていると在 ASEAN の複数のビジネス関係者は指摘する。シンガポール，マレーシアはコスト的に見合わない場合が多く，フィリピン，ミャンマーなどはビジネスインフラに依然として問題を抱えているとの評価が多い。

では，日本企業の反応はどうか。ジェトロが 2018 年 11 月に海外ビジネスに取り組む日本企業を対象に実施したアンケート調査[1]によると，米中間の貿易摩擦などに端を発して発動された追加関税などの保護主義の動き[2]が自社のビジネスに与えた影響について，回答企業（3,385 社）の 15％の企業が「全体としてマイナスの影響がある（プラスの影響がある場合もマイナスの影響が上回る）」と回答した。今後 2〜3 年程度の期間では「全体としてマイナスの影響」が 24％に拡大するとしており，程度はともかくもマイナスの影響を受けることを想定している企業は今後拡大することが見込まれている（第 9-1 図）。

調査時点で「全体としてマイナスの影響がある」と回答した企業比率が高い業種は，「自動車・同部品／その他輸送機器」，「電気機械」，「情報通信機械／電子部品・デバイス」，「鉄鋼／非鉄金属／金属製品」，「石油・石炭・プラスチック・ゴム製品」，「化学」，「運輸」などであった。「一般機械」，「精密機器」についても，今後 2〜3 年では影響拡大を見込む企業が増える。特に，自動車・同部品／その他輸送機器では「全体としてマイナスの影響」と回答した企業が，調査時点で 38％，今後 2〜3 年で 42％と高かった。

保護貿易主義について「マイナスの影響がある」とした企業のうち，「販売先市場の消費冷え込み・経済悪化による販売減少」を選択した企業は 36％を占めた。同数値は，より直接的な影響である「自社商品が関税引き上げ等の対象になり，価格競争力が低下」，「調達先の他社商品が関税引き上げ等の対象になり，調達コストが上昇」，「納入先企業の商品が関税引き上げ等の対象にな

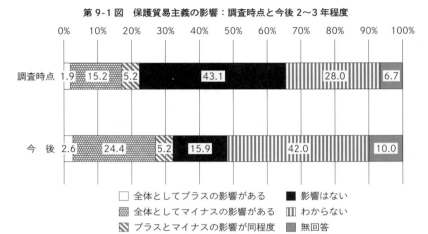

第9-1図　保護貿易主義の影響：調査時点と今後2〜3年程度

出所：2018年度JETRO海外ビジネス調査。

り，顧客からの発注が減少」（いずれも26％）の回答比率を上回った。

こうした間接的な影響への懸念は，今後2〜3年の見通しでは48％まで増加する。約半数の企業が保護主義の影響による，販売先の経済の悪化やそれに伴う消費の落ち込みへの不安を共有していることを意味する。

2．米国進出日系企業への影響

米国進出日系企業への影響はどうか。ジェトロが2018年11〜12月に在米国日系企業（製造業の生産会社と販売会社）を対象に実施したアンケート調査[3]によると，米中間の貿易摩擦などに端を発して発動された追加関税などの保護主義の動きが自社のビジネスに与えた影響（複数回答）について，有効回答企業（520社）の75％（390社）が何かしら「マイナスの影響がある」と回答し，「影響はない」は15％（76社），「プラスの影響がある」は14％（70社）を大きく上回った。業種別でみると，「非鉄金属」で90％，「金属製品」で87％，「輸送用機器部品（自動車／二輪車）」で87％，「輸送用機器（自動車／二輪車）」で86％で，「マイナスの影響がある」との回答が多かった。

もっとも，貿易制限措置によって「マイナスの影響がある」とした米国進出日系企業390社を母数として，2018年度の営業利益見込みに対する影響をみ

第 9 章　トランプ・リスクと日本企業の北米戦略

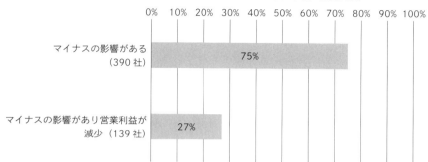

第 9-2 図　在米日系企業 520 社における保護主義の影響（複数回答）

出所：2018 年度米国進出日系企業実態調査。

ると，「変化はない」と回答した企業の割合が 37％ と最も高く，「減少する」は 36％，「分からない」が 13％，「増加する」が 10％ だった。（「マイナスの影響があり」，かつ営業利益見込みが「減少する」と回答した企業の割合は 27％ [回答 520 社中，139 社]）（第 9-2 図）。

全体でみると，「マイナスの影響がある」とした 390 社のうち，実質的に利益減少といった影響が出ている 139 社を除いた 251 社には現時点ではマイナスの影響は出ていない。営業利益は様々な要因で変動するため貿易制限措置のみを要因とすることは出来ないものの，将来的な影響への懸念が相当数含まれていると考えられる。

次に，中国との取引状況の有無による影響の相違をみると，中国から調達している米国進出日系企業（186 社）で「マイナスの影響がある」（複数回答）とした割合は 170 社（91％）に上った。これは，保護主義的な動きによって「マイナスの影響がある」と答えた 390 社のうち 44％ に当たる。業種別では，「マイナスの影響がある」と回答した企業の割合は，「食品／農水産加工」，「金属製品（メッキ加工を含む）」でそれぞれ 100％，「電気機械／電子機器（同部品を含む）」で 96％，「輸送用機器部品（自動車／二輪車）」で 94％，「はん用・生産用機器（金型／機械工具を含む）」で 93％ と高かった。

中国からの調達も中国への販売もない米国進出日系企業（294 社）で「マイナスの影響がある」とした割合は 65％ で，これらの企業に具体的な影響について尋ねると，直接的影響はないものの，資材や部品価格の上昇や，顧客から

132　第Ⅱ部　トランプ・リスクと貿易戦争の行方

の受注減少など間接的な影響を受けていることが分かった。業種別では，「非鉄金属」は100％，「輸送用機器（自動車／二輪車）」は86％，「金属製品」は81％で「マイナスの影響がある」との回答が多かった。

　一方，関税引き上げ等によって変化するビジネス環境への対応策を質問（複数回答）したところ，「販売価格の引き上げ」を挙げた企業が45％と最も多く，「調達先の変更」を挙げた企業は24％を記録した。中国から調達をしている企業（36％）の3社に2社程度が調達先の変更を検討し始めていることを示している。中でも複数の金属製品メーカーからは，「調達先の変更に既に取り組んでおり，半年以内に変更を完了する」，「調達部品の生産地を，自社の中国工場から日本工場へ変更する」など具体的なサプライチェーンの見直しに関する声が聴かれた。同産業は，1962年通商拡大法に基づく鉄鋼・アルミ製品への追加関税によって影響を受けている。

第3節　日本企業の北米戦略の動向

1．日本企業の北米事業展開

　では，保護主義的な政策は，日本企業の北米地域でのビジネス展開の方向性にいかなる影響を及ぼしているのだろうか。これまでのところ，日本企業の北米ビジネスには大きな変化は見られていない。前述した「2018年度日本企業の海外事業展開に関するアンケート調査〜JETRO海外ビジネス調査〜」によると，事業拡大を図る国・地域として米国を選択した回答企業は前年調査時の29％から32％に増加した。回答者からは，米国の市場規模の大きさに加えて，日系企業を含む取引先ニーズへの対応などがその理由として挙げられた。保護主義の動きに懸念を示す一方で，したたかに事業拡大を進める姿を窺うことができる。

　米国，カナダに進出している日系企業の対応も同様だ。上述した「2018年度米国進出日系企業実態調査」によると，今後1〜2年の事業展開について「拡大」と回答した在米日系企業が54％で，7年連続で「横ばい」を上回った（第9-3図）。拡大を検討している機能をみると，「販売」（64％），「高付加価値

第9章　トランプ・リスクと日本企業の北米戦略　*133*

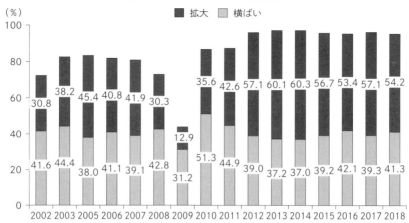

第 9-3 図　今後 1～2 年の事業展開

注：2004 年は調査未実施，2002～2011 年は設問の対象を設備投資に限定。
出所：ジェトロ「米国進出日系企業実態調査」。

品の生産」（45％）が上位を占めており，現地市場に合わせた企業の旺盛な事業拡張意欲が伺える。同調査の回答企業の 75％が 2018 会計年度の黒字を見込むなど，日系企業の事業活動は順調に推移している。好調が続く企業が多いことも，事業拡大を後押ししている。在カナダや在メキシコの日系企業についても，状況はほぼ同じで，約半数が事業拡大を検討している。

　こうした日本企業による積極的な動きは，直接投資のデータにも表れている。英 *Financial Times* のデータベースである fDi Intelligence に基づき日本からのグリーンフィールド投資件数を業種別にみると，トランプ大統領が就任した 2017 年以降も生産拠点と物流拠点を合わせた投資件数は 77 件，71 件と高い水準で推移している（第 9-2 表）。ここ数年は販売台数の回復が顕著だった自動車関連企業による追加投資が目立った。2008 年のリーマンショック以降，在北米自動車部品産業では工場稼働率を高めて自動車メーカーからの増産要求に応じてきたが，今後も米国の市場規模が緩やかに増加することを見越して，追加投資を決める企業が相次いだ。また，投資規模こそ目立たないものの，投資の動きが活発なのが研究開発（R&D）やイノベーション関連分野だ。自動運転技術，モノのインターネット（IoT），人工知能（AI）など，新たな

第9-2表　日本企業の対米グリーンフィールド投資（州別）

州	2008	2009	2010	2011	2012	2013	2014	2015	2016	2017	2018	合計
インディアナ	6	5	19	15	17	10	14	7	10	8	10	121
テネシー	5	3	4	7	6	15	10	8	6	7	5	76
オハイオ	3	4	6	4	9	11	9	8	3	7	6	70
ケンタッキー	1	2	8	9	9	9	5	11	6	7	2	69
ジョージア	6	4	3	4	4	8	10	4	4	3	3	53
テキサス	2	3	4	5	1	8	3	3	7	8	6	48
アラバマ	2	3	4	6	9	5	3	3	0	2	4	41
ノースカロライナ	0	0	4	4	5	8	2	2	2	4	6	37
カリフォルニア	2	3	4	5	1	4	5	3	2	3	4	36
サウスカロライナ	2	6	3	4	9	2	4	2	4	3	2	33
合計	50	47	79	93	86	105	77	75	66	77	71	826

出所：fDi Intelligence より作成。

技術を自社内に取り込む動きが盛んに行われている。カリフォルニア州のサンフランシスコやシリコンバレー周辺，マサチューセッツ州のボストン，ケンブリッジ周辺などの地域では，日系企業の研究開発担当者や新規事業担当者が，地場の有識者や技術者などと交流する事例が増加している。

　過去2年間の州別投資をみると，インディアナ州への投資が18件で最多であった。トヨタ自動車，本田技研，スバルの製造工場が集まる同州には，物流システム・マテハン機器大手のダイフク，ベアリング大手のNTN など自動車部品関連の投資の多さが目立った。

　インディアナ州に次ぐ投資先としては，14件の投資案件を記録したテキサス州の名前が挙がった。2014年にトヨタが北米本社をダラス近郊のプレイノ市に移転することを発表し，日本企業の同州への関心が一気に高まった。2017年以降，空調大手ダイキンによる新規雇用3,000名超の新工場のほか，精密機器大手の村田製作所，マキタの新たな製造拠点などの投資が含まれる。2018年には富士フイルムが追加投資を発表し，バイオ医薬品の開発・製造受託事業の拡大を図る。3番手以降は，オハイオ州（13件），テネシー州（12件），ノースカロライナ州（10件）が続いた。

2．進出日系企業の生産・販売・調達戦略

　トランプ政権が先鋭的な通商政策を進める中，米国進出日系企業が事業拡大を続けている背景には，多くの企業が「地産地消」と呼べるビジネスモデルを既に構築していることがある。上述した米国進出日系企業実態調査で，米国市場向け製品の生産国を質問したところ，米国内生産比率は平均75％を占め，カナダ，メキシコを加えたNAFTA地域での生産比率は79％に達した。販売先についても同様で，米国販売比率は平均80％と極めて高く，NAFTA地域でみると88％を占めた。近年，自動車産業をはじめ企業の多くが，北米地域の顧客が望む製品の開発，またはカスタマイズを現地主導で進めており，地産地消トレンドは今後より一層進展することが予想される。

　他方，生産，販売先に占める中国の比率をみると，それぞれ僅か2％，1％にとどまった。中国で米国市場向け生産をしている企業の約3割は，今後規模を縮小するとも回答しており，中国産品の取り扱いは減少していくと予想される。

　次に，在米日系製造業の調達戦略を見たい。調達先に占める米国内比率は58％で，これにカナダ，メキシコを加えると6割を超える。欧州，アジアなど他地域と比べると，日系企業の現地調達比率は既に高い水準に達しているものの，回答企業の3割程度は地場の米系企業からの調達をさらに拡大する意向を示しており，今後一段と現地調達が進む方向にある。

　中国からの平均調達比率は前年調査時とほぼ同じ5％にとどまっており，日本（26％）と比べても，低い水準でとどまっている。中国からの調達品目をみると，一般機械，電気・電子機器，自動車部品の構成部品など汎用部品が比較的多い。こうした品目は，少なからず米国の追加関税の対象品目に含まれているため，米国では調達先を見直す動きがじわりと進行している。今回の調査でも，回答企業の4割が中国からの調達縮小を検討しており，中国からの調達を見直す企業の存在が確認された。中国の代替先としては米国内のほか，近隣諸国，ASEAN地域などが注目を集めている。特に，ASEAN地域については，回答企業の3割が調達拡大を検討するなど，地場企業と同程度の注目を集めている。

おわりに

　ビジネスにおけるトランプ・リスクの象徴といえる，米中摩擦が長期化する可能性が日増しに高まる中，日本企業は北米市場でのバリューチェーンを再点検し，現実的な対応を進めている。もとより，リーマンショック以降，中国経済が成長を続ける中，同国における労働コストや環境コストをはじめとするビジネスコストの上昇によって，多くの日本企業は同国を含む生産ネットワークの見直しを迫られてきた。北米市場で事業展開する企業では，米中摩擦を契機にその動きがより一層進む前兆が表れ始めているといえよう。

　バリューチェーン見直しに際して，多くの企業は関税などの追加コストのリスクを最小化すべく，より一層の「地産地消」を進めることが予想される。その際には，トランプ政権が推進する二国間の通商協定の動きをしっかりと見極めることも重要となる。既述した通り，トランプ政権は新規の通商交渉以外にも，既存の二国間 FTA と GSP の見直しを鋭意進めており，同様に生産ネットワークに影響を及ぼすためだ。もっとも，こうした点を含めて，日本企業の多くはトランプ政権下の米国における市場環境の変化に順応している。その点でいえば，とりわけ在米日系企業はトランプ政権が期待する「米国第一主義」を米国企業以上に実践していると言っても過言ではない。

（秋山士郎）

【注】
1）日本企業 10,004 社（うち，ジェトロ・メンバーズ 3,305 社，メンバーズ以外でジェトロのサービスを利用頂いたことのある企業 6,699 社）に調査票を送付し，3,385 社が回答（有効回答率 33.8％）。詳しくは「2018 年度日本企業の海外事業展開に関するアンケート調査〜 JETRO 海外ビジネス調査〜」を参照。
2）調査における「保護主義的な動き」には，2017 年以降の米国の対中制裁措置（通商法第 301 条）や鉄鋼・アルミニウムの関税引き上げ（通商拡大法第 232 条），それに対する各国（中国や EU，カナダ，メキシコ，ロシア，トルコなど）の対米報復関税措置，その他，アンケート調査時点で発動中・または発動が検討されている政策を含む。
3）在米国日系企業（生産会社，販売会社）1,289 社に調査票を送付し，730 社が回答（有効回答率 56.6％）。詳しくは「2018 年度　米国進出日系企業実態調査」を参照。

【参考文献】

秋山士郎（2018）「経済運営は及第点プラスアルファ，通商分野は NAFTA 再交渉次第」『ジェトロ地域・分析レポート特集　トランプ政権の１年を振り返る』。

秋山士郎（2018）「「ライトハイザー主義」が示す米中通商摩擦の行方」『ジェトロ地域・分析レポート』。

ジェトロ海外調査部米州課（2019）「2018 年度　米国進出日系企業実態調査」ジェトロ。

ジェトロ海外調査部国際経済課（2019）「「2018 年度日本企業の海外事業展開に関するアンケート調査～ JETRO 海外ビジネス調査～」」ジェトロ。

秋山士郎（2019）「米中間選挙後の経済通商政策を占う」『世界経済評論』Vol. 63, No. 3。

Trump, D. (1987), *Tony Schwartz: Trump: The Art of the Deal*, Random House.（枝松真一訳『トランプ自伝　アメリカを変える男』早川書房，1988 年。）

Trump, D. (1997), *Kate Bohner: Trump: The Art of the Comeback*, Times Books.（小林龍司訳『敗者復活』日経 BP 社，1999 年。）

第10章

暴走するトランプ政権と日本の通商戦略：
ディールの罠

はじめに

アジア太平洋の通商秩序を揺さぶる最大の危機要因は，目下，TPP を離脱し暴走するトランプ政権の通商政策だ。米国第一主義を掲げるトランプ政権の保護主義的な姿勢が，各国の大きな不安と懸念を生んでいる。

トランプ政権の暴走をいかにして食い止めるか。機能不全に陥った WTO が頼りにならない中で，日本は米国の TPP 復帰の可能性も視野に置きながら，米国抜きの TPP11，日 EU・EPA，RCEP，日米経済対話（FFR を含む）に取り組んできた。だが，日本の通商戦略はまだ道半ばである。

米国の TPP 復帰か，包括的な日米 FTA 締結か，日米の思惑が交錯する中で，果たして日本のシナリオ通りの展開となるのだろうか。それともトランプ政権が仕掛ける「ディールの罠」に日本は嵌ってしまうのか。

以下，トランプ政権の暴走に翻弄される日本の通商戦略について鳥瞰したい。

第1節　保護主義の道を暴走するトランプ政権

1．米国が仕掛ける貿易戦争の代償

トランプ政権が 2 年目に入ってから独善的な通商政策を本格化させている。米中貿易戦争がこのままエスカレートしていくと，世界経済への悪影響は計り

知れない。

米国は 2018 年 6 月，米通商法 301 条にもとづき，中国の知的財産権侵害への制裁措置として，500 億ドル相当の中国製品に 25％の追加関税を課すと発表し，7 月から段階的に発動した。中国が直ちに同規模の報復関税を発表したため，今度は 2,000 億ドル相当の中国製品に対し 10％の追加関税を 9 月に発動した。だが，その後も，10％から 25％への関税引き上げをちらつかせるなど，対中強硬姿勢は半端でない。トランプ大統領の強気の駆け引きで，制裁と報復の連鎖につながる米中のチキンレース（我慢比べ）は一段と過熱しつつある。

トランプ政権は中国との貿易不均衡だけでなく，国内の先端産業育成を目指した「中国製造 2025」も批判の的にしている。先端産業での米中の覇権争いが絡んでおり，中国に対する牽制という狙いもある。米国は，中国が先端産業の育成のために米国企業に技術移転を強要したり，中国の国有企業に巨額の補助金を出して公平な競争を歪めていると批判している[1]。

中国の対米投資の背景には先端技術を手に入れる目的があるとの米国の懸念は，日本や EU も共有している。中国の不公正な慣行を止めさせるには，日本や EU とも連携し，WTO のルールに則って解決を図るべきである。ルールを無視して制裁を振りかざすようなトランプ流の強引な手法は決して許されない。

一方，米国による鉄鋼とアルミの輸入制限は安全保障を理由とした米通商拡大法 232 条にもとづく措置であるが，矛先は主要な同盟国にも向けられた。トランプ政権は 2018 年 6 月，鉄鋼・アルミの追加関税の発動を中国や日本にとどまらず，適用を留保していた EU やカナダ，メキシコにも拡大した。各国はWTO のルール違反だと反発している。

6 月にカナダで開かれた G7 サミットの焦点は，6 カ国の首脳がトランプ氏を説得できるかだったが，不調に終わった。EU とカナダは米国に報復関税を課すと表明，自由貿易体制の軸となっている G7 内部であわや貿易戦争かという異常事態となった。保護主義への対応をめぐり，G7 は今や G6+1 のような構図になっている。

トランプ氏は，米国の労働者など支持層にアピールするため，鉄鋼・アルミだけでなく，自動車にまで 232 条にもとづく追加関税をちらつかせているが，

際限のない報復合戦になれば米国も痛手を負うことになる。

サプライチェーン（供給網）のグローバル化が進むなか，貿易戦争に突入すれば，米国も無傷ではいられない。トランプ氏が仕掛けた貿易制限がブーメランのように米産業の生産と雇用に打撃をもたらすことになる。

2．米中新冷戦への危険な構図

2018年10月，ペンス副大統領はハドソン研究所の演説で，中国による知的財産権の侵害や技術の強制移転，国有企業への補助金，覇権主義による軍事的拡張などを非難し，「中国を甘やかす時代はもう終わった」と宣言した。

チャーチルが「鉄のカーテン」を語った演説に匹敵するとの見方も少なくない。戦後の米中関係において，米国が中国経済を支援し国際秩序に取り込もうとした時代がペンス演説で終わりを告げ，米中が「新冷戦」に突入する危険性も高まっている。

トランプ政権が対中強硬路線に転換したのは，国家資本主義という異質なイデオロギーを持った中国が経済と安全保障の両面で米国の覇権を脅かし始めたからだ。18年8月には米国防予算の大枠を決める「国防授権法」が成立し，米国への投資規制と米国からの輸出管理を内容とする法律が盛り込まれた。「外国投資リスク審査近代化法」と「輸出管理改革法」だ。さらに，米国は通信インフラから，中国大手の華為技術（ファーウェイ）や中興通訊（ZTE）などを排除しようとしており，政府調達の禁止を打ち出し，同盟国にも同調するよう求めている。

そうしたなか，2018年12月1日の米中首脳会談で90日間の貿易協議に入ると合意した。この間10％から25％への関税引き上げを棚上げにするとし，期限を19年3月1日とした。米中貿易協議の焦点は，①貿易不均衡の是正，②知的財産権の保護強化，③中国の構造改革，の3つに分けられる。

国内経済への打撃が深刻になりつつある中国としては，何とか妥結に持ち込みたいところだろう。このため，米国の対中貿易赤字縮小と中国市場の開放については，大豆などの農産品や天然ガス（LNG）の輸入拡大，金融・自動車の外資規制緩和など，米国の要求にできるだけ応じる覚悟である。また，知的財産権の保護強化についても，一定の時間をかけて前向きに対応していくとし

ている。しかし，国家資本主義からの転換につながる中国の構造改革について
は，国家運営の原則に抵触するとして，国有企業優遇策の見直しや「中国製造
2025」の撤廃には応じない方針である。

　中国の構造問題をめぐる米中の溝は深く，貿易戦争の終焉といえるような完
全な合意は難しい。何らかの成果が得られたとしても一時的な小休止に過ぎ
ず，根底にある覇権争いの構図は変わらないため，中長期的な対立は続くとみ
てよい。

3．米国の暴走に打つ手を欠いた WTO

　トランプ政権が次々と打ち出す貿易制限に対して，打つ手を欠いた WTO の
存在意義が問われる事態となっている。米国は WTO のルールを恣意的に拡大
解釈し，232 条にもとづく安全保障上の理由で鉄鋼とアルミの輸入に対して追
加関税を課し，さらに，301 条にもとづく知的財産権侵害への対中制裁措置と
して追加関税を発動するなど，独善的な通商政策を取り続けている。

　トランプ政権は，巨額の貿易赤字を縮小させるためには WTO ルールに違反
しそうな灰色措置も辞さない覚悟だ。WTO 軽視といっても過言でない。米国
にとって不利となるような WTO の判断には従わない方針もすでに明らかにし
ている。

　そうした中，2018 年 7 月，トランプ大統領が「WTO が米国を不当に扱え
ば，米国は何らかの行動を起こす」と言った。WTO 離脱も辞さない強い姿
勢を見せることで WTO を牽制し，貿易交渉を米国に有利に運ぼうとする，
ディール好きのトランプ氏の思惑が透けて見える。

　トランプ政権は 2018 年 8 月下旬，9 月末に任期切れとなる WTO 上級委員
の再任を認めないと表明した。WTO の紛争解決の最終審にあたる上級委員会
で米国が不利な扱いを受けているとの理由からだ。

　上級委員の定数は 7 人で，ひとつの案件に対して 3 人が担当する。再任され
ず欠員が 4 人に増えたので，残りの委員は 3 人（インド，米国，中国），自国
が関わる紛争を担当できないため，紛争解決の機能不全が現実味を帯びてき
た。この状況が続くと，2019 年末には 1 人のみとなる。

　WTO に提訴すると紛争処理小委員会（パネル）が設置されるが，パネルの

報告に不服なら上級委員会に上訴できる。だが，機能不全に陥れば紛争案件は宙に浮いてしまう。

　米国に鉄鋼・アルミの追加関税を課せられた国々が次々とWTOに提訴しているが，WTOの紛争解決が機能しなければ，いくら訴えられてもトランプ政権は痛くも痒くもない。穿った見方をすれば，WTOの機能不全がトランプ政権の狙いではないのか。

　一方，WTOは新たなルールづくりでも機能不全となっている。2001年に開始が宣言されたドーハ・ラウンドの交渉は失速し，もはや「死に体」同然だ。分野別の部分合意を目指した2017年12月のWTO閣僚会合では各国の足並みが揃わず，閣僚宣言を採択できなかった。米国が歩み寄りの姿勢を全く示さず，WTO批判に終始するなど，閣僚会合の議論の足を引っ張ったとされる。

　トランプ政権は，中国に不公正な貿易慣行を是正させるには，現行のWTOルールでは不十分であり，301条にもとづく関税引き上げといった米国による制裁措置の発動しかないと考えている。閣僚会合で，米国がWTOの機能不全とWTO改革の必要性を訴えたのは，その後に発動された米国の対中制裁も止むなしとの大義名分を得るための布石だったとも考えられる。

第2節　米国のTPP離脱の衝撃：揺らぐ通商秩序

1．TPPが頓挫すれば中国の思う壺

　トランプ大統領はTPPによって米国への輸入が増え，国内の雇用が奪われるとして，2017年1月の就任早々，TPPからの離脱を表明した。しかし，米国のTPP離脱は，日本の通商戦略やアジア太平洋における経済統合の動きに大きな打撃を与えるだけでなく，米国自らも通商上の利益を失うことになるだろう。

　TPPが，アジア太平洋における米国の影響力を強める最も重要な手段のひとつであることは言うまでもない。米国のTPP離脱は，アジア太平洋のルールづくりを自ら放棄することになる。中国がアジア太平洋の覇権を狙い，米国に取って代わろうと積極的に動いているだけに，米国のTPP離脱によって

TPP が頓挫すれば，中国の思う壺である。

　TPP 交渉を主導したオバマ政権は，ポスト TPP を睨み，将来的には中国も含めて TPP 参加国を APEC（アジア太平洋経済協力会議）全体に広げ，FTAAP（アジア太平洋自由貿易圏）を実現しようとした。タイ，フィリピン，インドネシア，台湾，韓国など，APEC 加盟国が次々と TPP に参加し，中国の孤立が現実味を帯びるようになれば，中国は TPP 参加を決断せざるを得ない。投資や競争政策，知的財産権，政府調達などで問題の多い中国に対して，TPP への参加条件として「国家資本主義」からの転換とルール遵守を迫るというのが，米国が描くシナリオであった。

　TPP からの米国の離脱はサッカーのオウンゴールみたいなもので，中国は「命拾いした」とさぞかし喜んだであろう。ただし，それも束の間，TPP11 の妥結により糠喜びであったと知るのである。

２．「逆走」するトランプ政権の FTA 戦略

　米国の FTA 戦略が逆走し出した。二国間主義を重視するトランプ政権は，TPP から離脱する代わりに，主要な貿易相手国とは二国間 FTA を締結していくつもりである。二国間 FTA の方が米国に有利な交渉ができると信じているからだ。

　しかし，それはメガ FTA 時代の潮流に逆らうものであり，周回遅れの発想だ。企業のグローバル・サプライチェーンを分断させ，使い勝手の悪い二国間 FTA に飽き足らず，メガ FTA の TPP 締結を強く望んだのは他でもない米産業界である。

　さらに，トランプ政権は TPP からの離脱にとどまらず，これまで締結した FTA を見直すつもりだ。グローバル・サプライチェーンの拡大により海外から安価な製品・部品の輸入が増大し，米製造業の衰退につながったとの認識から，米国内の生産と雇用を増やすための保護主義的な項目を FTA に盛り込もうとしている。

　トランプ政権の要求で NAFTA（北米自由貿易協定）の見直しが行われ，2018 年 8 月の米墨合意，9 月の米加合意を経て，11 月に調印されたメキシコ，カナダとの間の USMCA（米墨加貿易協定）の合意内容を見ると，原産地規

則の強化，為替条項（為替操作に対する制裁の発動）や対米輸出規制の導入な
ど保護主義色が非常に濃いダーティFTAに後退している。サプライチェーン
への打撃は避けられず，日本企業の北米戦略も練り直しが必至の情勢だ。

　トランプ政権は，TPP参加国を対象にアジア太平洋における米国をハブと
する二国間FTA網の構築を進めるつもりである。しかし，このトランプ政
権の二国間主義にもとづくFTA戦略は，日本にとっては受け入れがたい。
日本が目指すのは，アジア太平洋に拡がる日本企業のグローバルなサプライ
チェーンを包み込むメガFTAの実現である。米国による二国間FTAのネッ
トワーク構築は，これを阻害する。アジア太平洋におけるグローバル・サプラ
イチェーンを分断しかねないからだ。

　とばっちりの構図の中で，アジア太平洋の通商秩序を揺るがすトランプ政権
の暴走をいかにして止めるか，それが日本の通商戦略の悩ましい課題となっ
た。

第3節　暴走するトランプ政権に対する日本の対応

1．WTO改革に米国を巻き込む日本の狙い

　トランプ政権の暴走を止めるべき立場のWTOが，皮肉なことにルール策定
だけでなく，監視と紛争処理の面でも機能不全の危機に陥ってしまっている。
報復関税の応酬に歯止めをかけ，揺らぐ自由貿易体制を再構築できるのか。そ
のカギは「自由貿易の砦」であるWTOの再生にかかっており，そのためにも
WTO改革の機運を盛り上げることが必要だ。

　米国の一方的な対中制裁関税には問題があるとしても，米国が批判する中国
の国有企業や補助金政策などに対応するルールづくりは改革案のひとつとして
検討すべきである。また，デジタル・エコノミーの進展に伴い，デジタル保護
主義の動きが見られる。国境を越えたデータの流通自由化などのルールづくり
は急務だ。さらに，アフリカなどの最貧国は別として，中国やインドなどの新
興国に対してはS&Dによる例外扱いはもう必要がないといった米国の主張に
も一理ある。

ドーハ・ラウンドの停滞が示すように，コンセンサス方式（全会一致）が WTO での合意を困難にしている。意思決定方式の見直しを求める声も多く，すでに「プルリ合意」と呼ばれるような一部の有志国による個別テーマごとのルールづくりを目指す動きも出始めている。

このように，WTO 改革については，意思決定方式の見直し，新分野のルールづくり，S&D 条項（途上国への特別待遇）の再検討，紛争解決の機能強化など様々な提案が出ている。WTO のルールよりも国内法を重視するトランプ政権の姿勢は，そう簡単には変わらないだろう。それでも日本は EU と連携して，WTO 改革を餌にして，米国が WTO から離反しないよう粘り強く働きかけるべきだ。

ライトハイザー USTR 代表は WTO 改革に積極的とされ，日本や EU とも改革の必要性で一致している。2018 年 9 月の日米欧三極貿易相会合では，中国の不公正貿易慣行などに連携して対処するために，WTO 改革案を共同提案することで合意した。

多国間主義にもとづく自由貿易体制を支える WTO の存在意義は大きい。その認識を共有し，WTO を改革し再生させることが必要だ。一筋縄ではいかぬトランプ政権を WTO につなぎ留めるために，WTO の改革と再生に米国も巻き込んでいくのが日本に求められた役割だろう。

２．日本の通商シナリオは４正面作戦：米国の尻に火をつけられるか

だが，WTO 改革を期待して待っている時間も余裕もない。機能不全の WTO が今ひとつ頼りにならない中で，どうすれば，トランプ政権の暴走に歯止めをかけられるか。日本の通商戦略を説明するキーワードが，「4 正面作戦」である。それは，米国の TPP 復帰の可能性を睨みながら，米国抜きの TPP11，日 EU・EPA，RCEP，日米経済対話（FFR を含む）の 4 つの交渉をセットにして進めるというものである。

TPP11 と日 EU・EPA，RCEP の 3 つのメガ FTA の発効によって米企業がアジア太平洋のビジネスチャンスを失うのではないかと，トランプ政権を焦らせるのが日本の通商戦略の狙いだ。米国に対して圧力をかけ，日米経済対話の場を利用して，TPP に復帰するよう米国を粘り強く説得するという作戦であ

146 第Ⅱ部 トランプ・リスクと貿易戦争の行方

る。日本は，高を括っている米国の尻に火をつけることができるか。

　トランプ・ショックからまる 2 年が経ち，日本の通商戦略は，TPP11 と日
EU・EPA の 2 つの交渉はすでに合意に達し，一応の成果を上げた。TPP11
（CPTPP）は 2018 年 12 月末に発効し[2]，日 EU・EPA も 2019 年 2 月に発効
している。

　日本にとって，これらの決着は戦略的に大きな意義がある。貿易自由化と高
いレベルの通商ルールを世界中に拡げていくための足場を築くことになった
が，保護主義に傾くトランプ政権を牽制し，自由貿易体制の重要性を訴えると
いう狙いがある。

　TPP11 は，離脱した米国の要求で盛り込まれた一部の項目（知的財産権や
紛争処理，政府調達など 22 項目）について，実施を一時凍結した。将来的に
米国が復帰すれば凍結は解除される。

　日 EU・EPA は，大枠合意後も積み残しとなっていた ISDS（投資家と国家
の紛争解決）条項の問題を協定から分離し，早期に発効させる方向で合意し
た。交渉が難航した分野を切り離し，別途協議することにして妥結を優先させ
た形だ。

　残るのは RCEP だが，2013 年に始まった ASEAN+6（日中韓，豪 NZ 印）
による RCEP の交渉は，日中のつばぜり合いが続き難航している。

3．日本が見据えるのは FTAAP への道筋

　米国の TPP 離脱によって一旦は片足を棺桶に突っ込んだ TPP だが，日本
の主導で残り 11 カ国が結束し，TPP11（CPTPP）の発効にこぎつけた。日本
がこれまで消極的だった TPP11 に舵を切った理由は何か。

　米国への説得工作が不調に終わり，TPP が塩漬けのまま時間が過ぎていく
と，TPP11 カ国の結束が緩み，TPP からのドミノ離れが生じる恐れがあった
からである。このため，TPP11 の早期発効に向けた協議を通じて TPP への求
心力を維持しようと考えた。もちろん，多国間でなく二国間の交渉に重点を置
くトランプ政権を牽制する狙いもあった。

　さらに，対中戦略（中国の外堀を埋める）という TPP のもつ戦略的な意義
へのこだわりもあった。TPP への参加と引き換えに，中国に国家資本主義か

らの転換を迫るというのが，日米が共有するシナリオであった。一方，TPP による中国包囲網の形成を警戒した中国は，対抗策として ASEAN+6 による RCEP の実現に動いた。中国は国家資本主義を維持しつつ RCEP の交渉を進めようとしている。

APEC は将来的に FTAAP の実現を目指すことで一致しているが，TPP ルートか RCEP ルートか，FTAAP への具体的な道筋については確定していない。TPP の頓挫をチャンスと見た中国は，途上国でも参加し易い低いレベルの RCEP ルートを軸に据える考えを打ち出すなど，APEC において FTAAP の実現を主導する構えを見せている。

しかし，TPP11 の合意によって TPP が生き残れば，中国の目論見を潰すことができる。TPP 頓挫に一旦は喜んだ中国だが，それも糠喜びに終わる。これが，TPP11 の実現に動いた理由のひとつであることは間違いない。

日本が当初，RCEP 交渉の合意を急がなかった理由について穿った見方をすれば，FTAAP への道筋として RCEP ルートを主張する中国を牽制する狙いがあったからだ。TPP の延長線上に FTAAP を位置付けている日本としては，TPP11 よりも先に RCEP の方が発効するのを避けたいと考えていた。日本が RCEP の早期妥結に軸足を移したのは，2018 年に入って TPP11 の発効にメドが立ってからである。

4．RCEP 交渉の落としどころ

ASEAN 設立 50 周年の節目を迎えた 2017 年，ASEAN は RCEP の大筋合意に意欲を示したが，各国の主張の隔たりは大きく，2017 年内としてきた合意目標を 2018 年以降に先送りすることになった。

市場アクセスとルールを柱に質の高い協定を求める日本や豪州に対して，国内の保護を優先する中国やインドが慎重な姿勢を崩していない。早期の大筋合意を優先すべきか，高いレベルで市場アクセスとルールのバランスある合意を目指すべきか，この二律背反的な 2 つの課題に直面して，ASEAN+6 カ国はどのように折り合いをつけるか難しい選択を迫られている。

2018 年 8 月にシンガポールで RCEP 閣僚会合が開催され，「18 年中の実質合意」を目指すことで一致した。RCEP 交渉は最終段階に進んだが，2019 年

に総選挙を控えるインドが関税削減で譲らなかったため，結局，決着には至らず，2018 年 11 月の首脳会議で「19 年に妥結する」との決意が表明された。

これまでに合意できたのは約 20 の交渉分野のうち 10 分野にとどまる。知的財産，電子商取引，投資ルールなどの重要なルールについてはまだ溝が埋まっていない。日本は，各国の異なる発展段階も踏まえ，猶予期間を設けるなどの柔軟性措置を提案する一方，キャパシティ・ビルディング（能力構築）の支援を行っていく考えだ。

しかし，日本が米国の尻に火をつけたいなら，すなわち，TPP11 や日 EU・EPA に加え RCEP の妥結によって，米国に圧力をかけ TPP 復帰を促したいのであれば，質の高い RCEP にいつまでも固執し，いたずらに交渉を長引かせることは決して得策ではない。

2019 年中の妥結を目指すならば，RCEP 交渉の落としどころは折衷案しかない。「RCEP は AEC を超えられない」という RCEP の制約を十分考慮すれば，ASEAN 経済共同体（AEC）の合意の仕方に倣って，AEC 方式の合意案（RCEP2019 と RCEP2025 の二段構え）で折り合うべきではないか。

5．日米経済対話は同床異夢：マルチとバイの攻防

日米経済対話は，為替操作や自動車問題で対日批判を強めるトランプ政権に対して，日米摩擦を避けたい日本側が，日米間の経済問題について，3 つの分野（貿易投資のルール，財政・金融・構造改革，分野別の日米協力）から幅広く議論する場を提案して実現したものである。日米のナンバー 2 である麻生財務相兼副総理とペンス副大統領が仕切ることになり，これまで 2017 年 4 月と 10 月の 2 回開催されたが，まさに同床異夢，日米の思惑には大きなズレがあった。

日本市場へのアクセス拡大を目指す貿易交渉の場だとして，日米 FTA の交渉にも意欲を示す米国に対して，米国の TPP 復帰を願う日本は，アジア太平洋の貿易・投資のルールづくりに向けた日米協議の場にしたいと考えた。貿易交渉だけに集中すれば，米国から農産物や自動車などで厳しい要求を突き付けられる。そこで，インフラ開発やエネルギーなど分野別の日米協力も持ち出して米国の圧力を弱めたいというのが，日本側の本音だった。

第 10 章　暴走するトランプ政権と日本の通商戦略：ディールの罠　　*149*

「魚心あれば水心」，果たしてこれがトランプ政権に通用するのか。日米協力の案件をいくら提示しても，結局，対日要求は手加減されないのではないか。実際，日本が米国の TPP 復帰を粘り強く訴えていく場として日米経済対話を考えたが，その後，厳しい局面を迎えることになった。

第 4 節　予断を許さない日米貿易協議の行方：　　　　日本の思惑通りとなるか

1．TPP 復帰のトランプ発言の本気度

　米国の TPP 復帰に向けて圧力を強めていくという日本の通商戦略のシナリオが果たしてどこまで功を奏すのか，期待と不安が錯綜するなか，突如，トランプ大統領のサプライズ発言が飛び出した。2018 年 1 月の世界経済フォーラム年次総会（ダボス会議）の演説で，再交渉を条件に TPP 復帰を再検討する可能性があると表明したのである。

　米国抜きの TPP11 は実現しないと高を括っていたトランプ政権が，2018 年 3 月にチリで署名するという予想外の TPP11 の動きに焦ったのか。食肉業界など米産業界からの突き上げで，2018 年 11 月の中間選挙を睨んだその場しのぎの苦肉の対応だったのだろう。

　このトランプ発言がどこまで本気なのか，様々な憶測が飛び交うなか，トランプ氏はさらに 2018 年 4 月，与党の共和党議員らとの会合で，TPP 復帰に向けた条件を検討するよう USTR に指示した。米国にとって「かなり良い協定」になるよう再交渉できるかどうか具体的に検証することにしたのである。しかし，このトランプ氏の指示は，トランプ政権に対する不満のガス抜きを図るためだったようだ。

　一方，日本は米国の TPP 復帰検討を歓迎したが，再交渉の可能性は否定した。まずは TPP11 の発効を再優先にし，その次に TPP11 の拡大（米国の復帰や新規参加国の受け入れ）を進める方針に変更はない。

　トランプ発言を受けて，その後の日米協議で米国の TPP 復帰を取り上げ易くなったことは間違いない。TPP と日米 FTA をめぐり日米の思惑に大きな

ズレが生じている中で，日本は，日米 FTA の議論を TPP 復帰の問題にすり替えるための「うまい口実」を掴んだといえる。

2．「FFR」と呼ばれる日米の新貿易協議に衣替え

2018 年 4 月の日米首脳会談で「自由で公正かつ互恵的な貿易取引のための協議」と呼ばれる貿易協議の新たな枠組みを設けることが決まった。自由（Free），公正（Fair），互恵（Reciprocal）の頭文字をとり，通称「FFR」と呼ばれる。茂木経済再生相とライトハイザー USTR 代表の二人が交渉を担うことになった。

FFR は日米経済対話の一部として位置付けられたが，日米経済対話が日本の時間稼ぎに使われているとの米国の不満と批判をかわすため，「目先を変える」という日本の思惑が働いた。

米国の最終的な狙いは日米 FTA にあったが，トランプ氏の本音は，時間のかかる日米 FTA の交渉よりも，2018 年秋の中間選挙を睨んで目に見える短期的な成果を得ることを優先した。米国が対日貿易赤字の削減を理由に，日本に厳しい市場開放要求を迫ってくることは確実であった。牛肉など農産物や自動車などが短期決戦の標的になると見られていた。

ところが，当初 2018 年 7 月の FFR 開始予定が，結局，9 月下旬に大きくずれ込んだ。米中の報復合戦がエスカレートした結果，USTR は対中追加関税の対応に多くの時間がとられ，さらに，2018 年 7 月の米 EU 合意に向けた協議も重なって，日米の FFR が完全に後回しにされてしまったからである。

3．「TAG」という表現にこだわる安倍政権

2018 年 9 月の日米首脳会談で，FFR の下で日米貿易協定の交渉を開始することが合意された。しかし，日本政府が共同声明の英文にはない「TAG」という造語を使ったことから，野党などから「TAG を捏造」と批判されることになった。

日本政府が発表した共同声明（日本語訳）には，「日米両国は，所要の国内調整を経た後に，日米物品貿易協定（TAG）について，また，他の重要な分野（サービスを含む）で早期に結果を生じ得るものについても，交渉を開始す

る」と書かれている（下線は筆者による）[3]。TAG に固執しているところに，日本の戦略的な意図が読み取れる。安倍首相も，「TAG は日本がこれまで締結した包括的な FTA とは全く異なる」ことを強調している。

TPP から離脱したトランプ政権が包括的な日米 FTA の締結を日本に迫るなか，TPP11 を主導する安倍政権は，日米 FTA 交渉には絶対に応じないと言い続けてきた。しかし，二国間主義にもとづき追加関税で脅しながら相手国に譲歩を迫るトランプ流の交渉術が一応の成果を上げ，それが多国間よりも二国間の交渉の方が米国に有利だというトランプ政権の主張を勢いづかせ，「米国の TPP 復帰が最善」と主張する日本にとっては不都合な状況になった。

結局，自動車の 25％追加関税の対象から日本を除外させることが，安倍政権の優先課題となってしまい，米国の要求を受け入れ実質的に日米 FTA の交渉開始に合意するしかなかった。TAG は，トランプ流の「ディールの罠」に嵌った日本の苦肉の策だ。

TPP か日米 FTA か，日米の思惑が錯綜するなか，日本は着地点に向けてどのようなシナリオを描いているのか。玉虫色の日米共同声明には，さらに，「上記協定の議論が完了した後，他の貿易・投資の事項についても交渉」とある。

安倍政権では，第 1 段階は関税撤廃など TAG に限定，第 2 段階で関税以外のルールづくりを目指すという 2 段階方式のシナリオを描いている。ただし，米国の TPP 復帰を諦めていない。深読みすれば，ポスト・トランプも睨みながら，第 2 段階のルールづくりで日米 FTA の議論を TPP 復帰問題にすり替えるチャンスを狙うしたたかな戦略を考えている。それがまた，米国の TPP 復帰を前提に TPP11（CPTPP）をまとめ上げた安倍政権の矜持といえよう。

表現がどうであれ，TAG は紛れもなく FTA である。関税撤廃などを米国だけの特別扱いにするのであれば，FTA を締結しなければ，WTO 協定の最恵国待遇原則に違反するからだ。

TAG に関する日本側の最大の懸念材料は，米国が TPP 水準を超える農産物の市場開放を日本に要求してくることだ。その懸念を払拭するため，「農産物の市場アクセスは TPP の水準を超えない」との文言が合意文書の了解事項として盛り込まれた。

さらに，2018年7月の米EU合意と同様，交渉中は米国が日本に対して自動車の25％追加関税を課さないようにするため，「交渉中は，共同声明の精神に反する措置の発動を控える」という表現で米国の確約を得た。これら2つの約束を取り付けたという意味で，安倍政権は米国の圧力下で満点に近い合意を得たと言ってよかろう。

だが，今後の展開は予断を許さない。その後「TPP以上の譲歩を日本に要求する」というパーデュー農務長官の発言が飛び出すなど，「TPP並み」が農産物の攻防ラインとなるのは必至だ。さらに，米国側の了解事項に，「自動車分野について，米国内での生産及び雇用の増大に資するものとする」という文言が盛り込まれたことが火種となろう。米自動車メーカーは日本市場において戦意を喪失しており，日本への自動車輸出は増える見込みがないため，日本の対米自動車輸出を規制するという「管理貿易」の議論に発展しそうだ。

4．死角だらけの日本の交渉シナリオ

日本は物品に絞ったTAGの交渉に限定したいが，トランプ政権はサービスその他重要な分野も含めた包括的なFTAを目指しており，日米の思惑に違いがみられる。果たして日本のシナリオ通りの展開となるのだろうか。

米国の貿易関連法により，貿易交渉開始の30日前に，USTRは議会に交渉目的を通知しなければならない。このため，USTRは2018年12月21日，日本との貿易協議に向けて22分野の要求項目を議会に通知した。22項目の中身をみれば，TPPとほとんど同じような分野が並んでおり，包括的な日米FTAの締結を目指すトランプ政権の強い姿勢がうかがえる。

2018年12月10日にワシントンで開かれたUSTRの公聴会では，米国の業界団体からTPPを上回る水準の協定を求める声が相次いだ。このため，要求項目には，農産品の関税引き下げや自動車貿易の改善にとどまらず，通信や金融などサービス分野を盛り込んでいる。さらに，薬価制度や為替の問題も協議するとしている。

米国との貿易交渉で日本が最も警戒すべき点は，NAFTAの再交渉によって新たに締結されたUSMCA（米墨加貿易協定）を成功事例として，トランプ政権がカナダとメキシコに呑ませたのと同じ項目を日本にも要求してくるこ

とだ。例えば，①為替条項，②輸出規制，③原産地規則，④非市場国条項などである。

　日本が最も反発する項目は，通貨安誘導を禁ずる為替条項の導入である。米自動車業界は円安による日本車の輸出攻勢を恐れている。このため，円売り介入だけでなく，日銀の異次元金融緩和までも円安誘導策とみている。日本は交渉対象から為替を外し，日米の財務当局に委ねたい考えだ。

　日本の対米黒字の76％（2017年度）が自動車・同部品で占められていることから，トランプ政権が，日米貿易不均衡の是正を理由に日本に対して自動車の対米輸出規制を求めてくるのは明らかだ。USMCAでは，米国が自動車に25％の追加関税を課しても，カナダとメキシコの対米輸出台数がそれぞれ260万台を超えなければ適用除外にするとなっている。米国は日本に対しても同様の要求をしてくる可能性が高い。

　また，自動車の原産地規則も，USMCAでは自動車部品の現地調達比率はこれまでの62.5％から75％に引き上げられ，自動車の40％は時給16ドル以上の工場で生産しなければならなくなり，きわめて保護主義色の濃い内容に変更された。TPPの自動車に関する原産地規則については米議会でも不満が多い。このため，日本に対してTPP合意の45〜55％よりも厳しい現地調達比率を要求してくることが予想される。

　トランプ政権の最大の狙いは，これら原産地規則の強化と対米輸出規制の実施によって，自動車の輸出削減と米国での現地生産拡大を日本側に受け入れさせることだ。USMCAのやり方を踏襲し，WTOルールを無視した形で強引に日本に譲歩を迫るに違いない。

　さらに，米国は，中国のような非市場国とFTAを締結するのを制限するような「非市場国条項」を盛り込もうとしている。トランプ政権は米中新冷戦を意識し，非市場国条項を同盟国などに拡げ，中国と対峙する「有志連合」をつくる狙いがあるようだ。

　前述の日米共同声明には「第三国の非市場志向型の政策や慣行から日米両国の企業と労働者をより良く守るための協力を強化する」と明記，中国の国有企業による不公正貿易慣行に対する警戒感を表明している。この非市場国条項を盾にして，トランプ政権が日本のRCEP参加に言いがかりをつけてくる可能

性もあり，警戒が必要である。

　USTR による議会への通知によって，改めて日米の思惑の違いが浮き彫りとなった。2018 年 12 月中旬に茂木氏とライトハイザー氏の電話会談が行われ，共同声明を順守することを確認したとされるが，果たして日本のシナリオ通りに物品に的を絞った TAG の議論を先行できるかは不確実だ。

5. 日本は「ディールの罠」から逃れられるか

　当初，2019 年 1 月下旬に予定されていた日米貿易交渉の開始は，米中協議の影響で大幅に遅れ，4 月以降にずれ込んだ。「タリフマン（関税好き）」を自称するトランプ大統領は，日米の貿易協議入りと引き換えに，自動車の追加関税を棚上げにしたが，再び矛先が日本に向くリスクは消えていない。日本側の時間稼ぎに腹を立て，関税の引き上げを言い出す可能性もある。2019 年 2 月 17 日，232 条にもとづく自動車関税を発動すべきか否か，米商務長官が大統領に報告書を提出した。もし日本車への追加関税が明記されていれば，日本にとっては大きな脅威となる[4]。

　米 EU の貿易協議で，EU は理不尽な追加関税に対しては報復関税の発動を表明するなど，米国の脅しとディールに屈しない強い姿勢を示すなど，老獪さを発揮している。他方，「シンゾー・ドナルド」の親密な関係に水を差すような報復措置は取らないだろうと，トランプ政権は日本を甘く見ている。交渉カードを 1 枚封印した形で，米国の厳しい要求をかわすことができるのか。

　日本は米国の要求に対して，① WTO ルールとの整合性を確保する，② TPP 合意の範囲を超えるような譲歩はしない，という 2 つの基本姿勢を貫く方針だ。理不尽な要求は断固応じないしたたかな外交戦術が求めれるが，お題目をただ唱えるだけではダメで，「切り札」が必要だ。

　日本が「ディールの罠」から逃れられるかどうか，そのカギはペンス演説に隠されている。米中新冷戦を匂わすペンス演説は，中国の国家資本主義への宣戦布告である。米国との貿易戦争で窮地に追い込まれた中国が，日本にすり寄ってきた。対中包囲網を目指す有志連合を切り崩す魂胆である。

　トランプ政権は中国に国家資本主義を捨てるような構造改革を要求しているが，中国はそれに応じるつもりは全くない。対中交渉の膠着に焦りを強めたト

ランプ氏は，ほぼすべての中国製品に関税を広げる「第4弾」を 2019 年 9 月に発動すると表明した。持久戦に持ち込もうとする中国に対して，二国間主義による対中戦略の限界が露呈し始めている。多国間主義を無視して，敵と味方の見境もなく銃を乱射すれば，トランプ氏はきっとその代償を思い知るだろう。日本が米国に対して「中国カード」を切れるかどうか，日米貿易交渉は安倍政権にとってまさに正念場といえる。

（馬田啓一）

【注】

1）トランプ政権は 18 年 6 月に公表した報告書（Office of Trade & Manufacturing Policy Report: "How China's Economic Aggression Threatens the Thechnologies and Intellectual Property of the United States and World"）で，中国が米国の「クラウン・ジュエル（王冠の宝石）」に手を伸ばそうとしていると，米国の先端技術を宝石になぞらえ，警戒感を露わにした。

2）TPP11 の新たな正式名称は，「包括的及び先進的な環太平洋パートナーシップ協定（Comprehensive and Progressive Agreement Trans Pacific Partnership：CPTPP）」とされた。

3）日米共同声明の英文は次の通りとなっている。goods の頭文字が大文字でない点に注意されたい。The United States and Japan will enter into negotiations, following the completion of necessary domestic procetures, for a United States–Japan Trade Agreement on goods, as well as on other key areas including services, that can produce early achievements. 因みに，米国側はこの協定を「USJTA」と呼んでいる。

4）トランプ米大統領は 2019 年 5 月 17 日，自動車への追加関税に関する判断を最大 180 日間先送りすると発表。日本や EU との貿易協議の手段として温存する狙いがある。

【参考文献】

馬田啓一（2016）「米国の TPP 離脱の衝撃：トランプは本当に墓穴を掘るのか」『フラッシュ』（2016 年 12 月）No. 310，国際貿易投資研究所。

馬田啓一（2017）「日本の対米通商戦略に死角はないか：日米経済対話の落とし穴」『フラッシュ』（2017 年 4 月）No. 333，国際貿易投資研究所。

馬田啓一（2018a）「通商秩序を揺るがすトランプ米政権を抑え込めるか」『世界経済評論インパクト』（2018 年 1 月 8 日）No. 985，国際貿易投資研究所。

馬田啓一（2018b）「アジア太平洋の通商秩序を揺るがすトランプ米政権」『世界経済評論』2018 年 3 月・4 月号（2 月刊），国際貿易投資研究所。

馬田啓一（2018c）「トランプ大統領の TPP 復帰発言は本気なのか」『フラッシュ』（2018 年 2 月）No. 363，国際貿易投資研究所。

馬田啓一（2018d）「トランプ政権の打算と誤算：報復合戦の結末は？」『貿易と関税』2018 年 9 月号，日本関税協会。

馬田啓一（2018e）「WTO とトランプ米政権の壊れた関係，修復可能か？」『世界経済評論インパクト』（2018 年 9 月 24 日）No. 1164，国際貿易投資研究所。

馬田啓一（2019）「日米貿易協議の行方：安倍政権の不確実なシナリオ」『世界経済評論インパクト』（2019 年 1 月 7 日）No. 1248，国際貿易投資研究所。

第Ⅲ部

世界経済の新たな潮流：
期待と不安

第11章

貿易戦争とデジタル技術：ASEANの開発戦略改編

はじめに

　1990年代以降，東アジア地域は，機械産業を中心とする国際的生産ネットワークあるいは生産工程・タスク単位の国際分業を積極的に利用しながら，持続的な経済成長と急速な貧困撲滅を実現してきた。

　特に東南アジア諸国連合（ASEAN）をみると，未だに国際的生産ネットワークへの関与の度合いには大きな格差が残存しており，生産ネットワークをさらに拡大・深化させる余地がある（Obashi and Kimura 2017）。また，世界金融危機による「貿易崩壊（trade collapse）」からの回復に続き，2011年から2016年にかけて貿易の成長率がGDP成長率を下回る「貿易減速（slow trade）」という時期がやってきた。その時には，国際的生産ネットワークの時代は終わったというような論説も，マスメディアで当たり前のように取り上げられた。しかし，貿易データを丁寧に分析すると，この時期においても，東アジアにおける生産ネットワーク関連品目の貿易は順調に拡大していたことがわかる（Obashi and Kimura 2018）。東アジア諸国の開発戦略における国際的生産ネットワークの重要性は決して減じていない。

　しかしそこに，2つの新しい要素が加わってきた。ひとつは米中貿易戦争とルールに基づく世界貿易体制の弱体化，もうひとつはデジタル技術の急激な進化である。これら2つの変化はASEANに何をもたらすのか，開発戦略にはどのような改編が求められるのか，以下で議論する。

第1節　短期的影響：正の貿易転換効果

米中貿易戦争は，第三国にも暗い影を落としつつある。ASEAN をはじめとする東アジア経済は，国によってそれぞれ距離感は異なるとはいえ，米国と中国のどちらとも密接につながっている。米中対立が激化してどちらか片方を選ぶよう迫られるような事態は，できる限り避けたいところだろう。

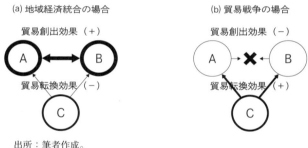

第 11-1 図　地域経済統合と貿易戦争の第三国への経済的影響

出所：筆者作成。

米中貿易戦争の第三国への経済効果はどのように考えればよいのだろうか。関税に限って言えば，基本的には地域経済統合の場合と逆のことが起きる（第11-1 図参照）。A，B，C という三国から成る世界を想定し，特に C 国の輸出に注目して経済効果をみてみよう。A 国と B 国が自由貿易協定（FTA）を結び，二国間の関税を撤廃すると，C 国の輸出には2つの経済効果が及ぶ。ひとつは，C 国から A，B 両国に対する輸出が A，B 間の貿易に置き換えられ，減少してしまうかも知れない。これを第三国に対する負の貿易転換効果と言う。もうひとつは，A 国と B 国の間の FTA によって世界全体の貿易が活性化され，それが C 国の輸出にも好影響を与えるかも知れない。これが，第三国に対する正の貿易創出効果である。どちらの効果の方が大きいかは実証研究で確かめられるべきものであるが，全体としては負の効果，しかしマクロ的にはごくわずかな変化にとどまるものと考えられている。

第 11 章　貿易戦争とデジタル技術：ASEAN の開発戦略改編　*161*

　貿易戦争の場合はこれと逆のことが起きる。まず，C 国は，A，B の間の貿易に置き換わって，輸出を増やすことができるかも知れない。これが正の貿易転換効果である。一方，貿易戦争によって世界全体の貿易が鈍化するかも知れない。これが負の貿易創出効果となる。

　実際，企業単位のミクロ的視点からみれば，正の貿易転換効果が生じている。中国からベトナムへの生産拠点移管は，米中貿易戦争勃発以前から始まっていたが，このところ加速しているように見える[1]。中国の対米輸出が減少する一方，ベトナム，台湾，メキシコの対米輸出は急増しており，米国は中国からこれらの国々を経由する迂回輸出が混在していないか，神経をとがらせている[2]。また，中国企業が率先して自国から東南アジア，特にベトナム，フィリピン，タイなどに生産拠点をシフトさせているとの報道もある[3]。このような経済的機会が生まれているとすれば，第三国は臆せず，その好機に乗ずるべきである。それは，貿易戦争による損失を一部相殺し，世界経済全体にもよい影響を及ぼす。

第 2 節　中長期的影響：ルールに基づく貿易体制の脆弱化

　しかし一方で，貿易戦争の行方を予測することは極めて難しく，特にグローバル・ヴァリュー・チェーンの設計において考慮せねばならない不確実性の増大は著しい。これがさらに長期的に，ルールに基づく国際貿易秩序の弱体化につながっていくとすれば，第三国といえども大きな負の影響を受けることを覚悟しなければならない。

　国際的生産ネットワークは，通常のグローバル・ヴァリュー・チェーンあるいは国際産業連関以上に，不確実性を嫌う。生産ネットワーク内の取引のかなりの部分は，通常のスポット市場における取引ではなく，関係特殊的な取引である。貿易戦争が起きても，そう簡単に取引相手を変えるわけにはいかない。生産ネットワークを組み替えるには，中長期的な計画に基づく投資が必要となる。ルールなき貿易戦争は，将来見通しを難しいものとし，投資を控えさせ，経済を冷え込ませる危険性がある。

162 第Ⅲ部 世界経済の新たな潮流：期待と不安

　世界貿易全体のおおよそ75%は，最恵国待遇（MFN）関税，すなわち世界貿易機関（WTO）によって裏書きされた関税によっている。そのうち6割はゼロ関税である。ASEAN諸国も，特に域外との貿易においては，MFN関税に依拠している部分が大きい。これが不確かなものとなり，貿易政策がパワーポリティクスの下に置かれたら，そのコストは計り知れない。今年6月のG20大阪サミットにおいても，WTO改革の必要性は大きな話題となった。しかし，それがそう簡単に進むとも思えない。一部の専門家が考える最悪のシナリオでは，「WTOマイナスワン（米国のWTO脱退を示唆）」あるいは「WTOなき世界」といった状況も想定されるようになってきている。

　今後，ASEANをはじめとする東アジア諸国にとって，メガFTAs戦略はより重要となってくる。メガFTAsでWTOの穴を全て埋めることはできない。しかし，部分的でも予測可能な貿易体制を確保し，自由化促進と国際ルール作りを進められるという点で，メガFTAsの重要性はさらに増大しうる。環太平洋パートナーシップに関する包括的及び先進的な協定（CPTPP）の参加国拡大，東アジア地域包括的経済連携協定（RCEP）の交渉妥結などがどの程度加速されるのか，注目される。

第3節　ITとCTによる生産ネットワーク確保

　これからの開発戦略においては，もうひとつの新しい要素，デジタル技術の影響も考慮していかねばならない。そしてそれは，米中貿易戦争による中国経済の変質，中国企業の投資行動，それらに伴うASEANの相対的優位性の変化とも関係してくる。

　デジタル技術には，情報技術（IT）と通信技術（CT）という2つの顔がある。ロボット，人工知能（AI），機械学習，インダストリー4.0などに代表されるITは，データ処理能力の向上を通じて労働の機械による代替を進め，タスクの数を減らし，したがって全体としては分業を縮小させる方向に働く。一方，インターネット，スマートフォン，4G/5Gに象徴されるCTは，物理的距離を克服して情報フローを容易にし，マッチング・コストやモニタリング・

コストを低下させ，ゆえに分業を促進する。今後，どちらの側面が強くなっていくのかはわからないが，ASEAN 諸国は IT と CT の違いをよく認識し，それらをどのように利用して国際分業に参加していくのか，自らの経済発展の方向性を考えていくことが求められる。

デジタル技術が既存の国際的生産ネットワークにも大きな影響を与える可能性が生じてきている。IT による分業の縮小は，ASEAN 諸国に進出していた生産拠点の先進国への回帰（reshoring）を喚起するかも知れない。IT は，直接的には，労働の機械による代替を進める。一方，新興国・発展途上国の立地の優位性は豊富で安価な労働にある。先進国において IT の本格的導入が可能となると，生産拠点をわざわざ ASEAN 諸国に置いておく必要はなくなり，製造活動全体が先進国に戻ってしまうのではないか。これがしばしばささやかれる懸念となっている（第 11-2 図参照）。

しかし，労働と機械の代替はそれほど単純ではない。労働の一部は代替される一方，補完的に需要が創出される労働もある。そしてそれは，熟練労働，非熟練労働といった一般的な労働属性で全て区分されるものではなく，タスクよりさらに細かい個人レベルまで降りた代替性・補完性に拠ってくる。生産ネットワークの設計という面からみると，生産ブロックを切り出す際にはさまざまな技術的あるいは経営管理上の制約がかかっており，結果としてひとつの生産ブロックはさまざまなインプットの集合体となっている。ASEAN 諸国として

第 11-2 図　国際的生産ネットワークとロボット導入

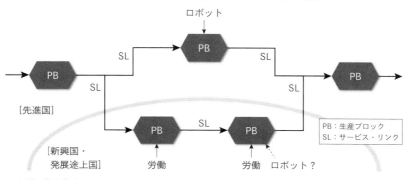

出所：筆者作成。

は，引き続き豊富で安価な労働を主たる強みとしつつ，IT と補完的な事業環境とインプットを組み合わせ，生産ブロックを維持・拡大する戦略を考えていくことになる。

　ASEAN 諸国に置かれた生産ブロックに IT を導入することも，当然検討に値するだろう。これは ASEAN 内で開発されたロボットや AI である必要はない。多国籍企業が主体となっている生産ネットワークでは，技術や経営ノウハウ，工作機械などはもともと先進国側から持ち込んでおり，それがロボットや AI を含むものとなるだけである。その世話をする技術者などが先進国の場合よりも少々高くつくかも知れないが，導入コストはそれほど高額にはならないかも知れない。

　現在筆者らが進めている実証研究では，産業別ロボット導入と生産ネットワーク下の貿易との関係を，2011～2017 年のデータを用いて分析している（Kimura and Obashi 2019）。そして，東アジアにおいては他地域と異なり，新興国・発展途上国側でロボット導入が進むとネットワーク貿易が増加するとの暫定的な結果を得ている。さらに興味深いのは，その効果が特に CT を用いた越境サービス購入の大きい国で現れていることである。これは，Jones and Kierzkowski（1990）の言うところの立地の優位性の強化とサービス・リンク・コストの低下という 2 つが生産ブロックを保持・拡大するための鍵となることと整合的である。

　現在，ASEAN の新興諸国では，工業化戦略の練り直しが行われ，その中でロボット，AI などの製造工程への導入を促進する政策が打ち出されている。たとえばタイランド 4.0 では，投資庁（BOI）の投資インセンティブと組み合わせ，外資を含む製造業企業のロボット導入に極めて寛大な優遇措置を提供している。政策の適否を判断するには政策の施行コストや因果関係の検証などいくつかのステップが必要となる。しかし，ASEAN の IT 導入政策と CT 活用政策はそれなりの論理に支えられたものとなりうる。

第4節　CT を用いた新たな産業振興

　ASEAN 諸国においては，IT の導入はごくゆっくりと進んでいる状況であるが，CT の浸透は早い。スマートフォンの普及はまさに爆発的で，接続速度の問題はあるが，都市部のみならず農村部，山間部や離島においても，インターネット接続が可能となってきている。

　それに伴い，人々の情報へのアクセス，コミュニケーションの精緻化，マッチング・コストの低減が，急速に進んでいる。ソーシャル・ネットワーク，B-to-B/B-to-C の電子商取引，交通・宿泊部門等でのマッチング・サービス，電子決済と fintech など，新たなビジネスが次々に誕生している。特に若い世代を中心にスタートアップやヴェンチャー・ビジネスが立ち上げられ，経済活性化の主役となりつつある。また，旧来からの産業・業種における CT 利用も進んでいる。農業や漁業においてさえ，スマートフォンの利用は顕著である。この先は，Baldwin（2016）が予想するような第三のアンバンドリング，すなわち越境サービス・アウトソーシングも，国際間賃金格差を背景に，拡大していくのかも知れない。

　このような CT 普及を契機とする経済活動の活性化は，政府施策の結果というよりは，経済活動の中で自然発生的に起きてきている。そしてそれは，政府の規制体系が十分に整備されていないがゆえに，先進国よりもむしろ早く進むという面もある。しかし，ここから先は，適切な政策環境が鍵となってくる。デジタル接続のためのインフラ整備に加え，データフローに伴うさまざまな経済的・社会的懸念に対応する諸政策の整備が，デジタル経済のボトルネックとなっていくものと予想される。

166　第Ⅲ部　世界経済の新たな潮流：期待と不安

第5節　データフローをめぐる政策整備

1．DFFT と大阪トラック

　データに関する政策については，米欧中で大きく異なった政策体系が形成されつつあり，いずれはファイヤーウォールによって分断されたサイバー空間の世界がやってくるとの観測もある。一方，新興国・発展途上国においては，必要な政策の整備そのものが遅れている。ASEAN においても，サイバーセキュリティやプライバシー保護の観点から条文上極めて厳しいデータ移動規制が課され，それに施行能力が追いつかないといった事態が生じており，不確実性を高める要因となっている。

　現在のデータをめぐる各国政策の混乱の一因は，政策の可否を判断する概念枠組みそのものが十分に確立されていないところにある。たとえば，政策策定の出発点をプライバシー保護あるいはサイバーセキュリティに置いてしまうと，データフローを過度に制限する政策を採用してしまう。また，GAFA（Google, Amazon, Facebook, Apple）対策に見られるように，複数の政策目的が背景にあり，政策が適切かどうか判断する視座が不明確となっているケースもある。このような状況では，非効率な産業育成政策あるいは保護主義が忍び込む余地も大きい。

　本年，日本が主催国となった G20 の大阪首脳宣言には，「信頼性のある自由なデータ流通（Data Free Flow with Trust：DFFT）」という考え方が盛り込まれた。この概念は，論理的出発点を自由なデータフローに置き，データフローの問題を経済政策としてとらえる視点を提供するという意味で，極めて重要である。

　まず，自由なデータフローが大きな経済的価値を生み出すこと，G20 の文脈で言えば持続的かつ内包的な経済成長に貢献しうることを，議論の大本に置く。その上で，データフローが本当に自由になったとしたら我々はどのような経済的・社会的懸念を抱くのか，そしてそれを解決あるいは緩和していくにはどのような政策を策定・施行しなければならないのかを考える。こうするこ

とによって，データフローの問題を経済政策として位置付けることが可能となる。

さらに G20 大阪サミットでは，安倍首相がデジタル経済ルール作りのための「大阪トラック」の開始を宣言した。これは，本年 1 月のダボスにおける WTO 電子商取引有志国非公式閣僚会合で 76 カ国が電子商取引に関し交渉開始の意思を確認したことを受けたものである。公式に WTO の下での交渉とするためには全ての WTO 加盟国がそれを認める必要があり，今後紆余曲折も予想される。しかし，DFFT を出発点に据えて国際ルール作りの気運を高めることができたことは大きな成果である。なお，今回の G20 参加国でもインド，南アフリカ，インドネシアなどは，大阪トラックに参加するかどうか不明である。

ただし，内容についてそう簡単に深い合意が得られるわけではない。DFFT という概念は，特に米国と EU の間の政策調和を考えていく上では役に立つかも知れない。一方，中国や一部の新興国・発展途上国はかなり隔たった論理の下で政策体系を構築しつつあり，むしろ対立点が際立ってくる恐れもある。しかし，特にルール作りの中で中国が孤立していくのであれば，ASEAN は米欧側に立って自由なデータフローを享受できる環境に自らを置くべきであろう。

2．ミクロ経済学に基づく政策体系

自由なデータフローを論理的な出発点としたことはよい。次の課題は，「信頼性のある（with trust）」という条件を満たすためにどのような政策を策定・施行していかねばならないのかにある。今回の G20 へのインプットとして T20（Think 20）が提言したのは，次のような政策体系である（第 11-3 図参照）[4]。

モノの貿易の際と同様に，自由なデータフローによりパレート最適な均衡が得られるような標準的なミクロ経済学モデルを理論上のベンチマークに置く。その上で，政府は何をしなければならないか，経済的・社会的懸念があるとすればそれにどう対処すべきかを，考えていく。

この論理的アプローチに立脚すれば，自由なデータフローを支える国内・国際政策は 5 つのカテゴリーにまとめられる。第一は，さらなる自由化あるいは

第11-3図　自由なデータフローとそれを支える政策体系

出所：筆者作成。

円滑化を進める政策である。データは人為的な制限がなければ自由に移動するが，それに加えて政府にもできることがある。政策例としては，デジタル・コンテンツの無差別原則，電子取引の関税非賦課，少額小包の関税免除，電子認証・署名などがあげられる。これらは，これまでもさまざまな国際フォーラムにおいて取り上げられてきた政策であり，国際間調和を比較的実現しやすいものと言えよう。

　第二は，経済的懸念，とりわけ市場の失敗による歪みを和らげる政策である。市場の失敗は，規模の経済性，不完全競争，公共財，正・負の外部性，情報の不完全性などが存在する時に生じてくる。それがもたらす市場の歪みを相殺もしくは緩和するために，政策が正当化される場合がある。このカテゴリーにあてはまる政策には競争政策，消費者保護，知財保護などが含まれる。

　特に競争政策については，ネットワーク外部性と呼ばれる一種の規模の経済性による市場の失敗を念頭に，巨大インターネット・プロバイダーを相手取り，大きな議論がまきおこっている。市場支配力の濫用が見られるとすれば適切な競争政策を施行することが必要である。しかし，潜在的な競争が確保され，技術進歩の速度が速い場合には，市場シェアが高いことそのものは必ずし

第 11 章　貿易戦争とデジタル技術：ASEAN の開発戦略改編　*169*

も問題ではないことに注意する必要がある。知財保護においては，旧来からの問題に加え，サイバースペースに独特の問題も生じてきている。

　第三は，さまざまな価値観や社会的懸念と経済効率の折り合いをつける政策である。データおよびプライバシーの保護，サイバーセキュリティ，健康・文化などの一般例外をめぐる政策がこのカテゴリーに属する。プライバシー保護は大切なひとつの価値である。しかし，それと自由なデータフローの二者択一という形に問題を設定するのではなく，2つの価値の間でうまく折り合いをつけていくことが重要である。モノの貿易の世界で食物の安全と自由貿易の間の折り合いをつけたように，データに関しても目的を達成しつつできるだけデータフローを制限しないような政策を施行していくべきである。サイバーセキュリティの場合も同様である。

　第四は，データフローとデータ関連ビジネスを規制体系に取り込む政策である。現在，OECD を中心に議論されている租税政策はこのカテゴリーに属する。また，電子決済，fintech，その他産業を対象とする規制や，人工知能に関するガイドラインなども，ここに含まれる。また，より根本的な問題として，企業の情報開示と統計をどのように制度化していくか，政府が個人・企業データにアクセスする際の司法プロセスをどうするかなども，問題となる。

　そして，残った第五のカテゴリーが産業育成政策あるいは保護主義である。これらは経済学的に正当化しうる場合もあるが，非効率な保護に陥ってしまうケースも多い。大部分の ASEAN 諸国のように比較的規模の小さい経済では，外とつながらない限り十分なネットワーク外部性は得られず，強いデータフロー規制を導入すると消費者その他のネットユーザーのコスト負担が大きなものとなってしまう可能性が高い。他の政策目的とは分けて保護主義に当たる部分を可視化し，市場を大きく歪曲するような政策を避けるよう努力しなければならない。

　これら全ての政策分野で国際的調和を実現するのは容易なことではない。しかし ASEAN 諸国は，国際ルール体系の完成を待つのではなく，自ら必要な政策体系の構築を始めなければならない。特に，今後データをめぐる諸政策についての国際ルール作りが進む中，中国やインドなど規模の大きな新興国ほど，世界のトレンドから外れていってしまう危険性も高い。ASEAN 諸国は，

170　第Ⅲ部　世界経済の新たな潮流：期待と不安

内にこもるのではなく，外に開かれた体制の下で，自由なデータフローの恩恵を享受していくことが肝要である。

おわりに

　1990年代以降，ASEAN は国際分業の質的変化にいち早く気付き，国際的生産ネットワークを積極的に利用する開発戦略を打ち立て，持続的な経済成長と急速な貧困撲滅に成功してきた。ASEAN は，米中貿易戦争とデジタル技術という新しい外的ショックに，適切に対応していけるだろうか。これを大事な契機と捉え，新たな開発戦略を推し進めていくことが求められる。

（木村福成）

【注】
1）「ベトナムの4～6月成長率6.71%　貿易戦争が追い風」日本経済新聞，2019年6月28日。
2）「米関税で世界貿易急変　中国から生産移る　対米輸出，「迂回」で産地偽装も」日本経済新聞，2019年6月1日。
3）「中国勢，制裁避け東南アへ投資　米関税逃れる拠点に」日本経済新聞，2019年6月8日。
4）詳しくは Chen et al.（2019）を参照されたい。

【参考文献】
Baldwin, R. (2016), *The Great Convergence: Information Technology and the New Globalization*, Cambridge, MA: The Belknap Press of Harvard University Press.
Chen, L., Cheng, W., Ciuriak, D., Kimura, F., Nakagawa, J., Pomfret, R., Rigoni, G. and Schwarzer, J. (2019), "Policy Brief 4: The Digital Economy for Economic Development: Free Flow of Data and Supporting Policies," Task Force 8: Trade, Investment and Globalization, Policy Brief T20 Japan 2019 (https://t20japan.org/policy-brief-digital-economy-economic-development/).
Jones, R. W. and Kierzkowski H. (1990), "The Role of Services in Production and International Trade: A Theoretical Framework," in Jones, R. W. and Krueger A. O. (eds.), *The Political Economy of International Trade: Essays in Honor of Robert E. Baldwin*, Basil Blackwell, pp. 31-48.
Kimura, F. and Obashi, A. (2019), "New Developments in International Production Networks: Impact of Digital Technologies," Mimeo.
Obashi, A. and Kimura, F. (2017), "Deepening and Widening of Production Networks in ASEAN," *Asian Economic Papers*, 16 (1), pp. 1-27.
Obashi, A. and Kimura, F. (2018), "Are Production Networks Passé in East Asia? Not Yet," *Asian Economic Papers*, 17 (3), pp. 86-107.

第12章

国際的な生産ネットワークと通商政策

はじめに

　企業活動のグローバル化とともに国際取引チャンネルは多様化し，貿易パターンや国際分業体制は著しい変化を遂げてきた。1980年代，とりわけ1990年代以降，それまでの「産業単位」での国境を越えた生産と消費の分離から「生産工程・タスク単位」での分業へ，そして原材料・完成品中心から部品・中間財中心の貿易パターンへと進化している。こうした進化とともに発展してきたのが，いわゆる「国際的な生産・流通ネットワーク」である。

　国際的な生産・流通ネットワークは，一般に，地域内で形成される。とりわけ部品貿易の場合，調達のタイミング，生産ブロック間の調整，分散立地された生産ブロックの間をつなぐサービス・リンク・コストの削減，ICTやロジスティクス面での接合性などが重要となるためである。しかし，近年，地理的な枠を大きく超えた部品・中間財の取引も活発になりつつあり，東アジアの生産ネットワークは，北米やヨーロッパと，最終消費地という消費面でのつながりを維持しつつ，生産面での結びつきを強化している。

　国際通商政策は，このような国際分業を大きく左右する要因のひとつである。世界貿易機関（World Trade Organization：WTO）が発足した1990年代半ば以降，地域経済統合（RTA）／自由貿易協定（FTA）の締結が加速しているが，とりわけ近年のRTA/FTAには，WTO+やWTO-xなど，単なるモノの自由化を超えた幅広い分野が盛り込まれる傾向にあり，サービス・投資などを含むより深い自由化を目指すとともに，知財保護・競争・基準認証などの国際ルールの構築を図るものとなってきている[1]。第12-1表は，2019年3

172　第Ⅲ部　世界経済の新たな潮流：期待と不安

第12-1表　日本の発効済 FTA において網羅されている分野

分野	シンガポール	メキシコ	マレーシア	フィリピン	タイ	チリ	インドネシア	ブルネイ	AJCEP	ベトナム	スイス	インド	ペルー	豪州	モンゴル	TPP11(CPTPP)	EU
関税	○	○	○	○	○	○	○	○	○	○	○	○	○	○	○	○	○
原産地規則	○	○	○	○	○	○	○	○	○	○	○	○	○	○	○	○	○
AD，相殺措置	○	○	○	○	○	○	○	○	○	○	○	○	○	○	○	○	○
セーフガード	○	○	○	○	○	○	○	○	○	○	○	○	○	○	○	○	○
基準・認証制度	○	○	○	○	○	○	○	○	○	○	○	○	○	○	○	○	○
サービス貿易	○	○	○	○	○	○	○	○	○	○	○	○	○	○	○	○	○
人の移動	○	○	○	○	○	○	○	○	○	○	○	○	○	○	○	○	○
知的財産	○	○	○	○	○	○	○	○	○	○	○	○	○	○	○	○	○
投資	○	○	○	○	○	○	○	○		○	○	○	○	○	○	○	○
競争	○	○	○	○	○	○	○	○		○	○		○	○	○	○	○
政府調達	○	○			○	○				○	○		○	○		○	○
貿易円滑化	○	○	○	○	○	○	○	○	○	○	○	○	○	○	○	○	○
エネルギー											○					○	
労働													○			○	○
環境		○		○									○			○	○
電子商取引																○	○
国家間における紛争解決	○	○	○	○	○	○	○	○		○	○	○	○	○	○	○	○
ビジネス環境整備	○	○	○	○	○		○	○		○	○	○			○		

出所：経済産業省通商政策局（2019）。

月時点で発効済の日本のFTAで網羅されている分野を示したものだが，ここからも単なるモノの自由化を超えて幅広い分野が盛り込まれていることが確認できるだろう。生産ネットワークが多くの国にまたがって広範囲に展開されるほど，単なる関税削減／撤廃を超えた深い自由化やビジネス環境の改善が，そのさらなる活性化につながると考えられる。

　東アジアにおける生産ネットワークはどのように発展し，深化しているのか。本章では，まず，その特徴を，FTAと国際分業の関係にも触れながら，概観する。また，FTAは締結されたとしても実際に使われなければその貿易自由化の効果は期待しづらいが，実際にはどうなっているのか。第2節では，日本のFTAに着目して，FTA利用の実態を紹介しつつ，どのようなFTA協定の設計が必要かを議論する。さらに，上記のような生産ネットワークが存在する世界において，通商政策における昨今の保護主義的な動きをどのように考えればいいか。第3節では，その影響などについて議論し，本章を締めくくる。

第1節　東アジアの生産ネットワーク[2]

　製造業における国際的な生産・流通ネットワークの主役のひとつは，一般機械，電気機械，輸送機械，精密機械からなる機械産業である。衣料産業など他にも生産ネットワークを展開している産業・業種はあるが，機械産業の場合，部品・中間財の点数も多く，2次元のフラグメンテーションを多用する産業として，その規模が大きい。そこで，機械類とりわけ機械部品の輸出入比率（各国の対世界輸出入に占める機械製品の割合）に着目し，その国がどの程度生産ネットワークに参加しているかを見てみたい（第12-1図）。1970年の段階では，機械輸出が多いのは日本のみ，しかもそのほとんどが完成品輸出であるが，1980年になると，シンガポール，香港，韓国の機械輸出が伸びはじめ，マレーシアも機械部品輸出を開始する。そして，2010年までには，東アジアの多くが機械部品を輸入も輸出もするという典型的な生産ネットワークのパターンを示すようになる[3]。輸出入単価を用いて垂直的産業内貿易と水平的

174　第Ⅲ部　世界経済の新たな潮流：期待と不安

第12-1図　東アジア各国の対世界機械貿易：総貿易に占める割合

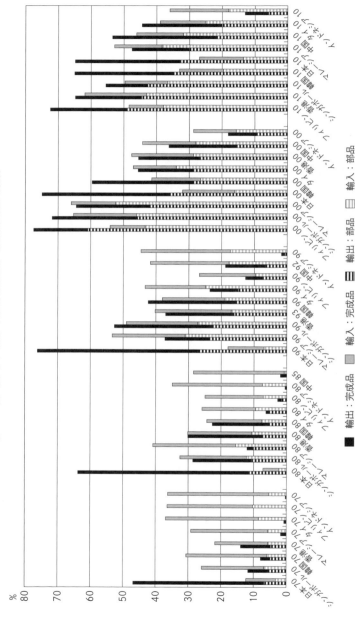

注：1970年と1980年についてSITC分類、1990年と2010年についてはHS分類（1990年のフィリピンのみSITC分類）に基づく。1980年の中国は1985年、1990年の中国と香港はそれぞれ1992年と1993年のデータを用いている。

出所：木村・安藤 (2016)。

産業内貿易を区別する手法を用いた研究から，東アジアでは，生産のフラグメンテーションの発展に伴って，部品・中間財の垂直的な双方向取引が急速に活発化したことが明らかになっている（Ando 2006）。

世界の主要国に関して部品・中間財の輸出比率の高い国から順に並べてみると，1990年代初頭と2010年では，大きな違いが2つある。第一に，東アジアに限らず，多くの国で部品・中間財貿易が拡大し，機械貿易の割合が格段に増加している。世界各地で第二のアンバンドリングが盛んになってきた証拠である。第二に，高い部品輸出比率を有するのは，1990年代初頭には先進国が多いのに対し，2010年時点ではそのほとんどが東アジア諸国である。つまり，東アジアでは，機械部品貿易が他地域にも増して急速に拡大し，部品・中間財の双方向取引が活発になったのである。なお，他地域の発展途上国で高い輸出部品比率を示すのは，メキシコや中東欧数カ国などごく一部の国だけである。

近年，東アジアの生産ネットワークはさらなる深化を遂げている。東アジア域内では，RTA/FTAによる貿易自由化の推進などを理由に，世界金融危機を引き金として，分散立地の選択と集中が加速する中，東日本大震災やタイでの大洪水などもあって，リスク分散も念頭においた国際分業体制が展開されるようになった。その結果，すでに生産ネットワークに参加している国の中での再構築が進むと共に，東アジア後発国（カンボジア，ラオス，ミャンマー，ベトナム（CLMV）），とりわけベトナムが，急速に生産ネットワークに取り込まれつつある（Ando 2013）[4]。

また，他地域との結びつきも変化している。通常，生産工程レベルでの国際分業は，地理的に近い域内で形成されるものだが，近年，東アジアからの部品・中間財の供給が，北米やヨーロッパでの生産において重要な役割を果たすようになってきている。両地域は，東アジアの生産ネットワークにとって重要な最終消費地であるという「消費面」でのつながりを維持しつつ，「生産面」での結びつきも強化しているのである。Extensive margin（貿易品目数）や intensive margin（一品目あたり貿易額）についての計量的分析などから，単に既存の取引関係を強化しただけではなく，新規取引の構築を通じてメキシコあるいは中東欧の東アジアからの輸入が拡大し，これらの国が東アジアと北米／ヨーロッパの生産ネットワークとの橋渡し役になっていること，そし

176　第Ⅲ部　世界経済の新たな潮流：期待と不安

てそれがとりわけ電気電子産業において顕著であることが明らかになっている（Ando and Kimura 2013, 2014）。通商政策の変化に加え，輸送費などのサービス・リンク・コストの低下，双方向の多国籍企業による活動の活発化，生産ベースとしての東アジアの競争力の強化などの要因が寄与していると考えられる。

　通商政策と国際分業体制の深化についてもう少し具体的に見てみよう。北米においては，アメリカと東アジアとの貿易面でのつながりはもともと強かった。その結びつきは維持される一方で，1994年に発効された北米自由貿易協定（North American Free Trade Agreement：NAFTA）締結に加え，マキラドーラやPROSECのような税制面での優遇制度を受けて，アメリカとメキシコの分業体制がより一層強化され，その中で，東アジアからメキシコへの部品供給の重要性が増す形で，メキシコを介して北米と東アジアの生産ネットワークの結びつきが強化されてきたと考えられる。ヨーロッパに関しては，2004年の欧州連合（European Union：EU）拡大に伴って国際分業体制が大きく変化した。中東欧側の産業集積の発展とともに，先進国と途上国間という単純な国際分業体制から広義の意味での域内分業体制へと進展し，さらには，東アジアから中東欧への部品供給の重要性が増す形で，中東欧諸国を介して東アジアとヨーロッパの生産ネットワークとの結びつきが強化されてきたと考えられる。このように，通商政策の変化は国際分業に大きな影響を与え得るものであり，通商政策における不確実性や保護主義的な動きは，企業戦略の見通しの困難さやサプライチェーンの見直しの必要性など，企業にとっての大きな負担や国際分業の妨げとなり得る[5]。

第2節　FTAの活用[6]

　FTA締結の動きが遅れていた日本も，2019年3月現在，18のFTAに調印しており，そのうち17のFTAが発効している。近年入手可能になったFTA輸入のデータを用いて2015年度におけるFTA利用度を計算してみると，輸入全体を対象とすれば2割弱だが，有税品目に絞れば7割程度となる（第

第12章 国際的な生産ネットワークと通商政策　*177*

第 12-2 表　日本の輸入における FTA 利用度（%, 2015 年度）

	(a)全品目			(b)有税品目		
	合計	AJCEP	二国間	合計	AJCEP	二国間
シンガポール	5.3	2.1	3.2	29.9	11.8	18.1
メキシコ	20.0	n.a.	20.0	80.6	n.a.	80.6
マレーシア	13.0	4.6	8.4	72.5	25.8	46.7
チリ	25.3	n.a.	25.3	87.8	n.a.	87.8
タイ	28.7	0.9	27.8	85.0	2.5	82.4
インドネシア	16.3	n.a.	16.3	71.4	n.a.	71.4
ブルネイ	0.0	0.0	0.0	100.0	0.0	100.0
フィリピン	25.5	0.7	24.9	85.6	2.3	83.3
ラオス	11.0	11.0	n.a.	18.1	18.1	n.a.
ミャンマー	4.2	4.2	n.a.	4.6	4.6	n.a.
スイス	5.9	n.a.	5.9	54.8	n.a.	54.8
ベトナム	34.3	27.2	7.1	73.4	58.2	15.2
カンボジア	9.7	9.7	n.a.	10.3	10.3	0.0
インド	28.6	n.a.	28.6	65.9	n.a.	65.9
ペルー	9.5	n.a.	9.5	83.0	n.a.	83.0
オーストラリア	7.7	n.a.	7.7	79.0	n.a.	79.0
全体	17.5			71.8		

注：シンガポールの利用度は低いが，石油関連品目の HS2710173 を除くと，利用率は 70% を超える。
出所：Ando and Urata（2018）.

12-2 表）[7]。

　ただし，FTA 相手国からの輸入に自動的に低い FTA 税率が適用されるわけではない。FTA による貿易自由化の例外品目もあるし，FTA の特恵関税と最恵国待遇（MFN）関税の差である特恵マージンが小さければ，FTA が利用されない可能性も高い。また，FTA 税率が適用されるためには，原産地規則（ROO）を満たすことを示す原産地証明の取得が必要である。ROO は，FTA ごとに存在し，それがどの程度複雑か否かは FTA によって異なる。第 12-3 表は，日本の 12 の FTA の ROO について，タイプごとに関税品目数（HS9 桁分類ベース）を示したものである。実際にはもっと多くのタイプがあるが，似通ったものは極力まとめる形で集計している。それでも，いかに多くのタイプが存在するか，複雑なタイプがあるかがこの表から明らかであろう。なかには，複数の基準を満たさなければいけないケースもあり，そのような ROO を満たしづらいタイプほど，FTA 利用を妨げると考えられる。

178　第Ⅲ部　世界経済の新たな潮流：期待と不安

第 12-3 表　日本の FTA における原産地規則：協定別・ROO タイプ別関税品目数（HS9 桁ベース）

ROO タイプ	ASEAN	オーストラリア	ブルネイ	インド	インドネシア	マレーシア	メキシコ	フィリピン	シンガポール	スイス	タイ	ベトナム	合計	%
CC	2,742	2,845	2,521	457	2,971	2,323	4,194	2,623	2,550	3,330	2,745	2,821	32,122	28.9
CH	367	1,011	453	1,101	349	631	1,971	717	431	980	934	525	9,470	8.5
CS	11	65	24		5	11	670	20	14	11	130	19	980	0.9
VA	383		66			117	16	98	19		84	96	879	0.8
WO	3			2,205	10		14	2	47	4	75	84	2,444	2.2
SP			77	1,938		10		89					2,114	1.9
CC or VA	229	102	32		58	159	9	599	83		335	205	1,811	1.6
CH or VA	3,775	1,466	49	5	115	873	67	1,916	132	3,901	1,414	2,827	16,540	14.9
CS or VA	49	566	2,786		2,772	3,258	4	1,343	2,825	633	773	1,101	16,110	14.5
CC + VA		23		53	19	1				256			352	0.3
CH + VA				182		26	339			82			629	0.6
CS + VA				3,312		1	9						3,322	3.0
CC, CH or CH + VA	9	9	9			9		11	9	9	10	9	84	0.1
CC, CS or CS + VA					9								9	0.0
CC + SP	779	759	590		756	860	598	850	933		591	779	7,495	6.7
CC + SP or SP	100	98	519		100	100		100	100				1,117	1.0
CH + SP	180	183	218		180	226		184	456			49	1,676	1.5
CH + SP or SP		636	639		639	639		639	390				3,582	3.2
CH or SP	639										759	639	2,037	1.8
CC, VA or SP					110				10		9		129	0.1
CH, VA or SP			48		659				781	53	769		2,310	2.1
CH, VA or CR		166											166	0.1
CS, VA or SP			1,212		485				465		436		2,598	2.3
CS, VA or CR		166											166	0.1
CC or SP		14									100	100	214	0.2
CC or CR		5											5	0.0
CH or CR		314											314	0.3
CS or CR		750											750	0.7
CH, CH + SP, VA or CR		70											70	0.1
CH, CH + SP or CR		16											16	0.0
CH, CS + SP or CR		2											2	0.0
CH or CS							19						19	0.0
CC or CC + VA							15						15	0.0
CC or CH + VA							96						96	0.1
CC or CS + VA							115						115	0.1
CH or CH + VA							133						133	0.1
CH or CS + VA							788						788	0.7
CH, CS or CS + VA							10						10	0.0
CS or CH + VA							80						80	0.1
CS or CS + VA							49						49	0.0
Contact		23	13	29	22	70	75	21	7	102	12		374	0.3
合計	9,266	9,266	9,266	9,266	9,266	9,266	9,266	9,266	9,266	9,266	9,266	9,266	111,192	100.0

注：CC：類変更，CH：項変更，CS：号変更，WO：完全生産品，VA：付加価値基準，SP：加工工程基準など，CR：化学反応基準など，Contact：特殊なもの。"A + B"：A と B を共にみなすもの，"A or B"：A か B か選択できるもの。薄いグレーの部分は，ひとつの FTA のみで使われているタイプであることを示す。

出所：Ando and Urata（2018）．

Ando and Urata（2018）では，MFN 関税や非関税措置（NTMs）も考慮しつつ，特恵マージンと ROO に焦点をあてて，日本の輸入における FTA 利用度の決定要因を計量的に分析した結果，特恵マージンが大きいほど利用率があがることが明らかになっている。特恵マージンが小さくても，単価が高く取引額が大きい場合には，企業にとって FTA 税率を利用するインセンティブが働くこともあるだろうが，一般的には，やはり特恵マージンが大きい方が FTA 利用度が高まるということである。したがって，関税撤廃が難しい保護産業であっても，MFN 関税が高い品目こそ，高税率や複雑な関税制度を残存させるのではなく，極力シンプルで，かつ，低税率の関税体系の設定が必要である。

また，より制限的なタイプの ROO は FTA 利用率を引き下げることも明らかになっている。ROO の影響は ROO のタイプによって大きく異なる。とりわけ，関税分類番号変更基準（CTC ルール）だけや CTC ルールか付加価値基準（VA ルール）かを選択できるケースと比べ，CTC ルールと VA ルールを共に満たさなくてはいけないタイプの ROO は FTA 利用率を引き下げる傾向が強く，さらに，CTC ルールの中では，HS4 桁での項変更基準より HS2 桁の類変更基準の方が利用度を引き下げる傾向にある。つまり，条件をより満たしにくい制限的な ROO ほど貿易障壁になりうると示唆され，FTA の利用を促進し，その貿易拡大効果を実現するためには，制限度が低く，使い勝手のよい ROO を設計することが重要である。また，中小企業を含め FTA 利用の可能性のある企業への FTA 利用のための知識や情報の周知や，原産地証明の取得にかかる物理的・時間的コストなど FTA 利用にかかる様々なコストの削減も必要不可欠である。

本章の冒頭でも触れたように，近年の FTA にはモノの貿易自由化だけでなく，幅広い範囲の分野が盛り込まれる傾向にある。国際的なルール作りを含め，モノの貿易自由化以外の分野においても，国際分業のさらなる活性化につながるような FTA の設計が望まれる。

第3節　保護主義的な動きへの懸念

　残念ながら，昨今，時代に逆行する極端な保護主義的な動きが目立つ。例えば，アメリカの環太平洋パートナーシップ協定（Trans-Pacific Partnership Agreement：TPP）からの離脱，NAFTA 加盟国であるカナダやメキシコへの輸入関税の賦課，NAFTA の再交渉と USMCA（United States-Mexico-Canada Agreement）の署名，中国への追加関税の賦課を契機とした米中貿易摩擦，イギリスの EU 離脱などがあげられる[8]。USMCA では一部製品の関税や原産比率が引き上げられているが，前節で示したように，条件をより満たしにくい制限的な ROO ほど貿易障壁になりうるわけで，まさに原産比率の引き上げも自由化とは逆行する動きである。

　米中貿易摩擦に関して，Abdul et al.（2018）では，アジア開発銀行作成の2017 年版多地域間国際産業連関表を用いて，その経済的な影響を試算している。このような試算は，用いるデータベース，モデルの設定，シナリオなどによって変わるものであり，数字が一人歩きすべきではないが，ひとつの試算例として見てみたい[9]。第 12-2 図は，追加関税の直接的・間接的効果を分析したシミュレーション結果（sim1）だけでなく，直接的・間接的効果に加え，関税引き上げに直接関わらない供給者への影響として貿易相手先切り替えの影響を考慮したシミュレーション結果（sim2）を示している[10]。ここで，追加関税の間接的効果とは，関税賦課による需要の縮小への対応として生産が削減される場合に，その製品の部品・中間財への需要も縮小するというサプライチェーンを通じた効果を指す。この図から，貿易摩擦の当該者である中国とアメリカへの負の影響だけでなく，中国以外のアジアの発展途上国を含め，世界全体への負の影響が確認できる。中国以外のアジア途上国に関しては，供給先としての中国からの切り替えの可能性を考慮すると，主に電気電子産業での効果を反映して，若干正の効果が期待できるようだが（sim2），多くの国が生産ネットワークに関与している現在，米中貿易摩擦の国際分業への影響や企業への負担は小さくないと示唆される。また，Abdul et al.（2018）では雇用への

第12章 国際的な生産ネットワークと通商政策　　*181*

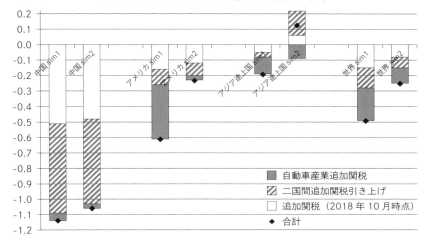

第 12-2 図　米中貿易摩擦の影響：GDP 変化率（％）

注：sim1 は直接的・間接的効果を，sim2 は直接的・間接的効果に加え，貿易相手先切り替えの影響を考慮した効果をシミュレーション分析した結果を表す。詳しくは，Abdul et al.（2018）を参照のこと。なお，アジア途上国は中国を除いた国である。
出所：Abdul et al.（2018）の分析結果（Figure 3）をもとに作成。

影響についても分析しており，中国とアメリカに関しては，最初の追加関税による雇用削減や，さらなる関税の引き上げや自動車産業での追加関税によるなお一層の雇用削減が示されている。

　Baldwin（2016）が主張するように，"旧来のグローバリゼーション"あるいは第一のアンバンドリングの世界では通用した論理を"新しいグローバリゼーション"あるいは第二のアンバンドリングの世界にあてはめても，目的を達成できないどころか，逆の効果をもたらしうる。具体的には，第一のアンバンドリングの時代であれば，単純に，国境に関税等の壁を作って国内の産業や雇用を守るという発想もあり得る。しかし，国際的な生産・流通ネットワークが広範囲に展開されているような第二のアンバンドリングの時代においては，保護主義的な動きは，消費者の大きな犠牲を強いるだけでなく，一時的には保護効果があるとしても，かえって生産面でのマイナスの影響が大きく，守りたいはずの国内の産業や労働者を苦しめることになり得る。今後これまで以上に予測しないような速度や方向性に進んで行く可能性のあるグローバル経済にお

いて，通商政策を含めた政策提言は容易なことではないが，目先の利益や旧来の考え方にとらわれず，現状を正しく把握した上での柔軟な政策立案が必要である。

（安藤光代）

【注】

1）WTO+ は，WTO によってカバーされている政策モードについてさらに深いコミットメントするものを，WTO-x は，WTO ではカバーされていない政策モードを指す。

2）本節は，安藤（2017）の一部を加筆修正したものである。

3）東アジア諸国も，はじめは輸入代替型工業化戦略を維持しつつ，多国籍企業による競争圧力から国内企業を守るための輸出加工区をベースとする輸出振興を始めた。しかし次第に，輸出加工区における雇用創出に限定せず，国内経済とのリンケージを重視するようになる中で，輸出品製造のための輸入品免税措置，保税工場，保税トラックなどの制度が導入され，さらに，外資系企業を積極的に受け入れることで，生産ネットワークの構築が始まった。いったん受け入れ始めると，生産ネットワークを構築・運用する上でのさまざまな問題点が表面化し，その対応のために直接投資受入戦略の明文化と細かいトラブル・シューティングが進み，投資環境が急速に改善されていく。こうして，東アジアでは生産ネットワークに適した政策環境が次第に整い，分散立地と産業集積が共存する形で急速に生産ネットワークが発展していった。

4）タイプラスワン（日本企業の生産拠点が集積しているタイに，カンボジア，ミャンマー，ラオスを加えたサプライチェーンを形成する）という構想は，まさにその典型例である。

5）生産拠点のシフトといったサプライチェーンの見直しが必要となれば，例えば，工場新設のための投資や新たな取引相手の見極めなど，物理的コストだけでなく，時間的コストを含めたさまざまなコストが発生し，企業にとっては大きな負担となる。

6）本節は，Ando and Urata（2018）の分析結果をもとにしている。詳しくは Ando and Urata（2018）を参照のこと。

7）有税品目に絞ってもラオスやミャンマーで FTA 利用度が低い理由のひとつに，両国は，通常よりも低い税率が適用される一般特恵関税制度（Generalized System of Preferences：GSP）の対象国であることがあげられる。

8）NAFTA の再交渉と USMCA の主な特徴については，例えば，経済産業省通商政策局（2019）を参照のこと。

9）モデルの設定やシナリオ等の詳細に関しては，Abdul et al.（2018）を参照してほしい。

10）例えば，アメリカ向けの製品の生産拠点を，中国から他の東アジアの国にシフトすることなどが考えられるだろう。

【参考文献】

安藤光代（2017）「国境を超える生産工程・タスクの分業の実態に迫る：国際的生産・流通ネットワークの展開と実証分析」『世界経済評論』2017 年 3 月 4 月号，96-106 頁。

木村福成・安藤光代（2016）「多国籍企業の生産ネットワーク―新しい形の国際分業の諸相と実態」木村福成・椋寛編『国際経済学のフロンティア―グローバリゼーションの拡大と対外経済政策』東京大学出版会。

経済産業省通商政策局編（2019）『2019 年版不公正貿易報告書』。

Abiad, A., Baris, K., Bernabe, J. A., Bertulfo, D. J., Camingue-Romance, S., Feliciano, P. N., Mariasingham, M. J. and Mercer-Blackman, V. (2018), "The Impact of Trade Conflict on Developing Asia," *ADB Economics Working Paper Series*, No. 566.

Ando, M. (2006), "Fragmentation and Vertical Intra-industry Trade in East Asia," *North American Journal of Economics and Finance*, 17, pp. 257-281.

Ando, M. (2013), "Development and Restructuring of Production/Distribution Networks in East Asia," *ERA Discussion Paper Series*, No. 2013-33.

Ando, M. and Kimura, F. (2013), "Production Linkage of Asia and Europe via Central and Eastern Europe," *Journal of Economic Integration*, Vol. 28, No. 2 (June), pp. 204-240.

Ando, M. and Kimura, F. (2014), "Evolution of Machinery Production Networks: Linkage of North America with East Asia," *Asian Economic Papers*, Vol. 14, No. 3, pp. 121-163.

Ando, M. and Urata, S. (2018), "Determinants of FTA Utilization for Japan's Imports: Preferential Margins and Restrictiveness of Rules of Origin," *RIETI Discussion Paper Series*, 18-E-078.

Baldwin, R. (2016), *The Great Convergence: Information Technology and the New Globalization*, Harvard University Press.

第13章

EU はヨーロッパ経済の問題を解決できるか

はじめに

1999 年のユーロ導入や 2004 年の中東欧諸国の EU 加盟などにより，ヨーロッパでは経済ブームが生じた。南欧では長期金利がドイツに鞘寄せする形で低下したが，流入した資金は生産性の改善に用いられず，不動産投資などに向かった。東欧でも EU 加盟ブームが生じ資金が流入した。ハンガリーなどでは自国通貨フォリント高を背景にユーロ建て債務が増加して住宅ローンなどに利用された。アイスランドでも金融の自由化を背景に経済ブームが生じた。2007 年に入るとひずみが顕在化し，2008 年のリーマンショックでは大きな打撃を受けた。ユーロを導入した南欧だけでなく，ユーロを導入していなかったハンガリーなど東欧，EU に加盟していなかったアイスランドなどでも同時期に金融危機が発生した。

2000 年代のヨーロッパ経済は，生産性の向上，財政規律の確保，金融部門の強化などの問題を抱えていることが明らかとなり，2010 年代の EU の改革につながった。EU は欧州 2020 という長期的戦略を立て，経済ガバナンスを強化した。財政赤字の削減については制裁金などの罰則が発動されやすい仕組みを導入し，EU は加盟国に対して労働政策や社会政策など幅広い分野で改革を要求した。ユーロ参加国は自国予算について EU の承認が必要となった。金融部門の強化策として銀行同盟と資本市場同盟からなる金融同盟の取り組みを進め，EU 域内，特に東欧でのインフラ投資不足に対して欧州投資戦略基金を設立した。

これらの EU の取り組みの一部は成果を挙げ，EU 経済は 2013 年頃から回

復基調に入った。しかし，2010年代には市民の不満が噴出し，反EUや反移民・難民を掲げるポピュリストが勢力を拡大させつつある。その背景には，EU市民の生活が2010年代に入って悪化していることが挙げられる。本章では2010年代のヨーロッパで何が起きているのか概説し，EUの取り組みと市民の不満との関係を明らかにする。併せて2020年代のヨーロッパ経済を展望する。

第1節　ヨーロッパ経済の回復

2013年以降，ヨーロッパ経済は回復基調にある。EU28カ国の実質GDPは2008年第1四半期をピークに下落し，2009年第2四半期にボトムを付けた。その後は回復基調にあり，2014年第3四半期に前回のピークを越えた。前回までのピーク越えに25四半期も要し，オイルショックや欧州通貨危機後の不況期よりもはるかに長かった。国別に見ると，ドイツの回復ペースが早かった

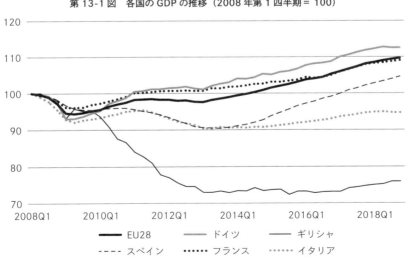

第13-1図　各国のGDPの推移（2008年第1四半期＝100）

出所：欧州統計局のデータより作成。

第Ⅲ部　世界経済の新たな潮流：期待と不安

第 13-2 図　各国の投資の推移（2008 年第 1 四半期 = 100）

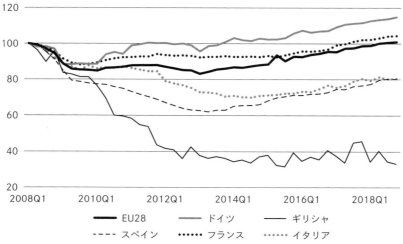

出所：欧州統計局のデータより作成。

　一方で，南欧ではギリシャやイタリアで前回のピークに届いていない。イタリアは 2018 年に後半に景気後退局面に入った。ポーランドや北欧などドイツよりも力強い回復を見せている地域もあり，ヨーロッパ内のばらつきが大きい。

　GDP 低迷の背景には投資不足がある。EU 全体で見ても 2018 年第 2 四半期になってようやく前回ピークに届いており，南欧 3 カ国の投資は前回ピークを大幅に下回っていることが分かる。特にギリシャは前回ピークの 4 割にまで投資が減少しており，この間にギリシャからスイスなどへの企業の流出が生じている。深刻な投資不足が経済成長を阻み，投資主体は中国でもいいという考え方が出てくるのもうなずける。しかし一方で，南欧 3 カ国の政治の不安定さが欧州企業による投資を遠ざけている側面もある。

第 2 節　2010 年代の EU の経済政策

　2000 年代の危機を受けて，2010 年代に EU はいくつかの対策が採られた。

まず 2020 年までの長期戦略として，欧州 2020（Europe 2020）を策定した。
欧州 2020 では賢い成長，持続可能な成長，包括的な成長という 3 つの大きな
目標を立て，雇用，R&D，気候変動，教育，貧困の 5 分野で数値目標を設定
している。第 13-1 表で抜粋した数値目標のうち，達成しているのは CO_2 排出
量の削減と大学卒業率だけであり，好景気が続いているにもかかわらず雇用や
R&D などは目標に届いていない。数値目標は EU 全体のものと加盟国別のも
のがあるが，R&D では目標を達成している加盟国は 4 カ国しかない。

第 13-1 表　欧州 2020 の達成状況（一部抜粋）

項目	目標値	実績値（年）
雇用率（%）	75.0	72.2（2017）
R&D の GDP 比率（%）	3.0	2.06（2017）
CO_2 排出量（1990 年 = 100）	80	77.6（2016）
再生エネルギー比率（%）	20.0	17.0（2016）
初等教育離学率（%）	10.0	10.6（2018）
大学卒業率（%）	40.0	40.5（2018）
貧困リスク者削減（万人）	-2,000	-441（2017）

出所：欧州統計局のデータより作成。

　貧困リスクのある人々には，各加盟国内の所得中央値の 60% 以内の人々が
該当する。通常は中央値の 50% が閾値になるため，EU 基準では貧困リスク者
がより多く出ることになる。EU 全体では 441 万人減少しているが，内訳を見
てみると，ポーランド 442 万人減少，ルーマニア 207 万人減少など貧困者が減
少している加盟国があるものの，スペイン 145 万人増，イタリア 233 万人増な
ど増加している加盟国もある。これらの国では，既存の政治体制への不満が溜
まりやすい。
　欧州 2020 を達成させるためには，加盟国には構造改革が求められる。EU
は 2010 年代に経済ガバナンスの体制を整え，加盟国に構造改革を要求した。
経済ガバナンスは欧州セメスターというカレンダーに沿って進められる。EU
が翌年の経済政策のポイントをまとめ，それぞれの加盟国に対して具体的な改
革を要求する。加盟国は改革が進んでいるかどうか EU からチェックを受け，

不十分だと判断されれば改善レポートを作成する必要がある。ユーロに参加している加盟国は，12月までに翌年度予算（EUでは年度は1月から12月まで）をEUに承認してもらう必要がある。

　欧州委員会のまとめによると（European Commission 2018），欧州セメスターが始まった2011年から2017年までの間に出された構造改革に関する勧告のうち，完全に満たした9％，かなりの進展があった17％，いくらか進展があった44％，進展があまり見られない25％，全く進展していない5％となっている。金融サービスや労働市場政策では進展があったものの，教育，年金制度，課税標準，医療などの分野では進展があまり見られていない。一般の欧州市民は身近な分野での改善がないと感じるかもしれない。

　2010年代には安定成長協定と呼ばれる財政赤字に関する規制も強化された。2000年代までは単年度財政赤字がGDP比で3％を上回らないようにすればよかったが，2010年代には累積政府債務がGDP比で60％を超える加盟国に累積政府債務の削減が義務付けられた。制裁の発動は逆特定多数決で決められるようになり，制裁回避のハードルが上げられた。ただし，政治的な思惑から制裁金の発動は回避されており，仕組みはあるもののきちんと運用されていないというガバナンスの問題点を抱えている。

　EU域内での投資不足対策として，2014－2020年の中期予算での欧州構造投資基金，欧州戦略投資基金，金融同盟の取り組みなどを行っている。欧州構造投資基金は5つの常設基金の総称であり，EUの地域政策を資金面で支えている。多くはインフラ整備に使われており，ヨーロッパ全域をカバーするTEN-Tでは水路，道路，鉄道などの整備を進めている。常設基金の中でも欧州社会基金は障碍者支援などの社会政策を担っており，移民との交流プログラムなどを通じて相互理解を深める取り組みもある。これらについては第4節で振り返る。欧州戦略投資基金はいわゆるユンケルプランに基づいて設立されたものであり，欧州投資銀行などの資金をもとに民間資金を積み上げて2018年までに3,150億ユーロの投資を行う目標を立てていた。目標額は2017年に修正され，2020年までに5,000億ユーロの投資を行うことと上方修正された。直近では，EUは中国の一帯一路戦略にかなり慎重な姿勢を見せているものの，2013年に中国との間で交わした「EU－中国2020年に向けた協力のための戦

略的アジェンダ」に基づく協力を進めており，特に東欧で道路，鉄道，水路などの整備を進めている。しかし，EU全体で見ると，第13－2図のように投資は依然として不足している。

　EU域内に資金がないわけではない。ユーロシステム（ECBを含むユーロの金融政策主体）は2014年にマイナス金利政策を導入するなど金融緩和を続けており，直近でもTLTROと呼ばれる銀行への資金供給策を延長した。テーパリングは2018年末までで終えたものの，金融引き締めに転じる様子はない。さらに，イギリスを除くEU27カ国のうち19カ国はユーロを導入しており，オランダ人がドイツに投資するのは国際投資というよりも国内投資の側面を持つようになった。しかし，短期金融市場など一部の金融市場での統合は進んでいるものの，ユーロ地域の金融市場の統合には課題があり，クロスボーダーの投資は低調に推移している。EUでは1990年代より資本の自由移動に取り組み，様々な金融パスポートが作られたものの，根拠となる指令という二次法は加盟国による上乗せ規制を許しているため，金融商品の設計や法的な扱いが加盟国ごとに異なる状況が生まれている。また，2000年代末に傷んだ銀行部門の回復が遅いという問題点もあった。イギリスなど一部の加盟国を除けば，ヨーロッパは間接金融優位の金融市場だといえる。

　金融同盟は銀行同盟と資本市場同盟からなり，銀行同盟では当初，自己資本に関する統一ルールの策定や銀行破綻ルールの策定，預金者保護などの危機対応に取り組んでいた。その後は不良債権問題への対策や銀行がユーロ各国の国債に投資しやすくするような銀行経営の改善に関する取り組みも始めている。ヨーロッパの中小企業の多くは銀行に資金調達を頼っているが，銀行の側にはあまり余裕がない。そこで，資本市場同盟を進めて中小企業が資本市場から資金調達できるチャネルを創り出そうとしている。スタートアップ対策やフィンテックも盛り込んでおり，技術力のある若年層のチャンスが広がりつつある。金融同盟が十分な成果を挙げることができるのかどうか，今後注視する必要がある。

第3節　市民の不満の経済的背景

　本節では，雇用者数と賃金に焦点を当てて，2010年代にEU市民がどのような経済的状況に置かれたのかを見ていくことにする。ここでは便宜上，リーマンショックまでを2000年代，リーマンショック後を2010年代と表記する。よって，2010年代とは2008－2017年を対象にしている。第13-3図は25歳未満の若年層の失業率であるが，2000年代には女性の失業率の方が男性よりも高かったが，2010年代には男女が逆転している。2013年以降，失業率は男女とも下落傾向にあるが，男性が女性を1％ほど上回っており，直近ではその差は1.5％程度まで広がっている。

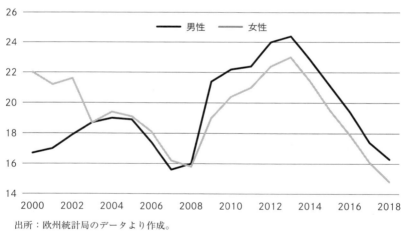

第13-3図　若年層の男女別失業率（％）

出所：欧州統計局のデータより作成。

　性別による差は若年層にとどまらない。第13-4図の三角のマークは15－64歳の男女別の雇用者数の増減を表している。棒グラフの部分は内訳を表しており，雇用数＝労働人口増加率＋雇用率＋労働参加率＋その他，となっている。労働参加率は労働人のうちどれくらいの割合が労働市場に参加しているのかを表しており，雇用者数と失業者数を労働人口で割って算出している。2000年

第13章　EUはヨーロッパ経済の問題を解決できるか　*191*

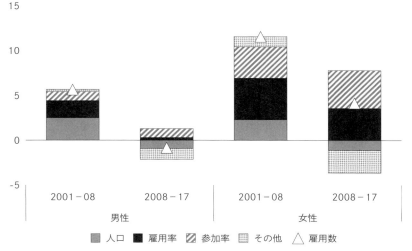

第13-4図　男女別の雇用者数の増減（％）

出所：欧州統計局のデータより作成。

代には男女ともに雇用が増加しており，増加幅は人口増加率を上回っていた。しかし，2010年代に入ると女性は引き続き雇用が増えている一方で男性の雇用は減少に転じている。

　このような分析を加盟国別に行うと，スペインでは男性の雇用が13％，ギリシャでは21％減少しており，労働人口の減少を大きく上回っている。イタリアは男性の労働人口が増加しているものの雇用はマイナス4.8％と減少している。その原因は雇用率の低下にあり，南欧では雇用そのものが減少していることが示唆される。バルト諸国では労働人口が大きく減少しており，それが雇用減につながっている。これらの国々では若い世代の人々がより高い賃金を求めてドイツなどに移住していることから労働人口が減少している。イギリスやスウェーデンなどでは移民が流入して労働人口が増加しているものの，雇用増はそれを上回っている。ドイツでは労働人口が減少しているものの雇用が大幅に増加している。加盟国ごとに置かれている状況が異なり，雇用が受ける影響も異なっているものの，一般的には男性の方が女性よりも状況が悪い。

　第13-5図は年齢別に雇用数の増減を見たものである。34歳までのグループ

第13-5図　年齢・性別の雇用者数の増減（％）

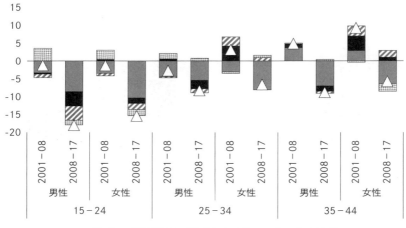

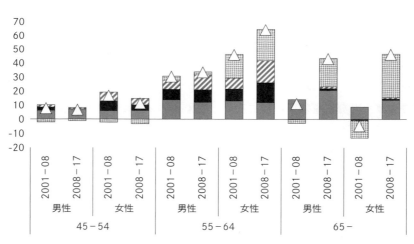

出所：欧州統計局のデータより作成。

では 2000 年代にも雇用の減少が見られたが，それは少子化を背景とした労働人口の減少や高学歴化による労働参加率の低下で説明できる。しかし，2010年代に入ると男女ともに雇用は減少しており，特に男性では労働人口の減少を超えて雇用が減少している。雇用率の減少は就職口そのものが減少していることを示唆しており，若い世代にはそもそも仕事がない，という状況が生まれていることが示唆される。その中でも女性の方が男性よりもまだ状況はよく，25－44 歳の女性の雇用減は労働人口減でほぼ説明できる。

　一方で，45 歳以上の雇用は 2000 年代も 2010 年代も増加傾向にある。第13-5 図では 10 歳刻みでグラフを作成しているが，5 歳刻みで分析した Bodnár（2018）でも 45 歳が分かれ目となっている。高齢化を背景に労働人口が増加している面もあるが，雇用率も労働参加率もプラスに寄与している。背景には，年金受給開始年齢の引き上げや物価高などに対応するための生活費の捻出などがあり，多くは公的部門などでパートタイマーとして就業している。特に 55歳以上の女性では，これまで働いていなかった人々が新たに労働市場に参入したという効果が大きい。

　第 13-5 図を見ると，より高齢の人々の就業が若年層の雇用を奪っているようにも見える。これを労働塊の誤謬（lump of labour fallacy）というが，Anderton et al.（2015）はミクロデータを用いた実証分析により労働塊の誤謬の存在を否定している。ただし，南欧などでは若年層で技術のミスマッチが発生している可能性が示唆されている。バイオテクノロジー，ヘルスケア，情報セキュリティなどの分野では人手不足が起きているものの，これらの技術を持った人材の育成は簡単ではない。

　次に学歴別の収入を見てみよう。第 13-6 図のように，高卒と大卒の収入がほとんど上昇していない。この数値は名目値であり，この間の累計物価上昇率が 17％であることを考えると，高卒や大卒の実質的な収入は 2010 年代に低下したことになる。

　ミラノビッチ（2017）によると，発展途上国も含めたグローバルなジニ係数は下落傾向にあり，大部分は中国などの所得上昇が寄与している。一方で，先進国の中所得の人々の所得は上昇していない。先進国では労働分配率の低下も見られるが，資本に比べて労働が過剰になっていることが背景にあるとみられ

第13-6図　学歴別の年間収入上昇率（％）

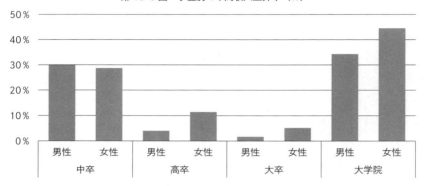

注：2006年から2014年までの年間収入の累計上昇率。
出所：欧州統計局のデータより作成。

る。20世紀の間は大学教育は高い生涯賃金への道だと考えられていたが，21世紀には大卒は最も数の多い層になりつつあり，数の増加による価格下落圧力が生じやすい。RPAなどの技術への投資は大卒の市場価格をますます引き下げる方向に働く。このような動きは今後もしばらくは継続するものと思われる。

第4節　どのような政策が必要なのか

　これまでの分析によりいくつかのことが明らかになった。2010年代にはGDPが回復したものの，人々の生活の向上にはつながっていない。その背景には，45歳未満の層での雇用の減少や高卒・大卒者の年間収入が実質で減少していることがある。一方で，45歳以上の層もフルタイムで働いているわけではなく，年金受給開始年齢の引き上げによりより長く労働市場に留まることを余儀なくされている。イタリアなど南欧では深刻な投資不足がGDPの回復も妨げており，貧困リスク者も増加している。このような経済的苦境に直面して，人々の心からは寛容さが消えてしまっている。当初はグローバリゼーションやEUが市民の非難の対象だったが，2015年に難民が182万人流入すると，

難民や EU 域内移民が非難の対象となった。イギリスの EU 脱退の背景にもポーランドなどからの EU 域内移民の流入がある。移民や難民は，労働市場で自国民とは競合せず，自国民の賃金も下落させないものの（川野 2019），生活苦に陥っている市民にはポピュリストたちの言葉は心に響きやすい。

　対策として，まずマクロ面では投資不足の解消を進める必要がある。マクロ経済学では実質金利が下がれば投資が増加するが，これは正しくない。企業経営者，特に上場企業の経営者は資本の効率的な運用を求められており，たとえ実質金利が低かったとしても ROE（株主資本利益率）や ROA（総資産事業利益率）などの指標で見て十分な収益を伴った投資案件でなければ実行されない。事実，ヨーロッパではユーロシステムをはじめスウェーデンやスイスなどでもマイナス金利が採用されており，金利水準自体は非常に低いが投資増につながっていない。一方で，ゾンビ企業を増やすなど成長にとってマイナスの作用もある。ポピュリストによる政治的な攪乱や将来への不確実性などが投資の足を引っ張っている。ヨーロッパでのクロスボーダーの投資を増やすための金融同盟の完成も期待される。

　しかし，マクロ経済学的な対策では市民の不満は収まらない可能性が高い。マクロの集計された数値や平均値などは人々の置かれた状況を正しく表していない。EU の 2021−27 年の次期中期予算では，予算の項目には大きな変動はないものの，地域の発展や社会政策を担う「結束と価値」を重視し，「市民に寄り添う EU」という姿を打ち出そうとしている。今後は「相互理解」が重要なキーワードになるだろう。EU がすでに行っている地域政策や社会政策は市民にあまり知られていない。近年 EU は市民との対話集会に力を入れており，2018 年には 577 回実施している。集会には欧州委員会のメンバーも出席しており，幅広いテーマが取り上げられている。EU が市民の要望を理解し，市民が EU の政策を理解することでポピュリストの主張の一部が誤りであることが明らかになるだろう。また，EU が地方自治体などと協力して進めている地元民と難民との交流会なども，地元民と難民との相互理解を深めるだろう。生活の改善は賃金にとどまらない。医療制度の改革などを通じて市民が生活の改善を実感できるようにすることが求められる。市民の不満が低下する加盟国や地域には外国からの投資も入ってくるだろう。

196　第Ⅲ部　世界経済の新たな潮流：期待と不安

　最後に，少子高齢化対策を行い，人口の増加を促す政策提案には反対したい。人口の増加が経済成長につながるのは，人口の増加分が適切な職の増加分で埋め合わされる場合に限られる。現在のヨーロッパでは若い世代の人口が増えてもそれに見合う職がない。大卒は現在では最も余りがちな層となっており，この層を増やすことも問題の解決につながらない。技術の進展は新しい職を生み出すものの，減少する職の数の方が圧倒的に大きくなると考えられている。技術の進展に応じて労働人口が減少するようにすれば，資本に対する労働の相対的な超過供給は解消されていき，人々の状況は改善されやすくなる。気候変動などにより居住可能な地域や農地の減少が懸念されている。人口の減少はこれらの問題への最も有効な対策でもある。

（川野祐司）

【参考文献】
川野祐司（2019）『ヨーロッパ経済の基礎知識2020』文眞堂。
JETRO（2018）「欧州における中国の『一帯一路』構想と同国の投資・プロジェクトの実像」『調査レポート』。
ブランコ・ミラノヴィッチ／立木勝訳（2017）『大不平等』みすず書房。
Anderton, R., Maria, J. R., Karšay, A. and Szörfi, Béla (2015), "Comparisons and contrasts of the impact of the crisis on euro area labour markets," *ECB Occasional Paper Series*, No. 159, Feb., 2015.
Bodnár, K. (2018), "Labour supply and employment growth," *ECB Economic Bulletin*, Issue 1/2018, pp. 35–59.
Maarten, D., Forsells, M., Rossi, L. and Stoevsky, G. (2018), "Private consumption and its drivers in the current economic expansion," *ECB Economic Bulletin*, Issue 5/2018, pp. 86–110.
European Commission (2017), *Reflection paper on the future of EU finances*, June, 2017.
European Commission (2018), *2018 European Semester: Country-specific recommendations*, COM (2018) 400 final.
Juncker, Jean-Claude (2017), "State of the Union Address 2017," *Speech on European Parliament*, Brussels, Sep. 13, 2017, SPEECH/17/3165.
Salverda, W. (2018), "Household Income Inequalities and Labour Market Position in the European Union," *CESifo Forum* 2018-2, Vol. 19, pp. 35–43.

第14章
脱ドルを模索するロシア

はじめに

　1990年代，ロシアは，IMFのコンディショナリティの影響下で市場経済化を進め，冷戦後の世界経済秩序に組み込まれていった。それは，資源輸出を通じた発展を可能にしたが，ドル依存という副作用をともなっていた。ロシアと欧米との関係が良好なあいだは，この副作用は忘れられていた。しかし，欧米との対立が鮮明になり，経済制裁が科され，ロシアは，ドル依存からの脱却を考えなければならなくなった。欧米とアジアのあいだに位置するロシアが選択したのは，東方シフトであった。欧米からアジアへの経済の重心の移動という世界経済の歴史的変化の中で，新たなエネルギー輸出市場と経済近代化を必要としているロシアにとって，これは当然の選択であった。ウクライナ危機と経済制裁は，結果的に，ロシアの東方シフトと脱ドル化の動きを加速させた。それは，エネルギーの確保と人民元の国際化を目指す中国の利害と一致していた。中ロ間における貿易決済，エネルギー取引，資金調達における脱ドル化は，直ちにドルの地位を揺るがすものではないとしても，ユーロの国際的役割の強化を目指すEUの動きとも呼応して，世界に急速に広がり始めている。

第1節　ドル依存のロシア

1．市場経済化と「ドル化」

　ソ連崩壊後，ロシアは，IMFのコンディショナリティ（規制撤廃，民営化，

198　第Ⅲ部　世界経済の新たな潮流：期待と不安

マクロ経済安定化等を求める融資条件）の影響下で市場経済化を進め，世界経済秩序に組み込まれていった。貿易の国家独占は廃止され，資源分野では輸出規制（ライセンス制や輸出関税）が残ったが，輸入はほぼ全面的に自由化された。この結果，石油，天然ガス，アルミニウムなど資源輸出が拡大し，「担ぎ屋」貿易（旅行客を装って消費財等を仕入れ国内外で販売する行為）が広がった。しかし，国際競争力を欠く国内製造業は壊滅的打撃を受け，ロシアは石油価格に左右される脆弱な経済構造となってしまった。

　GDP が半減するほどの体制転換不況の最中，金融市場が未発達なロシアにおいて行われた厳しい金融引締めは，投資ばかりか企業間決済を阻害し，バーター取引が蔓延した。ルーブルの対ドル相場は，1992 年から金融危機が発生する 1998 年半ばまでに，実質で 5 分の 1 に下落した。ルーブルの信頼は地に落ち，資本逃避やドル預金が常態化した。

　この間，ロシア居住者は，外貨収入の 30％を外貨準備に，20％を国内外貨市場で売り，残りを外貨建ての銀行口座に保持することができた。ロシアの銀行はコルレス契約を持つ外国の銀行にドル残高を移転することができ，外国で引き出されたドル現金がロシア国内に持ち込まれた。こうして，ルーブルは信用を失い，ドル現金がロシア国内で流通する「ドル化」が進行したのである[1]。

　経済が回復する 2000 年代に入っても，こうした現象は続いた。2001 年初のドル建て預金は 40％を超え，2007 年に 10％台半ばまで低下した。また，ドル建て融資の割合は，2003 年頃まで 30％台で，その後は大きく低下した。しかし，2008 年末の世界的金融危機で，前者は 30％台半ば，後者は 20％台半ばに跳ね上がった[2]。

2．ドル建てで取引されるエネルギー資源への依存

　エネルギー資源がドル建てで取引されている現状を考えれば，資源依存はドル依存でもある。ロシアの主たる貿易相手は EU 諸国であり，ロシアの輸出の過半を占め，しかもその 7 割前後が，石油，天然ガス，石炭などエネルギー資源である[3]。2000 年代，石油価格の高騰によりロシアは膨大な収益を得たが，資源の採掘税と輸出関税が政府歳入の約 5 割を占めた。つまり，国家財政その

ものが，ドル建てで取引される資源に依存することとなった。

　しかし，ロシアは，1990年代，特に油価が1バレル＝13ドルまで低下した1998年の金融危機の苦い経験から，油価下落に備えて，油価が想定基準価格を超えた場合に資源の採掘税と輸出関税の一部を積み立てる安定化基金を2004年1月に導入した。これにより，ロシアは，2006年にはパリクラブ（主要債権国会議）の債務を完済することができた。2008年の油価は1バレル＝97ドルに上昇し，潤沢な資金をもたらした。2008年末の金融危機の際，政府の対外債務はわずかであったが，欧米金融市場のIPOに依存していた資源関連企業は資金繰りに窮した。安定化基金は，予備基金と国民福祉基金に再編されていたが，2008年の金融危機直後の2009年1月1日時点でそれぞれGDPの9.8％，6.3％を占めており，これによって政府は企業を支援し危機を乗り切ることができたのである4)。

　しかし，同時に，資源依存は，油価に左右される対外的脆弱性でもある。石油をはじめとする戦略商品のドル建て取引の契機となったのは，1974年の米国とサウジアラビアの合意である。サウジアラビアは安全保障と引き換えにドル建てで石油を輸出し，オイルダラーは米国債に投資された。これは，翌年，OPECに広がり，やがて余剰ドルが米国債として還流するスキームが世界的に広がっていった5)。

　原油価格は，ブレント，WTI，ドバイ，ウラルなどの価格をベンチマークとして決定される。これらは，ヨーロッパで主要なブレントを含めてドル建てが支配的である。また，Plattsなどエネルギーや資源に関する価格情報配信会社が価格決定に重要な役割を果たしている。エネルギー派生商品の契約は，先渡し（forward），先物（future），オプション，スワップなど証券市場で取引される。例えば，ブレンド原油先物はICE（Intercontinental Exchange）で，WTI先物はNYMEXにおいて取引される。さらに，石油取引においてドルが支配的なのは，カタール，サウジアラビア，UAEなど産油国の通貨がドルにペッグしていることに加えて，ICEやNYMEXにおける先物取引が米ドルを選好していることにも関連している。天然ガスの価格も，長く油価連動であり，ドル建て契約が圧倒的であった6)。

200　　第Ⅲ部　世界経済の新たな潮流：期待と不安

第2節　アジアの時代とロシアの東方シフト

1．東アジアの自立とエネルギー需要の変化[7]

　1980年以降の世界のGDP（購買力平価）に占めるシェアの変化について，「EU＋米国」と「ASEAN+3（日中韓）＋インド」を比較してみよう。1989年まで前者が世界のGDPの過半を占めたが，2013年には後者と並ぶ33％台になり，2023年には，前者は29％に低下し，後者が41％に達すると予測されている[8]。

　重要なのは，これが東アジアにおける域内国際分業の深まりと自立を伴っていることである。特に2000年代以降，東アジアでは，日本，韓国から中国，ASEANに中間財が輸出されるだけでなく，ASEAN域内，中国・ASEAN間においても中間財取引が拡大し，高度な国際分業へと転換した。さらに，2008年末の世界経済危機以降，最終需要地が先進国から中国へとシフトし，「従来の先進国企業を軸とした生産ネットワークとは別に，中国・ASEAN間の経済統合が独自に発展しつつある」[9]。こうして，東アジア経済は，中国市場を軸としつつ自律性を獲得し，欧米経済との連動性を低下させつつある。

　アジアの台頭は，エネルギー需要の変化にも表れている。一次エネルギー消費量は，1990年まで欧州がアジア太平洋地域を上回っていた。だが，その後，前者の需要は横ばいだったのに対して，後者の需要は急増し，今や欧州の3倍近くになっている[10]。

2．ウクライナ問題と東方シフトの加速[11]

　こうした中で，エネルギー資源に頼りつつ，経済近代化のための技術を求めるロシアが，アジアに目を向け始めるのは当然の選択であった。2006年，ロシアは，東シベリア・太平洋石油パイプライン（ESPO）の建設に着手し，2007年には「中国およびアジア太平洋諸国向け輸出を考慮した東シベリア極東地域における天然ガス統一生産・輸送・供給システムプログラム（東方ガスプログラム）」が公表された。

2009 年は決定的な転換点である。この年，ESPO 第 1 期工事が完了し，アジア向けに石油輸出が始まった。2011 年には中国大慶市への支線が，2012 年末には第 2 期工事が完了し，アジアに石油を輸出するための基幹パイプラインが全線開通した。また，サハリンから液化天然ガス（LNG）の輸出が開始された。

折しも，ロシアは，ウクライナとのガス紛争と EU エネルギー市場の変化に直面していた。当時，欧州向け天然ガスの 8 割がウクライナ経由だったことから，2006 年，2009 年のガス紛争は，欧州諸国のガス不足をもたらした。EU は，これをエネルギー安全保障の脅威と認識し，エネルギー市場の統合と自由化を進め，ロシアに従来の契約（油価連動の長期契約や転売禁止条項等）の見直しを迫った。

これは，ロシアに欧州市場依存の是正と輸出先の多角化の必要性を痛感させた。ロシアは，ウクライナを迂回してロシアとドイツを直結するパイプライン（ノルドストリーム）建設によって欧州市場確保を図り，他方でアジア重視の姿勢を鮮明にしていく。2012 年 1 月 6 日付け『イズベスチヤ』紙において，プーチンは，次のように述べている[12]。

「「一極化」を含むソ連崩壊後 20 年間続いたシステムの終焉は明らかである。今日，これまで唯一の「力の極」はもはやグローバルな安定を維持することができないが，「影響の新たな中心」は，その用意ができていない」。

前者が米国，後者が中国であることは明らかであろう。同年 12 月の大統領教書は，多極化の時代であることを指摘し，「21 世紀のロシアの発展のベクトルは東方への発展だ」として東方シフトを宣言するのである。

3．ウクライナ危機と経済制裁[13]

2014 年，ウクライナ危機を契機として，ロシアはクリミアを併合した。これに対して，欧米諸国はロシアに対して経済制裁を科した。制裁は，主に①政府要人や新興財閥の渡航禁止，資産凍結，②主な金融機関や資源関連企業への金融制裁，③大深水，北極海，シェールの石油開発に関わる製品・サービスの輸出禁止の 3 分野である。2016 年以降，EU は制裁を半年ごとに延長し，今日に至る。これに対して，米国は次々と制裁を強化していった。2014 年末，米

国は，大統領判断によって外国の企業・金融機関にも制裁を科すことのできるウクライナ自由支援法を導入した。2017 年の米国敵性国家対抗法（CAATSA）は，イラン，北朝鮮とともにロシアを制裁対象とした。2018 年 4 月にはエネルギー・鉱物資源関連の企業を制裁対象者（SDN リスト）に加えた。この他，米国では，「超えてはならない一線を設定することによって選挙を脅威から守る（DETER）」法案，「欧州同盟国とのエネルギー安全保障協力（ESCAPE）」法案，「クレムリンの攻撃から米国の安全保障を守る（DASKA）」法案，英国で起きたロシア人元スパイ毒殺未遂事件に関する制裁，クリミア併合否認法案，ウラジーミル・プーチン透明性法案等，次々と制裁強化が提案されている。

　経済制裁と油価下落とがあいまってルーブルは暴落した。ロシアは，管理フロート制を維持することができなくなり，2014 年 11 月から完全な変動相場制に移行した。ルーブルは，2014 年初めの 1 ドル＝33 ルーブルから 2016 年初めには 86 ルーブルまで大幅に下落した。

　こうして，ドルを頼りにしてきたロシアは，政府も企業も個人も経済制裁を回避する策を考えざるを得なくなっていったのである。

第 3 節　ロシアと中国

1．警戒から依存へ[14]

　ここで，ロシアと「人民元の国際化」を目指す中国との思惑が一致する。2014 年 10 月，ロシア中央銀行は，中国人民銀行と 1,500 億元（約 220 億ドル）を限度に通貨スワップ協定を締結した。既にこの時点で，中国は，ロシアの輸入の 20％，輸出の 9％を占める最大の貿易相手国であった。ドルを介さず対中貿易のリスクヘッジを可能にする通貨スワップは，金融制裁，ルーブル暴落，油価低迷でドル調達が困難になったロシアを救った。

　とはいえ，当初，ロシアは，長大な国境を接し 5 倍以上の経済規模の中国との協力には慎重だった。2008～2009 年の金融危機の際，ロスネフチ，トランスネフチは，2011～2015 年の石油を担保に中国開発銀行から，それぞれ 150

億ドル，100億ドルの融資を受けた。だが，ロシアは中国の資源開発への参加を非公式に制限し，インフラ建設や自動車生産への参入には反対していた。

しかし，ウクライナ危機後，中ロ関係構築は早かった。2014年4月のプーチンの上海訪問時に46文書，10月の李克強首相のモスクワ訪問時に38文書，11月北京でのAPEC会議の際に17文書が調印された。ロシアは，2016年に発足したアジアインフラ投資銀行（AIIB）に参加し，中国，インドに次ぐ3番目の出資国となった。欧米の経済制裁は，意図せざる結果として，ロシアに中国に頼る決断を迫ったのである。

2．貿易決済の脱ドル化

中ロ貿易におけるルーブルと人民元による決済は，ウクライナ危機前の2013年に輸出で3％，輸出で6％であったが，2017年にはそれぞれ18％，19％となった（第14-1図）。特に輸入では，圧倒的に人民元決済が多い[15]。

2017年は，中ロ経済協力が新たな段階に入ったことを示す出来事が相次いだ。3月，ロシア中央銀行は北京支店を開設し，中国工商銀行はモスクワで手形交換業務を開始した。ロシアアルミ最大手UCルサールは上海証券取引所でパンダ債を発行した。7月には，ロシア直接投資基金と中国開発銀行が680億元（約100億ドル）の人民元建ての中ロ投資協力基金設立について合意し

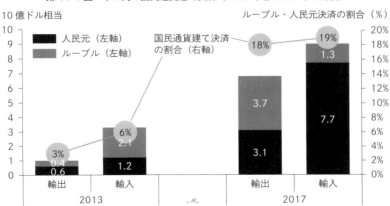

第14-1図　中ロ間の国民通貨建て決済（2013年と2017年の比較）

出所：Dolgin (2018), p. 4.

た[16]。同月，ロシア農業銀行は，ロシアの電子決済カード「Mir（ミール）」と中国の「銀聯カード」を統合したデビットカードを発行し始め，世界160カ国以上で利用可能となった。2018年7月には，ロシア地域開発銀行も同様のカードを発行し始めた。

　欧米の影響下にある国際銀行間通信協会（SWIFT）からの排除を恐れるロシアは，既に中国のクロスボーダー人民元決済システムCIPSに参加しており，中ロ間では為替リスクが大幅に軽減されている。また，2018年末に，ロシアは，独自の国際決済システム（SPFS）を構築しており，2017年末にロスネフチが参加したのを皮切りに，金融機関だけでなく500社あまりの非金融機関がSPFSに参加している[17]。

　また，EUは最大の貿易相手であり，ユーロ決済はロシアにとって重要な選択肢である。近年，ロシアのEU向けのユーロ建て輸出の割合は30〜40％を推移しており，ルーブル建てが約10％，残りの約50％がドル建てである。ユーロは，中ロ間の決済にも利用され始めている。その割合は，2018年第1四半期にわずか0.7％であったが，第4四半期には23.5％と急増した。特に中国の石油輸入がユーロ建てで行われている。2018年のロシアの貿易全体におけるルーブル決済の割合は約14％に留まるが，インド向けでは急速に増加しており，2018年に37.2％に達し，特に第4四半期ではルーブル決済53.2％，ドル決済41.9％であった。ユーラシア経済連合（EAEU）との貿易の70％はルーブル決済であった[18]。

　こうして，2013〜2018年に，ロシアは米ドル建て決済の割合を56.1％（3,880億ドル）まで引き下げた[19]。

3．米国債大量売却と外貨準備の見直し

　米国の制裁法案が次々と提出される中で，防衛策としてロシア中央銀行は，外貨準備の根本的見直しをせざるを得なくなった。2017年6月30日から2018年6月30日のあいだに，ロシア中央銀行は1,000億ドルを金，ユーロ，人民元に変更した。特に2018年4月の米国の追加制裁でルーブル相場が20％下落した際に，ロシアは，長期米国債を売却し，その保有量は，3月時点の1,000億ドルから5月末には149億ドルまで急減した[20]。この結果，2017年9月20

日時点で外貨準備の 46.2％ を占めていたドルは，1 年後には 22.6％ に低下した。対照的に，ユーロは 23.6％ から 32.1％ に，人民元は 1％ から 14.4％ へと激増した（第 14-2 図）。取引相手・証券取扱者の居住地でも，ロシアが資産を米国から中国や日本に移動させたことがわかる（第 14-3 図）。

第 14-2 図　ロシアの外貨準備構成の変化

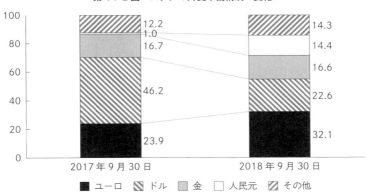

第 14-3 図　取引相手・証券取扱者の居住地

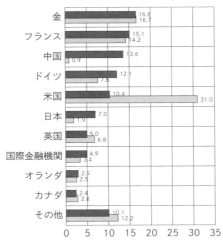

注：未決済分を含む。
出所：Bank of Russia (2019), p. 6.

206　第Ⅲ部　世界経済の新たな潮流：期待と不安

　過去 10 年あまり，ロシアが金準備を 4 倍以上に増加させてきたことも見落としてはならない。2019 年 5 月時点のロシアの金保有量は 2,128t で，中国の 1,885t とあわせると，米国の金保有量の半分程度に相当する[21]。これは，中ロ間の国民通貨決済の安心材料でもある。

4．石油取引の脱ドル化

　ウクライナ危機後，中ロのエネルギー協力が急速に進んだ。象徴的なのは，2014 年 5 月に，ガスプロムと中国石油天然気集団公司 CNPC が 30 年間，年間最大 380 億 m³ のガスを輸出する大型長期契約を締結したことである。2019 年末には「シベリアの力」と名付けられたパイプラインで供給が開始される予定である。特筆すべきは，2018 年 12 月からヤマル半島で LNG（液化天然ガス）の商業生産が始まったことである。この開発を手がけるノバテク社が金融制裁の対象となり資金調達が危ぶまれたが，これを救ったのが中国のシルクロード基金だった。その結果，権益は，CNPC 20％，シルクロード基金 9.9％，トタル（仏）20％，ノバテク 50.1％となった。ヤマル LNG は北極海航路でアジアに運ばれる。

　2017 年に世界最大の石油輸入国となった中国は，2018 年 3 月，上海国際エネルギー取引センター（INE）で人民元建ての石油先物取引を開始した[22]。上海市場は，わずか一年で 330 億バレルを取引し，ドバイを超えて，ニューヨークやロンドンに次ぐ第三の規模に成長した。

　ロシアは，中国の石油輸入の約 15％を占める最大の供給者である。2015 年にガスプロムネフチが ESPO の大慶支線を通じた中国への石油輸出を人民元建てにし，その後も石油の人民元建て輸出は増加している。次いでサウジアラビアが中国の石油輸入の約 13％を占めるが，2019 年，サウジ Aramco は，中国と 100 億ドルの石油精製施設建設を契約しており，中国は以前からサウジアラビアに人民元決済を持ちかけている。また，Aramco は，参加には至らなかったが，ロシアの Arctic2 の LNG 開発への出資に高い関心を寄せていた。このように，サウジアラビアは，近年，ロシア，中国と協力を深めようとしている。第三の供給国アンゴラ（約 12％）は，2015 年から人民元を第二の通貨として受け入れている。イランは，米国の経済制裁を回避するために，2018

年 11 月以降，石油の人民元決済を容認している。米国と敵対しているベネズエラも，2017 年から人民元決済を受けいれている。これらは，二国間取引に留まり，人民元は多国間で決済に利用されてはいない。しかし，INE の発展は，人民元建て石油取引を安定化させ，人民元決済の多角化を促進する役割を果たすかもしれない。

　加えて，INE に先立ち，2017 年 7 月に香港で人民元建ての金先物取引が立ち上げられた。これにより，人民元を金に交換することが可能となり，人民元保有のリスクヘッジができる。

　さらに興味深いことに，2018 年 12 月，EU が，「ユーロの国際的役割の強化」に関する政策文書と「エネルギー分野におけるユーロの国際的役割の強化」に関する勧告を公表している。EU が輸入している原油の 93%以上がドル建てである。この状況を脱するために，欧州委員会は，エネルギー供給国との協力によるユーロ決済の促進，ユーロ建てエネルギーハブの発展，エネルギー関連投資へのユーロ建て融資などを提案している[23]。

　このように，中ロ間に留まらず，世界のエネルギー市場において急速に脱ドル化の動きが顕在化している。天然ガス価格が石油価格に連動してきたことを考えれば，石油取引の脱ドル化は，おのずとガス取引の脱ドル化につながる。EU は，ロシアにとって最大のガス市場である。ヤマル LNG の生産が始まり，シベリアの力によるパイプライン輸送が加われば，ロシアから中国への天然ガス輸出は大幅に拡大する。ガス取引がユーロや人民元によって決済されるようになるとすれば，エネルギー取引の脱ドル化はさらに加速するであろう。

5．アリババとロシア―BtoC から BtoB への可能性[24]

　近年，中ロの貿易構造は根本的に変化した。2002 年の対中輸出の構成をみると，機械・設備 20%，肥料 10%，化学品など工業品があったが，2017 年には機械・設備は姿を消し，肥料や化学品も激減した。代わって，2002 年に 15%であった燃料の割合が，2017 年には 66%と増加した。今や，ロシアの対中輸出品目の大半は，石油，丸太，非鉄金属（ニッケル，銅，アルミニウム）である。輸入品目も変わった。2002 年，中国からの輸入の 49%は靴，衣料，日用品であったのに対して，2017 年には産業用機械・設備が 45%となった。

208　第Ⅲ部　世界経済の新たな潮流：期待と不安

　これは，ロシアの輸入地域構造に大きな変化をもたらしている。特に産業用機械・設備（HS84）の純輸入に着目すると，2002 年ではドイツ 32％，イタリア 11％など欧州諸国が 8 割以上を占めていたが，2017 年になると，中国が 26％を超え，ドイツ，イタリアのシェアは 18％，7％へと低下している。

　こうした変化を背景として，新たな動きがみられる。2018 年 9 月 11 日，ロシア通信会社メガフォン，インターネットサービス会社 Mail.Ru グループ，ロシア直接投資基金（RDIF）は，中国アリババ・グループ（阿里巴巴集団）と合弁企業 AliExpress を設立し EC（電子商取引）市場に参入することを明らかにした。出資規模は 20 億ドル，メガフォン（24％），Mail.Ru（15％），RDIF（13％）とあわせて経営権はロシア側が握るが，アリババが筆頭株主となる（48％）。

　これは，単にアリババが，ロシアの BtoC 市場に参入することを意味するだけではない。アリババは，ビール大手のバルチカや健康食品を扱うフクース・ヴィルなどロシア・ブランドの製品を中国のショッピングモール天猫で販売しようとしている。これは，ロシア企業の中国 BtoC 市場への参入の機会を提供する。また，農業大国となりつつあるロシアから中国への食料品輸入が拡大しており，米中貿易戦争は，この動きを加速している。2019 年 2 月，中国政府は，15 年ぶりにロシアからの鶏肉の輸入を許可し，多くのロシア企業が参入し始めている[25]。忘れてならないことは，アリババが BtoB 市場の最大手だという点である。AliExpress はロシアの新興企業に中国市場進出の機会を提供し，さらに中国企業との協力の可能性を開き，ロシアがアジアにおける分業に参加する契機となるかもしれない。

おわりに

　2018 年の世界の GDP（購買力平価）に占めるロシアのシェアは，3.12％にすぎない。ロシアの脱ドル化の模索は，直ちに世界経済におけるドルの地位を揺るがすものではない。しかし，ロシアは，欧米とアジアの狭間に位置し，多極化する世界に適応していかざるをえない。ロシアの動きを観察することは，

世界経済の新たな兆候を読み取るよい機会となるだろう。

（蓮見　雄）

【付記】

本稿は，蓮見雄「多極化時代において脱ドルを模索するロシア」『ロシア・ユーラシアの経済と社会』（No. 1042, 2019 年）を一部割愛し，加筆・修正したものである。

【注】

1 ）蓮見（1999），上垣（2005）による。

2 ）Ponomarenko, Solovyeba and Vasilieva (2013).

3 ）詳しくは，蓮見（2016a）を参照。

4 ）蓮見（2016b），およびロシア財務省統計。

5 ）Mathews and Selden (2018), Cao (2016). なお，この還流によって，米国は財政赤字と貿易赤字の「双子の赤字」を抱えながらも潤沢な資金を享受し，翻って新興諸国に市場や資金を提供し，その発展を促した。

6 ）蓮見（2019a）。

7 ）蓮見（2017），蓮見（2019c）。

8 ）IMF 統計。

9 ）『通商白書』2016 年版。

10）BP (2018). 欧州：EU28 カ国，ノルウェー，トルコ，その他欧州諸国。アジア太平洋：ASEAN+3, 香港, 台湾, オーストラリア, ニュージーランド, その他諸国。

11）蓮見（2016c）。

12）石郷岡（2014）。

13）原田（2019）の整理による。

14）蓮見（2016c）。

15）ただし，ルーブル安によるルーブル決済が過小評価されている可能性がある。

16）2017 年 9 月，日本の国際協力銀行（JBIC）とロシア直接投資基金のあいだでは，総額 10 億ドルの共同投資枠組が創設されている。

17）*RT*, 2019.03.30.

18）《Лучше юаня, крепче рубля》, *Коммерсантъ*, No. 75, 2019.04.26. EAEU: アルメニア, ベラルーシ, カザフスタン, キルギスタン, ロシア。

19）*Эксперт*, 2019.04.20.

20）*Financial Times*, 2019.01.11.

21）World Gold Council.

22）以下，Mathews and Selden (2018), Cao (2016) による。

23）蓮見（2019a）。

24）蓮見（2018），蓮見（2019b）。

25）*RIA*, 2019.04.03.

【参考文献】

石郷岡建（2014）「プーチン大統領の極東シベリア戦略についての考察」『ロシア・ユーラシアの経済と社会』No. 980。

上垣彰（2005）『経済グローバリゼーション下のロシア』日本評論社。

蓮見雄（1999）「世界資本主義とロシア」『経済学季報』Vol. 48, No. 2。

蓮見雄（2016a）「ロシアの対欧州エネルギー戦略」杉本侃編著『北東アジアのエネルギー安全保障—東を目指すロシアと日本の将来』日本評論社。

蓮見雄（2016b）「油価低迷・経済制裁とロシア」『ロシア・ユーラシアの経済と社会』No. 1002。

蓮見雄（2016c）「ロシアの東方シフトと対中, 対日戦略」『世界経済評論』Vo. 60, No. 2。

蓮見雄（2017）「世界経済の構造転換をめぐる対抗・協調とロシアの選択」『ロシア・東欧学会年報』第45号。

蓮見雄（2018）「ロシアの東方シフトと対中国貿易構造の変化」『ロシア・ユーラシアの経済と社会』No. 1033。

蓮見雄（2019a）「エネルギー分野におけるユーロ利用の拡大について」『ロシア・ユーラシアの経済と社会』No. 1036。

蓮見雄（2019b）「アリババとロシア—AliExpress はロシアブランドグローバル化のプラットフォーム？」三菱 UFJ 銀行国際業務部, *MUFG BK Global Business Insight EMEA & Americas*。

蓮見雄（2019c）「アジアの時代と日口経済協力」『ユーラシア研究』No. 59。

原田大輔（2019）「ロシアが進めるガス供給ルート多様化の動き　Nord Stream 2 をはじめ, 2019 年起動する3大国際プロジェクトとその課題について」独立行政法人石油天然ガス・金属鉱物資源機構セミナー配付資料（4月25日）。

Bank of Russia (2019), *Bank of Russia Foreign Exchange and Gold Asset Management Report*, No. 2.

BP (2018), *Statistical Review of World Economy – all data*, 1965-2017.

Cao, L. (2016), "Currency Wars and the Erosion of Dollar Hegemony," *Michigan Journal of International Law*, Vol. 28, issue 1, pp. 57-118.

Dolgin, D. (2018), Russia-China trade in national currencies: the product mix is key, ING Economic and Financial Analysis.

Mathews, J. and Selden, M. (2018), "China: The Emergence of the Petroyuan and the Challenge to US Dollar Hegemony," *The Asia-Pacific Journal*, Vol. 16, Issue 22, No. 3, pp. 1-12.

Ponomarenko, A., Solovyeba, A. and Vasilieva, E. (2013), "Financial dollarization in Russia: causes and consequences," *Macroeconomics and Finance in Emerging Market Economies*, Vol. 6, No. 2, pp. 221-243.

第15章

人民元の国際化の条件

はじめに

　本章は，2005年以降進んできた「人民元の国際化」につき，「世界経済の新たな潮流」の中で，あらためて考えるものである。具体的には，米中の経済関係の悪化，関税引き上げを中心に両国間の貿易取引拡大の障害が大きくなってきている中で，今後の人民元の国際化を考察したい。これまでの人民元の国際化の取組を概観したうえで，先行研究から「通貨の国際化」の条件を確認する。それをふまえ，人民元の現状を評価したうえで，今後の国際化への課題と可能性を探る。合わせて，中国が目指していると考えられる「人民元の国際化」が，従来の「通貨の国際化」の延長線にあるのか否かについての考察，「否」である場合，「新たな潮流」もふまえて，その評価も試みたい。

第1節　通貨の国際化の定義

1．人民元国際化の取組

　人民元の国際化に関する研究は，これまで数多くなされている。そこで，ここではその詳細な流れを追うことはせず，年表形式でトピックスを含めて，その大まかな流れを確認することとしたい（第15-1表）。

　その流れのきっかけは2001年のWTO加盟と考えられる。それをふまえて，人民元の為替相場制度の見直しが実現したのが，2005年7月である。その際，中国人民銀行は「それまでの対米ドルペッグ制から，市場の需給にも

212　第Ⅲ部　世界経済の新たな潮流：期待と不安

とづき，通貨バスケットを参考にする管理相場制への移行」を発表し，① 制度移行時に従来の 1 ドル＝8.27 元から 1 ドル＝8.11 元への約 2％の切り上げ，② 毎営業日終了後，インターバンク為替市場における取引通貨の人民元の終値の公表とそれを翌営業日の取引の基準値とする，③ 毎営業日の対米ドル人民元レートは，基準値の ±0.3％のバンド内で変動（米ドル以外の通貨は当該通貨の基準値の ±1.5％のバンド）を実施した。

その後，リーマンショックを挟み，為替レートの変動幅の拡大を実現しなが

第 15-1 表　人民元国際化の流れ

年月	対応	トピックス
2001 年 12 月		中国 WTO 加盟
2002 年 12 月	QFII（適格外国機関投資家）制度導入	
2003 年 12 月	香港に元のクリアリングバンク設置(中国銀行現法) 　　⇒その後，多くの国に設置	
2005 年 7 月	米ドルペッグ制から管理変動相場制へ移行	
2005 年 10 月	ADB と IFC による元建て債（パンダ債）発行	
2006 年 4 月	QDII（適格国内機関投資家）制度導入	
2006 年		中国外貨準備高世界 1 位へ
2007 年 5 月	対米ドルの 1 日の変動幅を 0.3％⇒ 0.5％に拡大	
2008 年 9 月		リーマンショック
2008 年 11 月		中国 4 兆元経済対策表明
2008 年 12 月	韓国と人民元－ウォンの通貨スワップ締結 　　⇒その後，多くの国と締結（＊＊）	
2009 年 3 月		周・小川論文[1] 発表
2009 年 7 月	人民元の貿易決済利用開始	
2009 年 10 月	香港での元建て国債発行	
2011 年 12 月	RQFII（人民元建て適格外国機関投資家）制度導入	
2012 年 4 月	対米ドルの 1 日の変動幅を 0.5％⇒ 1.0％に拡大	
2013 年 9 月	中国（上海）自由貿易試験区 　　⇒その後，他の地区にも設置拡大	
2014 年 3 月	対米ドルの 1 日の変動幅を 1.0％⇒ 2.0％に拡大	
2014 年 11 月	RQDII（人民元建て適格国内機関投資家）制度導入	
2015 年 8 月	毎営業日の人民元基準値算出方法変更 　　⇒ 3 営業連続で従来比元安方向に設定	左記以降，市場で元大幅安へ
2015 年 11 月	人民元，IMF の SDR の構成通貨入り決定	
2015 年 12 月	CFETS インデックス[2] 導入	
2016 年 10 月	人民元，IMF の SDR の構成通貨入り実現	
2018 年 10 月	（＊）日本に設置（中国銀行東京支店）	
2018 年 10 月	（＊＊）日本と締結	

出所：各種資料より筆者作成。

ら，貿易決済での人民元利用開始，国内外での証券投資に関する制度整備，海外での人民元決済のためのインフラ整備（クリアリングバンク設置）などを進め，2016 年 10 月には IMF の SDR[3] の構成通貨入りを実現，国際化に大きな一歩を記したと考えられる。

2．先行研究から考える「通貨の国際化」の条件

　前項では，人民元の国際化の流れを概観した。つづいて，一般的な「通貨の国際化」の定義あるいは条件を，先行研究を通じて確認する。

　小川（2017）をベースに貨幣の 3 機能，クルーグマンによる国際通貨の 3 機能およびその民間部門と政府部門の区分による整理をすると下記となる。

第 15-2 表　通貨ならびに国際通貨の機能の整理

通貨の機能	国際通貨としての機能	
	民間	政府
交換手段としての機能	決済通貨／媒介通貨	為替介入通貨
価値貯蔵手段としての機能	対外資産の表示通貨	外貨準備保有通貨
計算単位としての機能	契約通貨	基準通貨（為替レート決定）

　　出所：小川（2017）等を参考に作成。

　つづいて，「通貨の国際化」を先行研究より考えたい。小沢（2015）は，まず，基軸通貨に関して「複数の通貨を使用する複数の国々の間での経済活動を円滑に進めるために，特定の通貨を機能させること」（同上，20 頁）としている。そのうえで，通貨の国際化を，「世界的な規模で，基軸通貨の 3 つの機能をすべて満たしているわけではないけれども，一定の地域内で，または，3 つの機能の一部分を満たす通貨として，複数の国々の間で流通する，特定の国の通貨を意味する」（同上）と説明している。そのうえで，人民元の国際化には，超えなければいけないハードルがいくつかあると評している。

　中村・植田・松井（2012）は，通貨の国際化を「当該通貨の使用が国際的な規模に広がることである。具体的には，① 外国貿易や外国直接投資，証券投資などの対外取引において当該国の通貨の使用頻度が高まること，また，② 諸外国の外貨準備に占める当該国通貨の比率が上昇することなどを指す」

214   第Ⅲ部　世界経済の新たな潮流：期待と不安

（同上，2-3頁）と定義している。そのうえで，必ずしも基軸通貨になることを意味しないとしている。あわせて，通貨の国際化のメリットとしては，① 貿易取引における為替変動リスク軽減，② 金融機関の国際競争力強化，③ 金融・資本市場の発展を通常時のものとして説明している。一方で，非常時については，基軸通貨の米ドルやユーロなどそれにつぐ主要通貨の変動の影響の軽減としている。

　また，本章のテーマである「通貨の国際化の条件」としては，2つをあげている。ひとつは，当該国の経済活動，すなわち経済規模や貿易取引が拡大し，世界あるいは特定地域に置いて一定の大きさに達すること。もうひとつは，その経済活動に当該国通貨を使用するうえでの制約・規制がないこととして，通貨の自由化としている。そして，具体例としては，① 金利および金融業務の自由化，② 金利・為替の先物市場の整備，③ 短期金融市場・債券市場の育成などをあげている。次節以降では，こうした観点で人民元の考察を進めたい。

第2節　人民元の現状

1．中国の長期計画と進捗状況

　第15-1図に示したのは，「人民元の国際化」に関連の深い，中国における資本取引自由化に関する中国人民銀行調査統計局による論文（2012年2月「わが国が資本勘定を加速する条件は基本的に整った（日本語仮題）」）の骨子をまとめたものである。要旨とともに今後の計画にも言及されている点が興味深い。

　右記の計画と実績を見ると，「短期」，「中期」の項目は達成済みで，現在は「長期」の項目を進めていると評価できる。「資本流入」については，2018年に外資による金融，自動車製造，重工業などへの過半出資を認める方針を示しており，2022年に向けてさらなる規制緩和が進むと考えられる。一方で，2015年8月の下落以降，人民元安への動きには警戒を強めていると思われ，人民元安に振れやすい「資本流出」の開放施策には慎重になることも想定される。

第15-1図　中国人民銀行調査統計局論文骨子

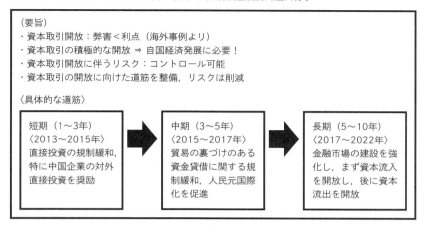

注：原文に具体的な年数の明示はなく，論文発表年に応じて筆者が追記。
出所：植田・五味（2012）等を参考に作成。

2．国際化条件の検証

　つぎに第1節で触れた中村・植田・松井（2012）による条件について，検討したい。まず，クロスボーダーでの顧客取引における人民元の比率をSWIFTデータで見ると，直近の2019年2月は1.15％で通貨別順位では8位。米ドルは43.40％，ユーロは35.68％で，日本円は4.35％であった。つぎに外貨準備についてIMFの公表によれば，2018年末の人民元の比率は1.80％で通貨別順位は5位。米ドル61.94％，ユーロ20.48％で，日本円は4.98％であった。ともに，米ドルやユーロと比較するとまだまだ少ないが，1980年代以降，国際化を目指してきた日本円の割合と比較すると，相応の割合とも考えられ，国際化が徐々に進んでいるとも考えられる。

　第15-3表で示したのは，外国為替取引における通貨別の割合である。人民元とともに，その他のアジア通貨も示している。3年に1度の調査であり，直近の2016年の結果では人民元は4％。こちらも決して高いとは言えないが，2007年が0％であったことを考えれば，着実にそのシェアが高まっている。

　すでに世界第2位のGDPを有する中国は，貿易や投資において，その世界的なシェアは高い。その高さを背景に，中村・植田・松井（2012）の定義にあ

第15-3表　外国為替取引通貨別取引高推移

外国為替取引通貨別取引高（1995年4月－2016年4月）
日次平均（単位10億ドル・％）

通貨	1995		1998		2001		2004		2007		2010		2013		2016	
	Amount	%	Amount	%	Amount	%	Amount	%	Amount	%	Amount	%	Amount	%	Amount	%
USD	981	83	1,325	87	1,114	90	1,702	88	2,845	86	3,371	85	4,662	87	4,438	88
EUR	…	…	…	…	470	38	724	37	1,231	37	1,551	39	1,790	33	1,591	31
JPY	291	25	332	22	292	24	403	21	573	17	754	19	1,235	23	1,096	22
GBP	110	9	168	11	162	13	319	16	494	15	512	13	633	12	649	13
AUD	31	3	46	3	54	4	116	6	220	7	301	8	463	9	348	7
CAD	40	3	54	4	56	4	81	4	143	4	210	5	244	5	260	5
CHF	85	7	108	7	74	6	117	6	227	7	250	6	276	5	243	5
CNY	…	…	0	0	0	0	2	0	15	0	34	1	120	2	202	4
SEK	7	1	5	0	31	2	42	2	90	3	87	2	94	2	112	2
NZD	3	0	3	0	7	1	21	1	63	2	63	2	105	2	104	2
（2016年4月、11位以下のアジア通貨）																
SGD	5	0	17	1	13	1	18	1	39	1	56	1	75	1	91	2
HKD	13	1	15	1	28	2	34	2	90	3	94	2	77	1	88	2
KRW	…	…	2	0	10	1	22	1	38	1	60	2	64	1	84	2
INR	…	…	1	0	3	0	6	0	24	1	38	1	53	1	58	1
TWD	…	…	2	0	3	0	8	0	12	0	19	0	24	0	32	1
THB	…	…	2	0	2	0	4	0	6	0	8	0	17	0	18	0
MYR	…	…	1	0	1	0	2	0	4	0	11	0	21	0	18	0
IDR	…	…	1	0	1	0	1	0	4	0	6	0	9	0	10	0
PHP	…	…	0	0	1	0	1	0	4	0	5	0	8	0	7	0
Total	1,182	200	1,527	200	1,239	200	1,934	200	3,324	200	3,973	200	5,357	200	5,067	200
アジア通貨合計	309	26	373	24	353	28	500	26	809	24	1,087	27	1,703	32	1,704	34
アジア通貨合計（除く円）	18	2	42	3	61	5	98	5	236	7	333	8	468	9	609	12
ASEAN+3（含むHKドル）	309	26	370	24	346	28	486	25	774	23	1,030	26	1,626	30	1,614	32

注：為替取引は2通貨のペアのため、シェアは合計で200％の表示。

出所：BIS SURVEY（各年）より作成（調査は3年に1度）。

データ出所： https://www.bis.org/publ/rpfx16.htm

る「国際化」を人民元は進めてきていると考えられる。ただし，満たすべき「条件」は，まだ満たしてはいないと言えるのではないか。

第3節　世界経済の新たな潮流から考える「人民元の国際化」

1．米中貿易戦争の視点

　本節では，第Ⅲ部のテーマでもある「世界経済の新たな潮流」の視点で，「人民元の国際化」を見てみたい。人民元，あるいは中国の抱える現在の「新たな潮流」としては，トランプ大統領登場を契機として，大きな問題となっている「米中貿易戦争」であろう。ここでは，米中経済関係全体に触れることはしないが，その中で人民元，言い換えると為替問題に絞って採り上げたい。2019年2月の米中協議の焦点のひとつといわれた為替条項であるが，その合意事項等の詳細は不明である。新聞記事ベースであるが，同年3月10日の中国人民銀行の易綱総裁の記者会見によると，「為替を巡って多くの重要な問題を議論し，双方は多くの重要な問題で認識が一致した」と語られたとある。（日本経済新聞2019年3月11日）その内容としては，為替レートについて，「競争的な切り下げはしない」などG7やG20での首脳会議の合意を順守することと考えられる。合わせて，金融政策の自主権の尊重も表明されている。

　リーマンショック以降のG7においても，上記の2点は先進国間で共通認識は持たれていた。一方で，緩和的な金融政策が自国通貨安を招くことは，リーマンショック以降の日米欧の金融緩和の局面でも現れた。当初，米欧の金融緩和の進行により急激な円高が進行したが，アベノミクス開始後の日本の金融緩和の強化により，一気に円安へ向かったのはまだ記憶に新しい。なお，日米欧はIMFの2017年版の為替制度分類において，Free Floating（自由変動相場制）に分類されている。一方で，中国は中間的制度のひとつであるStabilized arrangement（6カ月間は2％のマージン内で安定）に分類されている。

　米中間のその他の協議項目や貿易収支の推移によっては，あらためて為替レートの件が議題になる可能性もあり得ると考えられる。そうした中で，中国がどのように「人民元の国際化」を進めていくかは興味深い。

218　第Ⅲ部　世界経済の新たな潮流：期待と不安

2．「管理された国際化」の展望

　第2節で触れたように，人民元は，国としての世界第2位の経済規模（GDP）を背景として，SDRの構成通貨入りも果たすなど「国際化」してきていると考えられる。ただし，一般的な「通貨の国際化」の条件は満たしていないと言える。では，その目指す「国際化」は，ドルやユーロ，あるいは日本円がこれまで目指してきた「国際化」と同じであろうか。中国自体が，「世界経済の新たな潮流」であると考えるなら，その目指す「国際化」も新たなものである可能性もある。

　この視点での先行研究として，村瀬（2012）の指摘は重大な示唆を与えている。それは，中国の通貨政策の実施にあたっての3原則「主体性の確保，管理可能性，漸進性」であり，その延長線にあるのは「管理された国際化」を実現する人民元と考えられる。そして，そのための課題として以下の5つをあげている。

①　「管理された」国際通貨と内外分離政策
②　内外分離政策の費用対効果
③　国内金融改革・金利自由化の遅れ
④　複数為替相場と複数金利の問題
⑤　漸進的資本規制緩和と「相場形成メカニズム」の改善

　以上の諸点は，SDR構成通貨入りを目指す局面では改善あるいは自由化の方向に進んでいたと思われる。為替変動幅を元高・元安の双方に広げる，2014年3月の「1日の変動幅の拡大（対米ドル：1.0%⇒2.0%）」などはその表れであろう。しかし，より市場主導型への変更を企図したと思われた2015年8月の毎営業日の基準値算出方法の変更は，結果としてはその後の大幅な元安を招く結果となった。市場では，輸出企業支援策との見方もあり，中国経済の不透明感を強める要素と受け止められたと思われる。そのため，その後は「反循環的調節要因」[4]を基準値算出の要素に追加（その後，撤廃）など，相場の過度の変動を防ぐような管理強化の施策が見られている。

　「管理された国際化」を目指す場合でも，上記の③と⑤は今後も着実に進めていく必要があると考えられる。中村・植田・松井（2012）のあげた「通貨の自由化」のために，「国内金融改革・金利自由化」は重要であろう。内外分離

を継続したとしても，国内経済の健全な成長にも必要であることから，やはり
これは「管理」されていても，いなくても，「国際化」の条件と考える。為替
リスクヘッジに利用される為替先物取引においても，透明感のある金利市場が
前提となる。⑤に関しては，③の進展を見ながら，漸進的だとしても，資本規
制緩和を進めることが予想される。最終的に残るのは，「管理」のための，言
い換えると過度な為替レートの変動（とくに元安方向）を抑えるような動きで
あり，この「相場形成メカニズム」の改善が「国際化」にあたっては，もうひ
とつの重要な条件ではないだろうか。日系企業をはじめとする海外企業に対し
ても，こうした「制度変更リスク」への不安を取り除くことが，経常取引にお
ける利用拡大を通じた国際化をさらに進める前提であると考える。

　村瀬（2012）が世紀の大実験と評した「人民元の『管理された』国際化」の
試みが，経常取引（≒実需取引）の自由化，世界的に行き過ぎて弊害にも悩ま
される資本取引には一定の規制を残存させることを目指すのであれば，まさに
「世界経済の新たな潮流」となるのかもしれない。「一帯一路」政策で，世界各
国のインフラ整備に人民元を提供することは，人民元の地位を高めることに資
するであろう。具体的には，前述の第15-3表にあるような為替取引のシェア
で人民元を通貨ペアのひとつとする取引は，必ずその売買を伴い，為替レート
の変動に影響する。中国の人民元の国際化のスタンスとしては，為替取引を要
しない，資金取引をベースにしたうえで，経常取引を中心に人民元建て取引を
地道に増やしていくことを志向しているのかもしれない。

　本年2019年1月，ベトナムと隣接する広西チワン族自治区とASEAN間で
経済・金融統合を図る5カ年計画が発表されたとの報道がなされた。これは，
当該自治区を特別区として，ASEANとの間の貿易等の取引での人民元の利用
を企図したものと考えられる。中国は，自由貿易試験区の際にも，上海を皮切
りに，国内各地に広げた実績がある。対ASEANでもまずは隣接するエリア
を選び，その状況をふまえ，将来的には中国側の国内各地に同様の特別区を設
立することも考えられる。ASEAN側でも，ASEAN域内取引において，域内
通貨を利用する動き[5]もあり，東アジアで脱米ドルの動きがあらためて強ま
る可能性もある。中国にとっては，自国の志向する「人民元の国際化」に資す
る取組のひとつであろう。日本も，独自路線で「国際化を進める人民元」と，

どう向き合っていくのかを考える時期であると思料する。

（赤羽　裕）

【注】

1）2009 年 3 月に発表された，当時の中国人民銀行総裁の周・小川による論文 "Reform the International Monetary System"。論文主旨は，「米ドルを基軸通貨とする現在の国際通貨システムの改革」を謳うものであり，一国の通貨（米ドル）を基軸通貨とするのではなく，1940 年代にケインズが提唱した「バンコール」のような超国家準備通貨の創出を提案。その現状の候補として，IMF の SDR の役割強化を打ち出した。

2）米ドルレートに代わる新たな基準となる人民元レート指数。13 カ国・地域の通貨から成る通貨バスケットで開始された。以降，毎営業日の基準値は，前日終値とその CFETS インデックスを参考に決定されるように変更された。2017 年 1 月からは，当該インデックスの通貨バスケットの対象が，従来の 13 通貨から 24 通貨に拡大された。

3）Special Drawing Rights。IMF に加盟する国が保有する「特別引出権」で，複数国の通貨バスケット。構成通貨は，2016 年 10 月より人民元が加わり，米ドル・ユーロ・英ポンド・日本円と合わせ 5 通貨となった。

4）2017 年 5 月に毎営業日の基準値算出に新たに参考要素として加えるとの発表がなされたもの。詳細は不明ながら，市場心理の偏りによる一方的なレートの動きの抑制と国内経済ファンダメンタルズの変化をより反映しやすくするもの。従来対比，急激な為替変動を防止する方向で，基準値設定が可能になると考えられた。なお，随時の見直しもなされており，2018 年 1 月には実質的に撤廃との報道がなされた。

5）タイ，マレーシア，インドネシアの 3 カ国間で契約されている Local Currency Settlement Framework。2 カ国間ごとに相互に指定した銀行で，貿易取引・サービス取引に両国通貨の使用を可能とするもの。

【参考文献】

赤羽裕（2019）「為替リスクヘッジの視点から考える人民元の国際化」『経済学論纂（中央大学）』第 59 巻第 3・4 合併号。

植田賢司・五味佑子（2012）「中国人民銀行による人民元資本取引自由化に関する報告書」『Newsletter』No. 15，国際通貨研究所。

小川英治（2017）「基軸通貨米ドルの慣性」『日経研月報』2017 年 10 月号，日本経済研究所。

小沢雅子（2015）「通貨の国際化を考える」『桜美林論考.桜美林エコノミックス』6（2015-03-01）。

中村明・植田賢司・松井謙一郎「新興国通貨の国際化について〜人民元・ブラジルレアル・ロシアルーブルの国際化について考える〜」『国際金融論考』2012 年 10 月 12 日，国際通貨研究所。

村瀬哲司（2012）「人民元の『管理された』国際化と通貨政策 3 原則」『国際金融』1233 号外国為替貿易研究会。

BIS（https://www.bis.org/publ/rpfx16.htm，2017 年 9 月 18 日アクセス）．

第16章
一帯一路構想と日本の対応

はじめに

中国は，改革開放政策から産業政策を実施してきた。経済成長が中所得国の罠と呼ばれる所得水準に達し，「発展パターンの転換」を迫られた。中国は，そのわなからの脱出の方向を見出した。

本章の目的は，その方向が「一帯一路建設」（One Belt One Road Initiative：BRI）と「中国製造2025」（Made in China 2025）と「自由貿易試験区」（Pilot Free Trade Zone：PFTZ）の3政策の融合であることを明らかにする。

第1のキーワードは「外国直接投資」（FDI）である。経済を開放し，海外からの投資を呼び込む政策を加速する。第2のキーワードは「産業集積」である。外国直接投資を導入して産業集積をつくって，これを一帯一路建設に結び付ける。第3は「連結性（Connectivity）」である。

中国製造2025は，ハイテク製造業を目指す。ただし，第4次産業革命においては，IoT（モノとインターネットをつなぐ）で製造業とサービス産業と結ぶ。自由貿易試験区は，当初に「現代サービス業」に関して外国直接投資を導入し，産業集積を目指し，サービス業とハイテク製造業を結ぶ中国製造2025と繋がる。一帯一路建設は，連結性を強化する。連結性により自由貿易試験区と一帯一路建設の参加国とは，グローバル・バリューチェーンを形成する。これが，中国の「中所得国のわな」からの脱出のシナリオとなる。

論点を以下に示す。第1に，中国の産業政策は，2004年を前後して大きく変化する。改革開放後に成長一辺倒で来た政策は，「科学的発展観」により政

策の転換を迫られた。そして，2010年に「発展パターンの転換」を明確化する。中国は，2016年の1人当たりGDPが8,123ドルであり，中所得国からの脱出を目指す。そのために3つの政策を融合する。「中国製造2025」，「自由貿易試験区」，「一帯一路建設」である。

第2に，中国の産業政策は，2010年に戦略的新興産業，2013年に「中国製造2025」，2017年に10重点分野を指定する。これは，英語でMade in China 2025であり，中国は製造強国を目指す。

第3に，自由貿易試験区は，2013年に上海自由貿易試験区として「サービス業」へ外資を導入する試みとして始まった。これは，英語でPilot Free Trade Zoneであり，パイロットの自由貿易区であり，開発されると中国の他の都市に応用される。

第4に，2017年4月にパイロットの自由貿易試験区の7区，そして2018年に海南省が追加された。この際に，サービス業だけではなく，「ハイエンド製造業」への外国直接投資（FDI）と産業育成へと政策の範囲が拡大した。ここに，自由貿易試験区と中国製造2025が重なる。中国では自由貿易試験区に外資を導入することにより「産業集積」を形成する。12の自由貿易試験区は，一帯一路建設と連携することを目指した。

第1節 「一帯一路建設」の事例としてのアセアンと
　　　重要拠点国であるカザフスタン

1. 連結性（Connectivity）

「連結性（コネクティビティー）」とは，空間経済学の用語で，広義の輸送費のことである。輸送費が臨界値（閾値）より低くなり，連結性可能の条件を実現した段階で，2つの離れた拠点間で産業集積の移転が進む前提条件が整備されることになる。連結性を以下の3層から理解する。第1に，物的連結とは空港，港湾，高速道路，鉄道，航空，水運，海運等である。第2に，制度的連結とは輸送円滑化，国家間旅客機陸送円滑化，単一航空市場，単一海運市場，貿易円滑化等である。第3に，人的連結とは社会，経済的な相互理解の深化，人

の移動促進である。この3層の連結性をつくっていくことで，それぞれの国との輸送費を下げていけば，中国でできた産業集積（電気・電子・自動車）を他の国にシフトでき，グローバルな産業ネットワークを形成し，それが新たな経済圏にも発展していく。

2．一帯一路建設―陸のシルクロードと海のシルクロード

　一帯一路建設は陸のシルクロードと海のシルクロードを構想している。陸のシルクロードは3つの方向に延びている。第1は中国西北，東北から中央アジア，ロシアを経て欧州，バルト海に至るもの，第2は中国西北から中央アジア，西アジアを経て，ペルシャ湾，地中海に至るもの，第3は中国西南からインドシナ半島を経てインド洋に至るものである。

　海のシルクロードも同じく3つの方向があり，第1は中国沿海港から南中国海を通り，マラッカ海峡を経てインド洋に至り，欧州へ延伸するもの，第2は中国沿海港から南中国海を通り南太平洋へと延びるもの，第3は北極圏からヨーロッパにつながっていくものである。2017年5月の段階でこの一帯一路に関して，39の国や国際機関と46の共同建設や協力を取り付け調印し，国際機関とも協力して推し進めようとした。

　シンガポール・ビビアン外相と中国・王毅外相が2017年6月9日に北京で会談し，一帯一路建設で「第三国での協力，金融協力，連結性の3大プラットフォーム」を築くことに合意した。シンガポールの地理的優位性を利用し，「重慶連結性事業」による一帯一路建設にシンガポールが参加する。これは，西部大開発，長江経済ベルトと一帯一路の接続である。

　カザフスタンは，上海からモスクワに至る要衝の都市であるホルゴスに物流基地がある。カザフスタンは，連結性の強化のためにインフラ建設や交通物流などの分野で中国との協力を深める。「光明の道」連携とは，第1に「カザフスタン・国際物流大ルート戦略」と新ユーラシアブリッジである中国から中央アジアを経て西アジアに至る経済回廊建設の連携，第2に「カザフスタン・工業化加速プロセス」と国際生産能力協力の連携，第3に「カザフスタン東方海運需要」と中国陸海共同輸送の優位性の連携，第4に「デジタル・カザフ戦略」イニシアティブと「デジタル・シルクロード」の連携などである。これら

224　第Ⅲ部　世界経済の新たな潮流：期待と不安

によりユーラシア・バリューチェーンが形成される。

第2節　産業政策における一帯一路建設

1. 産業政策としての「中国製造2025」成立の歴史

　中国は，2004年前後から「中所得国のわな」から脱するために新しい成長戦略を迫られる。そこで，上海自由貿易試験区を梃に新たな外国資本直接投資を活用した成長を計る。しかしながら，これだけでは戦略が見えなく，逆に中国資本の海外進出を目指す。ここに一帯一路建設との組み合わせの戦略が出てくる。そして，サービス業を中心とした上海自由貿易試験区は，ハイテク製造業を包含する。この間に，中国の世界に占めるGDPの占有率はアメリカのそれに迫り，世界500大企業数では中国とアメリカが2018年にはほぼ並ぶ。この過程の中国の産業育成政策を第16-1表により説明する（朽木（2007）を改訂）。

　産業育成政策は，改革開放後を時期区分すると大きく7期に分けられる。

　(1)　第1期：市場経済の導入（1978〜1986年）

　第1期は，1978年から1986年までであり，計画経済が中心であり，市場経済の導入が始まった。軽工業の供給不足の解消が問題であり，産業構造の調整は，重工業偏重から軽工業重視への転換を目指した。

　(2)　第2期：市場経済の形成（1986〜1992年）

　第1期の計画経済期から第3期の市場経済期までの過渡期であった。この時期に産業政策として，1987年に自動車の重点企業が指定された。1988年に国家計画委員会に「産業政策部（司）」が設置され，1989年に初めて「産業政策」の名の下に重点産業が発表された。

　(3)　第3期：市場経済と産業政策（1992〜1997年）

　第3期は1992年から2004年までであり，鄧小平は，1992年に南巡講話を行い，外資の導入よる市場経済化を進めた。

　一方で，国際競争力のある中国企業育成の産業政策が採られた。1994年に，産業政策として，「産業政策要綱」と「自動車産業政策」が導入された。1994

年に「4大支柱産業」として，電子・機械，建築，自動車，石油化学が指定された。

(4)　第4期：国際競争による市場経済化（1997〜2004年）

中国は，WTOへの加盟により企業の国際競争力を高めることを目指した。上海を含む長江経済圏，そして北京・天津を含む環渤海経済圏への「外国直接投資（FDI）の流入」は，中国の成長を飛躍させた。

(5)　第5期：調和のとれた社会（2004〜2010年）

『科学的発展観』とは，中国の胡錦濤政権が2004年に打ち出した指導思想であり，中国は成長戦略のみならず所得格差の是正も重視した。また，2004年から，「自主ブランド車」の創出を目指し，自主技術重視の産業政策を強化した。

(6)　第6期：発展パターンの転換（2011年〜2017年〜継続）

第12次5カ年計画は，西部大開発と東北地域振興へ地域政策の重点を移した。また，環境問題の深刻化からグリーン産業を重点とした。

(7)　第7期：新時代の中国の特色ある社会主義（2017年〜）

2017年から国内改革の中心に自由貿易試験区を国内に展開し，対外開放の軸に一帯一路建設を置き，地域統合を進める。そこで，この点を次節以降で詳説する。

なお，国務院の2010年10月18日決定の戦略的新興産業とは，次世代情報技術，ハイエンド製造業，省エネ・環境保護，バイオ，新エネルギー，新素材，新エネルギー自動車である。また，「国家戦略的新興産業発展第13次5カ年計画（2016〜2020）」の戦略的新興産業は，「次世代情報技術，ハイエンド製造，バイオ，グリーン低炭素，デジタルクリエイティブ」の5分野である。2020年までにGDPの占める割合15％を目指す。

(8)　中国製造2025

「中国製造2025」の5戦略とは，製造業イノベーション能力の向上，情報化と産業化の更なる融合，産業の基礎能力の強化，品質・ブランド力の強化，グリーン製造の全面的推進である。「10重点分野」とは，次世代情報技術，先端デジタル制御工作機械とロボット，航空・宇宙設備，海洋建設機械・ハイテク船舶，先進軌道交通設備，省エネ・新エネルギー自動車，電力設備，農業用機

226　　第Ⅲ部　世界経済の新たな潮流：期待と不安

第 16-1 表　中国の市場経済化の推移

時期区分	第1期 1978-1986年 市場経済の導入	第2期 1986-1992年 市場経済の形成	第3期 1992-1997年 市場経済と産業政策	第4期 1997年-2004年 国際競争重視
基本理念	供給不足の解消 産業構造調整	統一市場の形成	企業の国際競争の重視 産業構造合理化	グローバル化 多国籍企業との競争
政策	重工業偏重から 軽工業への転換	基礎産業の整備	(1)外資導入政策 (2)産業政策	**外資導入政策** 西部大開発
重点産業	軽工業 **「郷鎮企業」** 農業改革 繊維 農業	基礎産業 **「経済特区」** インフラストラクチャー エネルギー産業 鉄鋼等の素材産業	4大 **「支柱産業」** 「自動車，機械・電子， 石油化学，建築」	国際競争力のある 産業育成 **「開発区」** IT産業 新素材，バイオ
重点地域			深圳 珠江経済圏	上海，広州 長江経済圏
手段	数量，価格の 直接コントロール 資本・外貨割り当て 製品の配給キップ制	外資の導入 企業の合併と再編	企業集団化 ベンチャー資金	外資との 合弁・技術提携
特記事項	「経済特区」の設置　1980 「生産責任制」　　　1978	「産業政策部」の設置　1988 「産業政策」の重点産業 リストの発表　　　　　1989	「南巡講話」　　　　　1992 「自動車産業政策」　1994 外資の重点産業リストの 発表　　　　　　　　　1997 「産業政策要綱」　　1994 アジア通貨危機　　　1997	「WTO加盟」　　　2001 「3大経済改革」　1998

時期区分	第5期 2004-2010年 調和のとれた社会	第6期 2011-2017年-継続 経済発展パターン転換	第7期 2017年- 新時代の中国の 特色のある社会主義
基本理念	科学的発展観	経済発展パターンの転換	新常態
政策	都市農村格差是正 環境保全 **産業構造の高度化**	戦略的新興産業 自由貿易試験区 ③一帯一路建設	①**中国製造2025** ②**自由貿易試験区** ③**一帯一路建設**
重点産業	イノベーション 「新しい成長点」 ハイテク産業 バイオ医薬 ハイテク情報化	①**戦略的新興産業** ②**上海自由貿易試験区** 「環境保護，IT新エネルギー， 新エネルギー自動車」	産業構造の転換・高度化
重点地域	天津 環渤海経済圏	西部大開発・東北地域振興	11自由貿易試験区 中国製造2025の基地
手段	中小企業の育成 自主技術の創出	新農村建設	市場経済：イノベーション 五位一体：文化建設 地域統合
特記事項	最低賃金の上昇 三農問題 リーマン・ショック2008	**「発展パターン転換」** 地域の協調発展 「グリーン産業重視」 腐敗削減 中国GDP世界第2位	環境改善 格差是正 イノベーション フォーチュン500社： 中国115社（2017）

出所：著者作成。

械設備，新材料，バイオ医薬・高性能医療器械である。

　ハイエンド製造業とは，設備製造業，自動車完成車・部品，航空設備などである。

2．現代サービス業と中国製造 2025 による「自由貿易試験区」における産業集積政策

　自由貿易試験区（PFTZ）は，共通して４つのミッションを持つ。第一に政府機能の転換，第二に投資分野の改革，第三に投資モデルの転換とレベルアップの推進，第四に金融分野の開放とイノベーションの強化である。

　2013 年に上海に設立された上海 PFTZ は，サービス業を対象とした「対外開放の実験」であるという特徴がある。当初におけるその対象となるサービス業として，①金融業，②航空・運輸サービス業，③商業・貿易サービス，④専門サービス，⑤文化・コンテンツ，⑥社会サービスの６分野が指定された（関根（2015）参照）。

　2015 年に広東，天津，福建に，そして 2017 年に遼寧，浙江，河南，湖北，四川，陝西の各省と重慶市に設立された（国務院，2017 年 4 月 1 日）。この時点で重点分野がサービス業から製造業まで拡大した。「現代サービス業」は，①から⑥などである。

第３節　一帯一路参加国と自由貿易試験区（PFTZ）の間の連結性の強化による産業集積シフト

　PFTZ は，その開始当初の単なるサービス業と製造業の産業集積から「一帯一路」との連携機能も持つようになった（各地域の「自由貿易試験区全体方案についての通知」による）。ここに，第 16-1 図の「自由貿易試験区」，「中国製造 2025」，「一帯一路建設」の３つが交わる政策が A 部分である。以下で各省の取り組みを明らかにする。

第16-1図　中国製造2025・自由貿易試験区・一帯一路建設の融合

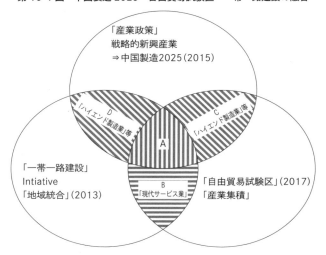

注：A＝自由貿易試験区：河南（鄭州），重慶，陝西，遼寧（瀋陽），広州，上海等
出所：著者作成。

1．上海自由貿易区

　中国国務院が2017年4月4日にその改革開放全面深化プランを発表した。そのプランによると，上海自由貿易区は「3区1堡」の新目標である。3区は，開放・革新一体型総合改革試験区，開放型経済体系リスク・ストレス測定区，政府ガバナンス能力向上先行区である。3区を建設することにより「一帯一路」建設に貢献する。この3区は，上海の国際経済，金融，貿易，海運センターづくりや「イノベーション・センター」づくりの産業集積と連動する。

　また，1堡は，橋頭堡として「一帯一路」建設の国家戦略に寄与する。プランに基づき，上海に洋山保税港区と上海浦東空港総合保税区などの税関特殊監督管理区域内に「自由貿易港区」を設置する。

　「上海・嘉興・杭州イノベーション回廊」が高速道路沿いに「ハイテク産業集積エリア」を建設する。この回廊は，自由貿易試験区とつながる。

2．広東省自由貿易試験区

　「一帯一路」建設と国内政策に関しては，広州は，「広東自由貿易試験区」モデルのリード役である。「貴州省・広東省・広西チワン族自治区」の発展改革委員会は，6月に貴広高速鉄道の計画を発表した。この中心の広州は貴州につながる。したがって，広州の開放経済が貴州省の内陸を刷新・発展させる。

　「広東省，香港，マカオの政府の協力の深化，グレートベイエリア建設計画」が2017年7月に契約された。このベイエリア建設が「一帯一路」建設とつながる。香港はプロフェッショナル・サービス分野の海外展開に向けたプラットフォームを構築する（中井邦尚「ジェトロ通商広報」2017年8月24日）。

　遼寧省は，「一帯一路」の北東アジア地域に向けた開放と連携の強化に取り組む。大連，瀋陽，営口において，「中国製造2025」のハイエンド製造業の集積を目指す。また，現代サービス業の集積を目指す。大連エリア管理弁法（2018年1月1日施行）は，制度改革を実施した。法律や国家政策において明確に禁止・制限されていない事項に対し，法人や個人が試験的に新たな活動を行うことを推奨する。国際貿易においてワンストップサービスなどを実施する。金融分野における規制緩和および越境電子商取引（EC）人民元決済を推進する。具体的には，遼寧省のPFTZでは，営口が現代サービス業と中国製造2025を重点分野とする（ジェトロ・ビジネス短信『遼寧自由貿易試験区の新規登録企業数は8,817社』2017年9月2日）。

　河南省は，「一帯一路」の整備に必要な総合交通ハブである。そして，鄭州において，ハイエンド自動車の集積を目指し，洛陽において，ハイエンド製造業と現代サービス業の集積を目指す。開封において，現代サービス業の集積を目指す。湖北省は，武漢において，次世代情報通信と現代サービス業の集積を目指し，襄陽において，ハイエンド製造業の集積を目指す。宜昌において，現代サービス業の集積を目指す。

　四川省は，「一帯一路」の西部地域拠点を目指す。成都天府新区において，現代サービス業とハイエンド製造業の集積を目指し，成都青白鉄路港において，現代サービス業の集積を目指し，川南臨港において，現代サービス業の集積を目指す。

230 第Ⅲ部 世界経済の新たな潮流：期待と不安

　陝西省は，「一帯一路」地域の経済連携と人的・文化的交流の拠点である。ハイエンド製造業の集積を目指す。西安国際港区において，一帯一路国際中継内陸ターミナル港を形成する。楊凌において，一帯一路現代農業国際協力センターを形成する。

　重慶市は，「一帯一路」地域と長江経済エリアをつなぐハブである。両江において，ハイエンド製造業の集積を目指し，西永において，スマート製造業の集積を目指す。果樹港において，一帯一路中継輸送センターを形成する。

　浙江省は，「一帯一路」における海上門戸開放モデル区を形成し，船山南部，船山離島，船山北部から構成される。この省以外の上記のすべてのケースが，第16-1図の A 部分に相当する。

第4節　一帯一路建設，中国製造 2025，自由貿易試験区の 2018 年の進捗状況

　これまで説明してきた一帯一路建設，中国製造 2025，自由貿易試験区のそれぞれの進捗状況を明らかにする。一帯一路建設に関しては第16-2表に示す。2018 年の 8 月から 2019 年の 1 月までの状況を示す。この間だけでも数多くの国との経済連携が進行している。

　一帯一路建設に関して，2018 年の 9 月 7 日時点で，一帯一路建設への参加国は，105 カ国であり，アジア，アフリカ，欧州，中南米，南太平洋地域で123 件の協力文書が署名された。習近平主席は，中国 3 大成長地域の北京・天津・河北共同発展，長江デルタ，香港・広東・マカオからなる大湾区建設による国家戦略と一帯一路建設と連携を目指すと宣言した。また，中国とロシアとは，「一帯一路建設」と「ユーラシア経済連合」と連携と協力において全面的戦略協力パートナーシップの高い堅固な基礎を築いている。中国国務院国有資産監督委員会は，沿線参入事業 3,116 件であることを報告した。58 カ国企業が第 1 回中国国際輸入博覧会に参加し，出展 1,000 社余りとなった。130 カ国余りが企業商業展に出展し，3,000 社余りが参加した。中国の重点事業が 600 社を支援する。

第 16 章　一帯一路構想と日本の対応　*231*

第 16-2 表　一帯一路建設の進捗状況（2018 年 11 − 12 月）

国	状況	2018年
香港・マカオ	広東・香港・マカオ大湾区建設など国家戦略の実施	11 月 12 日
シンガポール	全方位の協力パートナーシップを新たな段階に進める	11 月 12 日
フィジー	「シルクロード経済ベルト」建設共同推進に関する協力了解覚書	11 月 12 日
	「21 世紀海上シルクロード」建設共同推進に関する協力了解覚書	
カザフスタン	「シルクロード経済ベルト建設」とカザフの新経済政策「光明の道」の連携	11 月 22 日
ロシア	全面的戦略協力パートナーシップは高いレベル	11 月 15 日
	堅固な基礎を築いている	
パプアニューギニア	二国間の自由貿易協定（FTA）交渉を早期に開始することで一致	11 月 16 日
クック諸島	「一帯一路」共同建設に関する取り決め調印	11 月 16 日
ブルネイ	経済多様化戦略「ビジョン 2035」との連携	11 月 19 日
	「シルクロード経済ベルトと 21 世紀海上シルクロード」建設に関する覚書	
フィリピン	フィリピン発展戦略との連携	11 月 20 日
	両国政府の了解覚書，石油・天然ガス開発協力に関する両国政府の了解覚書	
韓国	中韓自由貿易協定（FTA）第 2 段階交渉	11 月 20 日
スペイン	アジア戦略，地中海回廊建設などとの連携	11 月 28 日
	全面的戦略パートナーシップ 13 年両国共同声明	
サウジアラビア	サウジの「ビジョン 2030」の連携	11 月 30 日
ドイツ	全面的戦略パートナーである両国の多国間機関や国際問題での協力	12 月 1 日
	ユーラシアコネクティビティーを推進	
フランス	全面的戦略パートナーシップを新たな段階	12 月 1 日
	中仏国交樹立 55 周年	
アルゼンチン	南米地域のコネクティビティー	12 月 2 日
	中国ラテンアメリカ関係を建設	
パナマ	両国の国交樹立	12 月 3 日
ポルトガル	両国政府間の「一帯一路」共同建設協力了解覚書の調印	12 月 4 日
	ユーラシア大陸のコネクティビティー	
クウェート	戦略的パートナーシップを樹立	12 月 17 日
フィンランド	「氷上シルクロード」	1 月 14 日
	人文交流を強化，「2019 中国フィンランド冬季スポーツ年」	

出所：「中国通信」を元に著者作成。

　ヨーロッパに関しては，ドイツやフランスなど含む国と協力関係が進んでいる。全面的戦略パートナーシップが進む国もある。アジア地域に関しては，中央アジアのカザフスタンが自国の「光明の道」政策との連携を図る。他にアジア太平洋地域の 8 カ国と連携を強化している。

　中東ではサウジアラビアとクウェートと経済連携を樹立している。また，中米のパナマと国境を樹立し，南米のアルゼンチンと南米地域のコネクティビティーを強化しようとしている。

　アフリカに関しては，中国アフリカ協力フォーラム（FOCAC）という中国

232　第Ⅲ部　世界経済の新たな潮流：期待と不安

アフリカ友好協力を中心に進めている。中国は，2018年9月7日時点でアフリカ37カ国と「アフリカ連合」了解覚書に調印している。また，中国国家開発銀行とアフリカ17行とは，2018年9月5日に中国アフリカ金融協力連合体を設立した。アフリカのガーナやケニアなど10カ国以上の国が，8月30日から9月2日までに二国間協力文書に署名した。

　中国製造2025の進捗については第16-3表に示す。第16-3表の全国的な展開は，習主席と李首相が先頭に立ち，第4次産業革命の下で革新型（イノベーション）国家の建設を目指す。この政策を推進するのは，国務院の工業・情報化省，国家発展改革委員会，科学技術省などである。産業分野としては，人工知能（AI），モノのインターネット（IoT），仮想現実（VR），ビックデータ，クラウドコンピューティングである。

　特に重要な役割を占める都市は，北京と上海である。第16-3表の北京市では中関村科学城（テクノポリス）が産業集積クラスターとして有効に機能する。重要なプレイヤーは，中国科学院，北京大学，清華大学である。先進コンピューティング技術，インテリジェント・コネクテッド・ビークル（ICV），集積回路設計，ヒトフェノムなどのイノベーションを目指す。同様に，第16-3表の上海においても AI，IoT，集積回路，バイオなどの分野に焦点を当てている。

　中国製造2025の次世代情報技術に関して，中国人民大学・程大為教授は，グローバル・バリューチェーン形成のために「一帯一路建設」が進むと唱える。2018年の中国500大企業による総売上高は，71兆1,700億元となった。双自連動とは，「自由貿易試験区」と「自主革新モデル」の連動である。自主革新モデルが，「中国製造2025」の核心である。それを実現する中心となるのは，「北京市中関村国家自主革新モデル区」であり，そこでの6大ハイテク分野の2018年の1−7月売上高は，前年同期比23.1％増であった。開発研究者が60万1,000人と8％増となり，企業の研究開発費は23.1％増となった。習近平主席は新世代 AI の発展を推進する。マイクロソフト，アマゾン，アリババなどが上海に「AI革新プラットフォーム」を設立した。2018年の世界 AI 会議で世界 AI 産業地図を示し，中国の企業数は世界第2位となった。工業・情報化省によれば，IoT 市場規模が2018年に1兆元を超えた。

第16章　一帯一路構想と日本の対応　　*233*

第16-3表　産業政策革新型国家建設

2018/19年	実施機関	内容	
11月27日	工業・情報化省	製品のハイエンド化とリーディングカンパニーの数という2つの2級指標の伸びが顕著	
		358種類の電子情報製品のうち，263種類の平均価格が前年に比べ上昇	
		スマートホーム製品，VRデバイス，サービスロボット	
		AI, IoT, インテリジェント製造，クラウドコンピューティング	
12月6日	李克強首相	革新型国家建設にたゆまず努力	
12月17日	国家発展改革委員会	新産業，新業態，新モデルが急速に発展	
		市場化された債務の株式化〈DES〉などの措置	
12月19日	工業・情報化省の王新哲チーフエコノミスト	供給サイド構造改革	
		重要コア技術，基礎付帯設備，ハイエンド製造設備などの方面で明らかに不足	
		ビッグデータ，クラウドコンピューティング，AI, IoIなどと設備製造業の融合応用	
		先進製造業クラスターを築く	
12月20日	工業・情報化省の傘下の中国情報通信研究院	2017年の中国デジタル経済の規模は27.2兆元で，GDPの32.9%	
1月9日	科学技術省	R&D支出が国内総生産に占める割合は2.15%	
		基礎・先端と戦略的ハイテク分野の重大な革新成果	
	工業情報化省標準化事業	クラウド・コンピューティング，ビッグデータ，コネクテッドカーと人工知能（AI）などの分野	
1月12日	中国国務院発展研究センター	第一に革新，第二に製造業の質の高い発展	
11月29日	中国科学院光電技術研究所	国家重大科学研究装置開発プロジェクト	全国
		超解像フォトリソグラフィ装置開発	
		中国航天科技集団公司第8研究院，電子科技大学，四川大学華西病院	
		中国科学院上海マイクロシステム・情報技術研究所など応用	
12月16日	第15回中国国際金融フォーラム	AIと金融発展を討議	
		金融業界は非常に強大な「金融大脳」だけを必要	
	チャイナテレコム	5G,「クラウドとネットワークの統合」などを通じ対応ビッグデータは，フィンテックの高度化	
12月18日	商務省流通発展司（局）	中国商業改革開放40周年記念大会兼2018（第6期）中国商業革新大会	
		商業店舗の分布を最適化し，業態の配分を豊富にし，住民のための15分野生活サービス圏	
		農産物流通システム面で，統一計画の下で公益的卸売市場を企画し，農村で電子商取引の一段の普及	
12月28日	中国航天科工集団第三研究院・第35研究所	中国の非破壊地質探査技術の「三次元」への飛躍とAIの地質探査分野における応用が実現	
10月18日	工業・情報化相	インテリジェント・コネクテッド・ビークル（ICV）の発展	北京市
		北京で開かれた世界智能網聯汽車大会	
10月21日	北京市経済・情報化委員会	「北京市インテリジェント・コネクテッド・ビークル〈ICV〉産業白書（2018年）」を発表	
		クルマとヒト，クルマ，道路，クラウド端末などのインテリジェント情報交	

234　第Ⅲ部　世界経済の新たな潮流：期待と不安

10月21日	北京市経済・情報化委員会	換・共有を実現	
		北京市は電子，通信，AI，ビッグデータ，インテリジェント基盤整備など多方面の有利な条件	
		5G クルマの IoV を率先して建設	
10月31日	「ヒトフェノム計画国際協力グループ」と「中国ヒトフェノム研究グループ」が設立	復旦大学，北京大学，清華大学，中国科学院など30の大学	
		解放軍総医院〈病院〉，中日友好医院，四川華西医院，上海中山医院など20	
11月1日	国際研究連盟発足	ヒトフェノム計画国際協力グループ	
		『遺伝子型〈ゲノタイプ〉―表現型〈フェノタイプ〉』の相関問題を解決する	
11月8日	中国科学院計算技術研究所研究員	世界で共有されるオープンソース・チップ・エコシステムづくりを推進	
	中国開放指令生態連盟	中国科学院計算技術研究所，北京大学，清華大学，アリババが買取した杭州中天微システム，百度，中芯国際など20近い研究機関と企業	
11月16日	北京市政府が管轄する国有企業中関村発展集団と首創集団建設	中関村集積回路（IC）設計産業パークが正式オープン	北京市
		北京重点プロジェクト，中関村科学城（テクノポリス）重大プロジェクトに指定	
		ビットコインマイニングの比特大陸，フラッシュメモリの兆易創新，	
		CPU の北京兆芯，コンピュータビジョンの文安智能など	
		全国の IC 設計産業生産総額の 10%	
		パークは次の段階において IC 設計専門インキュベーターを建設	
	中科曙光高性能計算産品事業部	硅立方は世界で初めて液浸式液体相転移冷却技術ブレードサーバを採用したスパコン・システム	
		人工知能（AI）技術の計算資源としてのニーズ	
12月25日	中国国家発展改革委員会	中国科学院傘下の高性能コンピューティング分野におけるトップ企業・中科曙光が中心	
		中科曙光の天津産業基地で国家先進コンピューティング産業革新センターの建設	
		先進コンピューティング技術の研究開発・応用，科学技術成果の移転・実用化，知的財産権の運用	
		公共サービスの共有，革新・起業のためのスペースと投融資，人材サービスの6プラットフォーム	
1月16日	清華大学，工科発展計画	2020年までに世界一流，2030年までに世界の一流ならびに先端，2050年までに世界トップレベル	
		工学の基礎研究を強化，学際的研究を促進，工学教育レベルを引き上げ	
11月29日	上海IC 設計産業パーク	紫光集団有限公司，上海韋爾半導体股分有限公司，	上海市
		北京兆易創新科技股分有限公司，阿里巴巴（中国）有限公司などの企業	
12月8日	上海恒賛展覧服務有限公司	科学，技術，工学，数学の4学科	
		上海国際 STEM 教材博覧会	
1月16日	上海市浦東新区とマイクロソフト	世界3番目の現時点で規模が最も大きい AI・IoT 実験室が上海張江科学城 AI アイランドに進出	
		製造，小売り，医療，金融，公共事務などの業種での AI と IoT の応用	
		浦東では，AI 産業が急速な発展を遂げ，100余りの AI 関連企業・機関が集積	
	張江集団の袁涛・会長	張江は IC，バイオ医薬という既存の優位産業を踏まえ，AI を新たな方向として転換と高度化	

10月20日	江西省工業情報化委員会	600億元〈1元＝約16円〉余りのVR産業投資プロジェクトが10月20日，江西省に進出	
		紅谷灘新区にはすでに川上VR企業200社余りが進出	
		マルチメディア，センサー，新型ディスプレー，インターネット，AIなど複数の分野の融合	
		VR/AR専門科学普及基地VR／AR科技館が試験的な営業	
10月26日	蘭州大学物理科学・技術学院	新型太陽電池の研究	
11月28日	吉林大学化学学院・超分子構造・材料国家重点実験室	有機発光ダイオード（OLED）を調製，100%近い量子効率を実現	
		LEDに比べ，OLEDにはコントラスト比が高い，超薄型，曲げられるなどの長所	
		国家自然科学基金，科学技術省の重点研究開発計画と973計画	
		国家留学基金委員訪問学者プロジェクト，吉林大学育英工学計画の支援	
12月5日	中国科学技術大学・湖南大学と協力	超微細な白金・ニッケル・ロジウム三元金属ナノワイヤ触媒を開発	
12月7日	甘粛省酒泉衛星発射センターテントウムシ・プロジェクト	野生動物保護，野外緊急救援，車両船舶モニタリング，物流トレースなどの分野でIoTの検証	各地域
		野外のパンダの位置，体温，動作，鳴き声などのバイタルサイン・データを集め	
		スマート車輪IoT端末はタイヤの空気圧，路面状況，燃料消費，運転行為などのデータモニタリング	
12月8日	国防科学技術工業局	月探査機打ち上げ成功	
		西昌衛星発射センターから運搬ロケット長征3号B	
12月13日	中国科学院武漢物理・数学研究所の詹明生研究員	世界で初めて忠実度99.99%以上，エラー率0.01%以下の量子操作を実現	
		世界で最も高精度な絶対的（global）シングルビット量子論理ゲートを実現	
12月18日	スパコン天津センター	自動車研究開発の質向上	
12月19日	重慶西永微電子産業パーク	米インテルのフィールド・プログラマブル・ゲート・アレイ（FPGA）中国革新センター	
		FPGAは高性能，低消費電力，プログラム可能な集積回路（IC）	
		重慶市に人材育成，エコシステム革新，産業集積の中核	
1月16日	スパコン天津センター	2014年から5年連続のフル稼働を達成。	
		1日当たり1,400件余りのオンラインコンピューティング任務を並行，年間で335万件余りの任務	
12月7日	中国移動	5G対応スマホ2019年発売	
12月10日	工業・情報化省	中国電信，中国移動，中国聯通に5Gシステムの中低周波数帯域試験のための周波数使用を許可	
12月21日	貴州省／貴陽国家ハイテク産業開発区	5G実験網総合応用実証事業	5G
		5G技術に基づく自動運転，スマートキャンパス，スマート医療など12の方面で初歩的な実証実験	
		自動運転の応用面で，現在貴州聯通と翰凱斯公司は貴陽開発区で遠隔運転試験	
12月26日	王志剛中国科学技術相	国家級高新技術産業開発区（National High・Tech Industrial Development Zone）	
		2017年，国家ハイテクパークには全国の38.2%にあたる5.2万社のハイテク企業が集積	
		研究開発経費の支出額は6,163.9億元〈1元＝約16円〉で，国家ハイテクパー	

		クの総生産額の 6.5%	
12 月 28 日	中国電信, 中国移動, 中国聯通の通信大手 3 社	北京で 5G ニューメディア・プラットフォーム共同構築に関する枠組み取り決めに調印	5G
		国内 10 カ所の 5G 実験都市とテスト地点を選ぶ作り	
		4K 超高精細番組伝送でのテストと応用検証, 4K 超高精細画像中継信号・文書伝送, 受信	
		製作技術規範など 5G ニューメディア業界の基準を研究, 策定	
11 月 14 日	ファーウェイ	オンラインするデータ・センターは南ア・ヨハネスブルグ	
		アフリカのクラウドサービス	
		アフリカの政府, プロバイダー, 金融, エネルギー, 農業, 中小企業, 技術協力パートナーが発展	
		IoE のインテリジェンスなアフリカを構築	
12 月 10 日		最新格安スマホ「Y5Lite」投入	
12 月 25 日		スマホ出荷台数 2 億台超　世界シェア 14.6%	
12 月 26 日		5G 基地局出荷 1 万超	
		ドイツ業務正常, フランス通信事業者の 5G 建設に参加, 日本通信事業者の 5G 実験局テストに参加	

出所：中国通信を元に著者作成。

　第 16-3 表の 5G に関しては，中国電信，中国移動，中国聯通の 3 社が中心となり進める。国家級高新技術開発区のハイテク企業の集積を活用する。国内 10 カ所の 5G 実験都市をテスト地点として選び，2019 年に 5G 対応スマホを発売する。

　第 16-3 表の全国的な取組として，AI の地質探査，AI と金融発展，商業革新，超解像フォトリソグラフィ装置開発などが具体化している。また，中国全土で技術革新が起きている。武漢の中国科学院では高精度シングルビット量子論理ゲートが実現し，江西省では VR 産業投資プロジェクトが開始され，重慶では高性能，低消費電力，プログラム可能な IC の米インテル革新センターが設立された。吉林大学では勇気発光ダイオード（OLED）を調製し，100％近い量子効率を実現した。また，天津のスパコンセンターは 2014 年から 5 年連続のフル稼働で，自動車の研究開発にも使用されている。

　最後に自由貿易試験区の「対外開放」に関する進捗状況が第 16-4 表である。国務院では，商務省，中国人民銀行，税関総署が，それぞれ行政の簡素化，金融支援，貿易の単一窓口により対外開放を進める。中国人民銀行（中央銀行）は，上海自由貿易試験区内の企業・個人のみが開設できた自由貿易口座（オフショア口座）に関して自由貿易試験区外の科学技術イノベーション分野

第 16 章　一帯一路構想と日本の対応　　*237*

第 16-4 表　自由貿易試験区の「対外開放」に関する進捗状況

2018	省・政府機関など	状況
9 月 11 日	広東省政府	「広東省のさらなる対外開放の拡大と外資の積極的利用」に関する若干の政策措置
		自由貿易試験区内に限定されていた外資出資比率制限の緩和について，限定を削除
10 月 16 日	国務院　海南省に自由貿易試験区と自由貿易港を設立（全国 12 カ所目）	「中国（海南）自由貿易試験区全体方案」
		通信業などの外資参入規制を緩和
		データ保存・転送類業務において外資の出資比率規制を撤廃
		インターネットなど電信業務，審査・認可を中央政府から権限委譲
		ハイエンドな観光サービス能力の引き上げ
		科学技術イノベーションにおける国際協力強化
		FTA 原産地の自主申告・事前裁定制度の推進
11 月 23 日	中国国務院	「自由貿易試験区の改革革新深化を支援することに関する通知」
		対外開放
	商務省外国投資司〈局〉の唐文弘司長	行政簡素化・権限委譲
	中国人民銀行〈中央銀行〉研究局	自貿区改革のための金融支援提供
		金融業の対外開放を積極的に拡大
	税関総署自貿区・特殊区域発展司	国際貿易における「単一窓口」機能の追加など 6 項目
		保税蔵置期限を撤廃
12 月 5 日	教育省	2019 年度全国普通高等教育卒業生の就職・起業への取組に関する通達
	重要分野	「一帯一路」建設，雄安新区建設，長江経済ベルト発展
		広東・香港・マカオ・ベイエリア建設，海南自由貿易試験区建設など

出所：通知，政策措置，全体法案の各資料により著者作成。

企業・個人への口座開設を認めた。同措置は「中国製造 2025」や「一帯一路」などの国家戦略の支援策である。（文涛，ジェトロ通商弘報，2016 年 12 月 7 日）。

　広東の自由貿易試験区ではさらに外資出資比率制限の緩和，削減を行う。2018 年に新たに設立された海南省・自由貿易試験区では，対外開放の促進のために通信業などの外資規制の緩和，ハイエンドな観光サービス能力の引き上げ，FTA 原産地の自主申告・事前最低制度の推進を行う。

おわりに

　こうしてユーラシア・バリューチェーンが形成される。日本の協力として，

第1に，日本企業は外国直接投資として上海，深圳，北京などに入居し，共同してイノベーションを起こす。第2に，一帯一路建設のインフラ事業において資金と日本独自の技術を提供する。第3に，労働集約産業が中国から一帯一路参加国へ産業を移す場合に一帯一路参加国での投資機会を見出す。日本の役割として中国と協力し，一帯一路参加国の利害調整と一帯一路組織の政策調整とガバナンスのための「一帯一路版OECD」の設立が考えられる。

3つの方向（一帯一路建設，中国製造2025，自由貿易試験区）の現状に関する専門家へ質問した結果の要約を示し，日本の対応の遅れを示す[1]。

1. 一帯一路建設に対する関わりはありますか：以前からこの建設とは関係なくある。日本企業が受注して中国企業へのEPC事業者として依頼（中国企業が受注し，日本企業がサプライヤーとなる場合。この場合は今のところ少ない）。

2. 一帯一路建設に将来関わる可能性はありますか：ある。香港はゲートウェイ。

3. 中国製造2025との協力関係はありますか：以前からある。

4. 中国製造2025との今後の協力の可能性はありますか：ある。

5. 自由貿易試験区との協力関係はありますか：ない（「大湾区」構想は独立して存在。上海も同様）。

6. 自由貿易試験区との今後の協力関係の可能性はありますか：不明。

以上である。

なお，日本企業と中国企業が今後協力していく際に，どのような補完関係があるかについて，それぞれの強みと弱みの指摘があった。要約すると，日本企業の強みは，技術力，ブランド力，国際的信用，海外経験である。中国企業の強みは，コスト競争力，潤沢な資金，政府の支援，パッケージ型提案である。日本企業のマイナス要因は，本社機能，メディア，日本政府，アメリカの存在などである。協力の方向としては，資源開発と政府開発援助（ODA）。協力の分野としては，製造業よりは教育，文化，農業。また，環境や地域開発である。

（朽木昭文）

【注】

1）2019年1月12日に次の方々へインタビューした。三菱商事調査部市場調査担当，香港貿易発展局・東京事務所，みずほ総合研究所アジア調査部，一般財団法人日中経済協会調査部，双日海外業務部中国デスク・北東アジアデスク，パナソニック渉外本部国際渉外部。

【参考文献】

河合明宣・朽木昭文（2017）『アジア産業論』放送大学。

朽木昭文（2018）「一帯一路構想が創る新経済圏とイノベーションの拡大」『産研レポート』No. 361，現代経営技術研究所。

関根栄一（2015）「上海での自由貿易試験区の実験項目の全国展開と証券分野の課題」『野村資本市場クォーターリー』春号。

中国・国務院（2015）「「中国製造2025」の公布に関する国務院の通知」（国発（2015）28号）。

索　　引

【数字・アルファベット】

4 正面作戦　145
21 世紀型　27, 75
　　──貿易協定　25
232 条措置　90, 100
301 条措置　94, 100
301 条調査　117
1962 年通商拡大法 232 条　88, 116, 125, 128
1962 年通商拡大法第 232 条　3, 77
1974 年通商法 201 条　116
1974 年通商法 301 条　3, 92, 116, 125, 128
2018 年外国投資リスク審査現代化法
　　（FIRRMA）　119
2018 年輸出規制改革法　79
2019 年度国防権限法（NDAA）　119
2019 年度国防授権法　79
AD　53-54
　　──税　99
APEC（アジア太平洋経済協力会議）　143
ASEAN 経済共同体（AEC）　148
CPTPP（TPP11）　24
CVD　53-54
FFR　150
FTA（自由貿易協定）　21-22, 176
　　──利用度　176
FTAAP（アジア太平洋自由貿易圏）　143, 146
G2 論　74
G6+1　139
G7　57
G20　30, 57, 166
　　──サミット　58
　　──首脳会議　19
GAFA　166
GATT（関税と貿易に関する一般協定）　20
　　──21 条　89

　　──24 条　21
Gini 係数　10
IMF のコンディショナリティ　197
ISDS（投資家と国家の紛争解決）条項　146
NAFTA（北米自由貿易協定）　18, 21, 143
　　──再交渉　126
RCEP　145, 147
　　──交渉　147
　　──ルート　147
S&D 条項　145
SDR 構成通貨入り　218
SG　53
TAG　91, 150
TPP（環太平洋パートナーシップ）　21, 24, 75,
　　142
　　──11（CPTPP）　145-146
　　──復帰　149
　　──離脱　142
　　──ルート　147
TRIM（貿易関連投資措置）協定　28
USMCA（米墨加貿易協定）　90, 143, 152, 180
USTR　152
WTO（世界貿易機関）　20, 22, 101, 141
　　──改革　16, 30, 100, 142, 144, 162
　　──加盟　211
　　──協定　54, 87
　　──体制　21, 87-88, 97
　　──提訴　93
　　──なき世界　162
　　──のルール　73
　　──紛争解決手続　97, 100
　　──マイナスワン　162
　　──ルール　23, 77, 153

【ア行】

アイルランド島の国境問題　33, 35

索　引　*241*

アジアインフラ投資銀行（AIIB）　203
アジア太平洋経済協力会議（APEC）　80
アベノミクス　217
アンチ・ダンピング（AD）　52
安定成長協定　188
委託加工貿易　110
一帯一路建設　221, 223, 230
一帯一路構想　11, 221
一帯一路政策　219
一般教書演説　126
一般特恵関税制度（GSP）　126
一方主義　87, 95
一方的措置　13, 88, 95, 125
インダストリー4.0　162
迂回輸出　161
海のシルクロード　223
ウルグアイ・ラウンド交渉　22
英国病　41
衛生と植物防疫のための措置（SPS）　5
エネルギーハブ　207
円安誘導策　153
オイルショック　185
王冠の宝石　100
欧州債務危機　41, 42
欧州通貨危機　185
大阪トラック　166

【カ行】

海外直接投資（FDI）　27
改革開放　46, 109
外国投資リスク審査近代化法　79, 140
外国投資リスク審査現代化法　92
カウンター・バランス　40, 42
隠れた保護主義　6
過剰生産能力　47, 88
　　──問題　46, 48
寡占市場　48
貨幣の3機能　213
為替条項　144, 153
為替操作　114
　　──国　114
関税同盟　35
関税と貿易に関する一般協定（GATT）　14
環太平洋パートナーシップ協定（TPP）　4, 16,

　　180
関与　71, 76
　　──政策　74, 114
管理フロート制　113
管理貿易　152
技術移転　12
技術進歩　10-11
技術覇権　119
キャパシティ・ビルディング（能力構築）　148
強硬離脱派　35-36
強制的技術移転　94
競争政策　168
ギリシャ危機　58
緊急輸入制限（セーフガード）　3
銀行同盟　42, 44, 189
緊縮財政　62
　　──主義　62
クリティカル・マス　23
グリーンフィールド投資　133
グローバリゼーション　7, 181
グローバル・サプライチェーン　143
グローバル・バリュー・チェーン（GVC）
　　111, 161, 221, 232
グローバル・ブリテン　38
経済ガバナンス　187
ケインジアン　59
ケインズ主義　59
原産地規則　126, 153, 177
牽制　71, 76
現地調達比率　153
合意無き離脱　41
国際金融センター　38
国際政策協調　57-58
国際通貨の3機能　213
国防権限法　127
国防授権法　140
国民投票　32
国有企業　30, 48, 94, 99, 139
国家安全保障戦略（NSS）　76, 114
国家資本主義　75, 80, 101, 120, 140, 143, 154
コンセンサス方式　145

【サ行】

最恵国待遇（MFN）　28, 162, 177

財政規律　42
サイバーセキュリティ　169
サービス貿易　28
　　──一般協定（GATS）　28
サービス・リンク・コスト　176
サプライチェーン（供給網）　14, 140, 144
　　──最適化　129
産業集積　227
持久戦　155
自国中心主義　62
市場経済化　197-198
市場経済国　54
市場原理　55
次世代情報技術（5G）　94
実質実効為替レート　113
社会契約論　60
社会主義国家　48
重商主義　12
柔軟性措置　148
自由貿易協定（FTA）　37, 160
自由貿易試験区（PFTZ）　219, 221, 227, 230
自由貿易体制　5, 15, 139, 144
上級委員会　23, 97, 141
　　──問題　97
譲許税率　89
少子高齢化対策　196
情報技術（IT）　162
所得格差　10
人工知能（AI）　162
新ハンザ同盟　42
人民元改革　113
人民元の国際化　202, 211, 217
信頼性のある自由なデータ流通（DFFT）　166
新冷戦　115, 140
生産ネットワーク　26, 136, 159, 161-162, 173, 200
製造強国　78, 120
政府調達　29, 75
世界金融危機　5
世界の工場　111
世界貿易機関（WTO）　14, 16, 162
責任あるステークホルダー　74
セーフガード（SG）　52, 91
　　──協定8条　91

戦略的パートナー　73-74
ソーシャル・ネットワーク　165
ソース・コード　26, 29

【タ行】

第二のアンバンドリング　175, 181
第三のアンバンドリング　165
第4次産業革命　221
対中関与政策　73
対中強硬派　71, 80, 83, 128
対中協調派　71, 80, 83
対米外国投資委員会（CFIUS）　79, 119
対米輸出規制　153
多国間主義　20, 87-88, 100
脱ドル化　203, 206
ダボス会議　149
タリフマン　154
地域主義（リージョナリズム）　21
地域統合　15
チキンレース　139
地産地消　135-136
知的財産権　3, 11, 75, 77-78, 139-140, 146
　　──保護　94
中継貿易　110
中国脅威論　11, 74
中国製造2025　11, 78, 84, 93, 101, 120, 127, 139, 141, 221, 224, 230
中国包囲網　75, 147
通貨スワップ協定　202
通貨戦争　65
通貨の国際化　213
通商法201条　3
通商法301条　13, 77
通信技術（CT）　162
ディールの罠　151, 154
デジタル・エコノミー　144
デジタル技術　159, 162
デジタル・プロダクト　29
デジタル保護主義　144
鉄鋼グローバル・フォーラム　49-50
テーパリング　189
デフレ懸念　65
電子商取引　29-30, 77
トゥキュディデスの罠　109

索　引　　*243*

投資に関する投資家対国家の紛争処理（ISDS）
　　25
東方シフト　200
特別引出権（SDR）　114
ドーハ開発アジェンダ　21
ドーハ・ラウンド　21, 142, 145
　　——交渉　99
ドラゴン・スレーヤー（反中派）　79
トランプ・ショック　146
トランプ・トレード・ドクトリン　81
トランプ・リスク　123
トリガープライス制度　13
ドル化　197

【ナ行】

内国民待遇　28
ナショナリズム　60
ナッシュ均衡　65
二国間主義　14, 143, 151, 155
日・EU 経済連携協定（EPA）　16
日米 FTA　151
日米経済対話　145, 148
日米物品貿易協定（TAG）　128, 150
ネガティブ・リスト方式　28
ネットワーク外部性　168

【ハ行】

パスポート　39
バーター取引　198
バック・ストップ（保証措置）　34–35
ハード・ボーダー（物理国境）　35
パネル　97
パリ協定　124
バリューチェーン　136
反グローバリズム　7
パンダ債　203
パンダ・ハガー（親中派）　79
日 EU・EPA　145
東アジア ASEAN 経済研究センター（ERIA）
　　5
東アジア地域包括的経済連携（RCEP）　16
非関税措置（NTMs）　5, 179
非市場経済　54
非市場国条項　153

ピボット（旋回）　75
貧困リスク　187
フィンテック　189
付加価値貿易　111–112
不完全競争　47
不公正貿易慣行　75, 81, 83, 145
フラグメンテーション　111, 173
プルリ合意　145
ブレグジット　32
　　——交渉　33
ブレトンウッズ体制　20, 116
紛争解決パネル　23
紛争処理小委員会（パネル）　141
米韓 FTA 再交渉　90
米韓自由貿易協定　4
米国第一　81, 109
　　——主義　4, 126, 136
米国通商代表部（USTR）　18, 77
米国通商法 301 条　18
米中経済摩擦　110
米中新冷戦　140
米中戦略経済対話（S&ED）　120
米中貿易戦争　3, 138, 159–160, 217
米中貿易摩擦　18, 83, 180
米通商拡大法 232 条　139
米通商法 301 条　139
ペンス演説　154
貿易赤字　4
貿易円滑化　27
貿易救済措置　46, 51, 81
貿易協議　78
貿易減速　159
貿易自由化　14, 179
　　——政策　6
貿易戦争　13, 15, 80, 141, 161
貿易創出効果　160
貿易調整プログラム　8
貿易転換効果　160
貿易の技術的障害（TBT）　5
貿易不均衡　77, 110, 112, 115, 119, 140
貿易崩壊　159
包括的および先進的環太平洋パートナーシップ
　　（CPTPP）　16
砲艦外交　87

報復合戦　18
北米自由貿易協定（NAFTA）　4
北米戦略　132, 144
保護主義　3, 11-12, 15, 43, 81, 100, 130, 138,
　　146
　　──的措置　15
保護貿易　13
ポジティブ・リスト方式　28
補助金相殺関税（CVD）　52
ポピュリズム　66

【マ行】

マイナス金利政策　189
無差別主義　21
メガFTA　24, 145
　　──時代　143

【ヤ行】

輸出管理改革法　140
輸出自主規制　13, 81

ユーラシア経済連合（EAEU）　204, 230
ユンケルプラン　188

【ラ行】

ライトハイザー主義　83
ラストベルト　7
　　──地帯　81
リヴァイアサン　61
利害関係者　74
陸のシルクロード　223
離脱清算金　33
リーダーなき世界　62
リバランス措置　91, 100
リーマン・ショック　46, 57, 58, 133, 190, 212
了解事項　151
連結性　222

【ワ】

ワシントン・コンセンサス　57, 59, 62, 65

執筆者紹介 （執筆順）　＊は編著者

＊浦田秀次郎　早稲田大学大学院アジア太平洋研究科教授　……………………………… 第 1 章

＊渡邊　頼純　関西国際大学国際コミュニケーション学部教授・慶應義塾大学名誉教授… 第 2 章

　吉田健一郎　みずほ総合研究所欧米調査部上席主任エコノミスト　………………… 第 3 章

　柴山　千里　小樽商科大学商学部教授　……………………………………………… 第 4 章

　西　　　孝　杏林大学総合政策学部教授　…………………………………………… 第 5 章

　三浦　秀之　杏林大学総合政策学部准教授　………………………………………… 第 6 章

　川瀬　剛志　上智大学法学部教授　…………………………………………………… 第 7 章

　大橋　英夫　専修大学経済学部教授　………………………………………………… 第 8 章

　秋山　士郎　日本貿易振興機構（ジェトロ）海外調査部海外調査企画課長　……… 第 9 章

＊馬田　啓一　杏林大学名誉教授　……………………………………………………… 第 10 章

＊木村　福成　慶應義塾大学経済学部教授　…………………………………………… 第 11 章

　安藤　光代　慶應義塾大学商学部教授　……………………………………………… 第 12 章

　川野　祐司　東洋大学経済学部教授　………………………………………………… 第 13 章

　蓮見　　雄　立教大学経済学部教授　………………………………………………… 第 14 章

　赤羽　　裕　亜細亜大学都市創造学部教授　………………………………………… 第 15 章

　朽木　昭文　日本大学生物資源科学部教授　………………………………………… 第 16 章

編著者紹介

馬田 啓一（うまだ・けいいち）

1949年生まれ。慶應義塾大学経済学部卒業，同大学大学院経済学研究科博士課程修了。杏林大学総合政策学部・大学院国際協力研究科教授，客員教授を経て，現在，名誉教授，（一財）国際貿易投資研究所（ITI）理事。主要著書に，『アジア太平洋の新通商秩序』（共編著，勁草書房，2013年），『FTA戦略の潮流』（共編著，文眞堂，2015年），『メガFTA時代の新通商戦略』（共編著，文眞堂，2015年），『グローバル・エコノミーの論点』（共編著，文眞堂，2017年）など。

浦田 秀次郎（うらた・しゅうじろう）

1950年生まれ。慶應義塾大学経済学部卒業，スタンフォード大学経済学部大学院博士課程修了(Ph.D.)。世界銀行エコノミストを経て，現在，早稲田大学大学院アジア太平洋研究科教授，日本経済研究センター特任研究員。主要著書に，『日本のTPP戦略』（共編著，文眞堂，2012年），『日本経済の復活と成長へのロードマップ』（共編著，文眞堂，2012年），『ASEAN経済統合の実態』（共編著，文眞堂，2015年），『TPPの期待と課題』（共編著，文眞堂，2016年）など。

木村 福成（きむら・ふくなり）

1958年生まれ。東京大学法学部卒業。ウィスコンシン大学経済学部大学院博士課程修了（Ph.D.）。現在，慶應義塾大学経済学部教授，東アジア・アセアン経済研究センター（ERIA）チーフエコノミスト。主要著書に，『日本通商政策論』（共編著，文眞堂，2011年），『通商戦略の論点』（共編著，文眞堂，2014年），『東アジア生産ネットワークと経済統合』（共著，慶應義塾大学出版会，2016年），『国際経済学のフロンティア』（共編著，東京大学出版会，2016年）など。

渡邊 頼純（わたなべ・よりずみ）

1953年生まれ。上智大学大学院国際関係論専攻博士課程修了。GATT事務局，大妻女子大学比較文化学部教授，外務省大臣官房参事官，慶應義塾大学総合政策学部教授などを経て，現在，関西国際大学国際コミュニケーション学部教授，慶應義塾大学名誉教授。主要著書に，『GATT・WTO体制と日本』（北樹出版，2007年），『TPP参加という決断』（ウェッジ，2011年），『TPP交渉の論点と日本』（共編著，文眞堂，2014年），『メガFTAと世界経済秩序』（共編著，勁草書房，2016年）など。

揺らぐ世界経済秩序と日本

――反グローバリズムと保護主義の深層――

2019 年 11 月 30 日　第 1 版第 1 刷発行	検印省略
2020 年 9 月 10 日　第 1 版第 2 刷発行	

　　　　　　　　編著者　馬　田　啓　一

　　　　　　　　　　　　浦　田　秀次郎

　　　　　　　　　　　　木　村　福　成

　　　　　　　　　　　　渡　邊　頼　純

　　　　　　　　発行者　前　野　　　隆

　　　　　　　　発行所　株式会社　文　眞　堂

　　　　　　　　　　　　東京都新宿区早稲田鶴巻町 533

　　　　　　　　　　　　電　　話 03（3202）8480

　　　　　　　　　　　　ＦＡＸ 03（3203）2638

　　　　　　　　　　　　http://www.bunshin-do.co.jp/

　　　　　　　　　　　　〒162-0041 振替00120-2-96437

製作・モリモト印刷

©2019

定価はカバー裏に表示してあります

ISBN978-4-8309-5054-4　C3033

アジアの経済統合が直面する焦眉の課題を鋭く分析！
アジアの経済統合と保護主義　変わる通商秩序の構図
石川幸一・馬田啓一・清水一史 編著

ISBN978-4-8309-5052-0　A5判・235頁　本体2800円＋税

トランプ米大統領により保護主義の嵐が吹き荒れる中、アジアの経済統合は果たして自由貿易体制を守る防波堤となれるか。米中貿易戦争などで揺らぐアジアの通商秩序、CPTPP、RCEP、ASEAN経済共同体2025、一帯一路構想など、アジアの経済統合が直面する焦眉の課題を鋭く分析。アジアを学ぶ学生、アジアビジネスに携わる関係者にとって必読の書。

最新の動向を見極める！
米中激突 中国ビジネスの行方　日本企業は激動期をどう勝ち抜くか
服部健治・湯浅健司・日本経済研究センター 編

ISBN978-4-8309-5057-5　A5判・182頁　本体2800円＋税

激動する中国情勢の行方を見極めるのは非常に困難だが、イノベーション主導の経済発展や一帯一路など、今後も座視することの出来ない成長ポイントが数多くある。本書はこれらのポイントをビジネスチャンスと捉え、長期化する米中対立、好転する日中関係も踏まえ、今後の中国において日本企業が進むべき道を多角的に検証する。

気鋭の専門家による「一帯一路」研究の決定版！
一帯一路の政治経済学　中国は新たなフロンティアを創出するか
平川 均・町田一兵・真家陽一・石川幸一 編著

ISBN978-4-8309-5046-9　A5判・268頁　本体3400円＋税

中国の提唱する「一帯一路」構想は参加国が70を超え、マレーシアは中止プロジェクトを再開し、EUからはイタリアが参加を決めた。だが「債務の罠」など強い批判もある。壮大な「一帯一路」構想の全体像を、ASEAN、南アジア、欧州、アフリカなどの沿線国の現状、課題を含めて総合的に把握する。新たなフロンティアであるインド太平洋構想も考察。

潜在性と発展条件を様々な視点から究明！
メコン地域開発とアジアダイナミズム
トラン・ヴァン・トゥ／苅込俊二 編著

ISBN978-4-8309-5013-1　A5判・342頁　本体3300円＋税

メコン流域諸国はアジア先進国から資本・技術・経営資源が導入されアジアでのダイナミックな分業に参加することで発展が促されてきた。ASEAN後発国であるこれら諸国はASEAN共同体や東アジア共同体の形成を通じてさらなる発展が期待される。本書はアジアダイナミズムのコンテクストの下で、その潜在性と発展条件を様々な視点から究明する。